Gerald Schwabe

Leichte Wanderungen

Ostallgäu & Tannheimer Tal

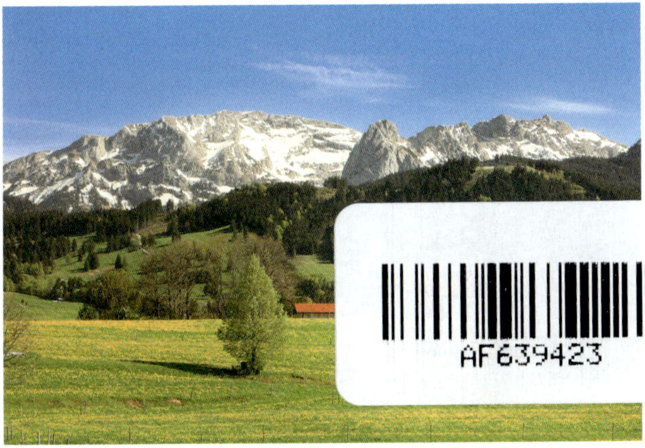

Füssen • Pfronten • Nesselwang • Seeg
Lechbruck • Roßhaupten • Tannheim u.a.

41 ausgewählte Touren

ALPENVERLAG SCHWABE
Immenstadt

Bildbände & Wanderführer v. Gerald Schwabe

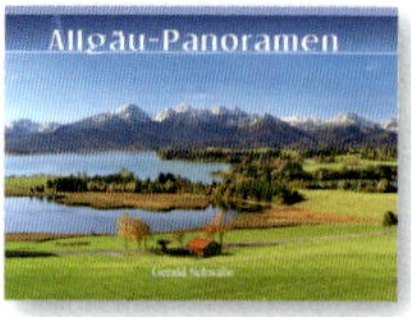

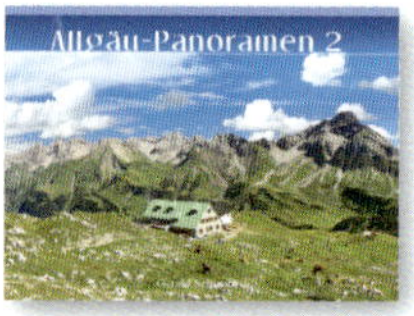

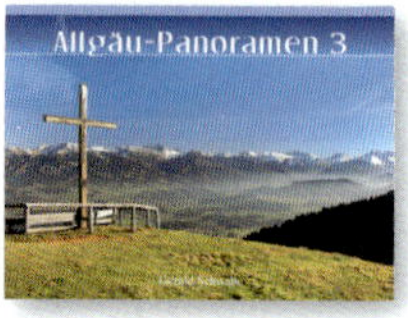

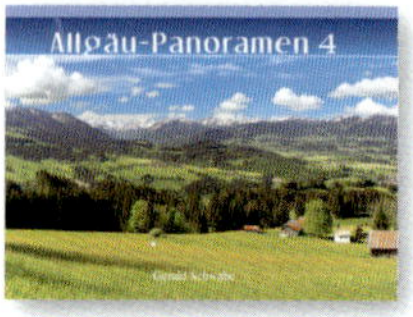

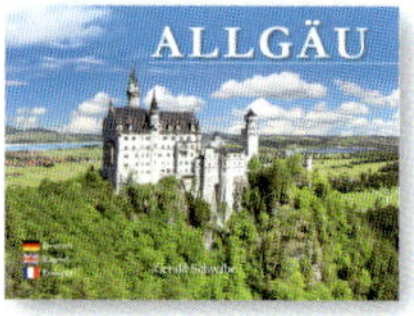

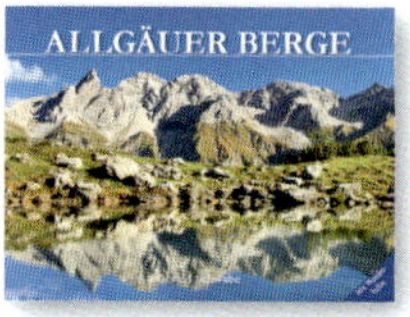

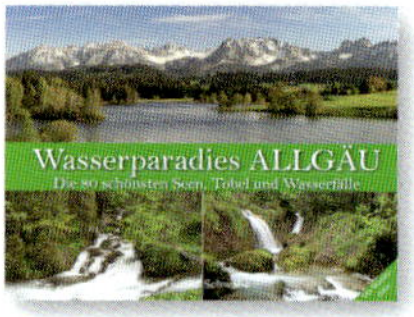

»Kleine« Bildbände:
Format 20 x 15,5 cm
80 Seiten / 12,95 €

»Große« Bildbände:
Format 23,5 x 20 cm
120 Seiten / 19,95 €

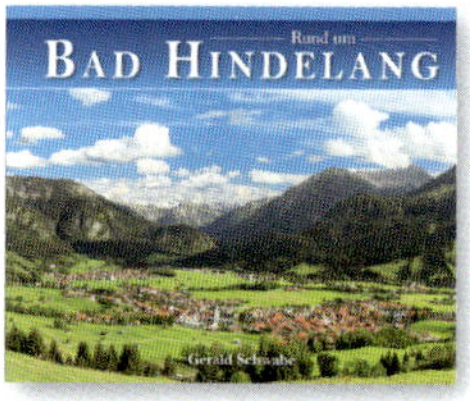

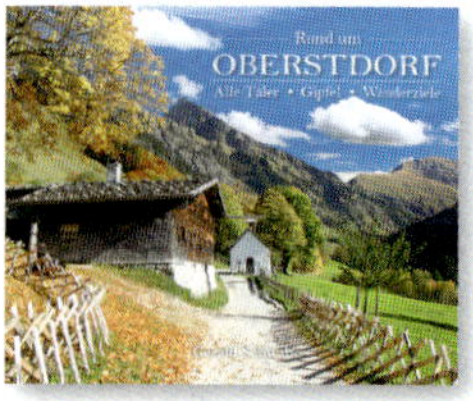

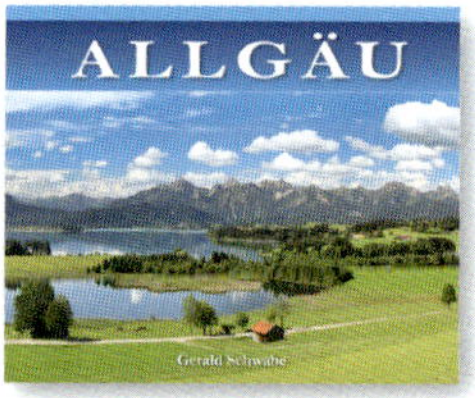

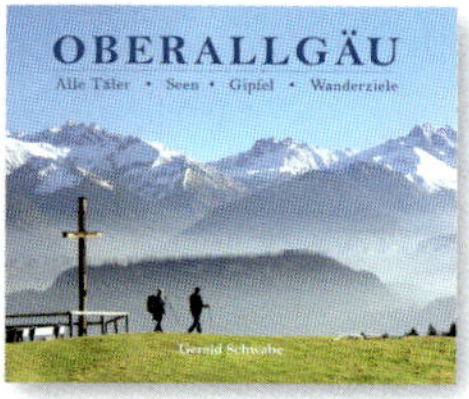

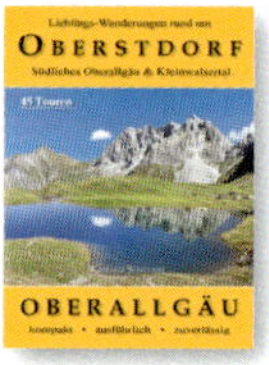

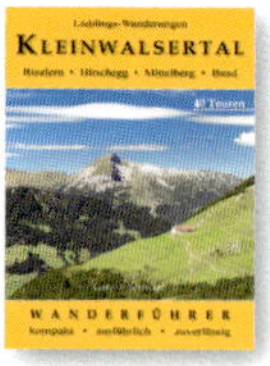

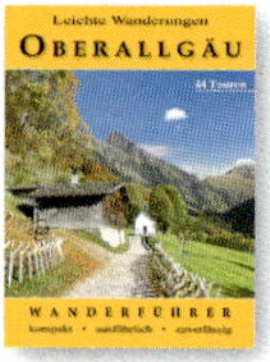

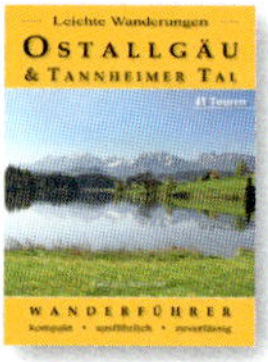

Wanderführer:
Format
12 x 16,5 cm /
128 Seiten /
12,95 €

VORWORT

Wanderurlaub in den Alpen mag anstrengend und schweißtreibend klingen. Dabei entspricht das gar nicht unbedingt der Wahrheit! All jene, die sich sehr gerne in den Bergen und im Alpenvorland bewegen, die es beim Wandern aber lieber etwas gemütlicher angehen lassen und aus den unterschiedlichsten Gründen (Lust und Laune, Kondition, Kniegelenke, Familientour mit Kindern) lieber auf einfachen und entspannten Wegen unterwegs sind, finden im Ostallgäu und selbst im Tannheimer Tal ein wahres Eldorado vor. Im leicht gewellten ostallgäuer Voralpenland mit seinen ausgedehnten Wiesen verstecken sich unzählige Seen, Weiher und Moore, die sich auf leichten Wegen umrunden lassen. In den Bergen gibt es zahlreiche Täler auf stillen Pfaden entlang kristallklarer Bäche zu erkunden. Und selbst in den höheren, alpinen Stockwerken wartet – dank Seilbahn-Anschluss – eine Vielzahl überraschend einfacher Höhenwege und Gipfelerlebnisse auf Berg- und Wanderfreunde.

Dieses Buch enthält eine bunte Mischung der schönsten Touren im südlichen Ostallgäu sowie im Tannheimer Tal, von gemütlichen Rundwegen im Voralpenland bis hin zu eindrucksvollen Wanderungen auf herrliche Aussichtsgipfel. Allen gemeinsam ist, dass es sich um leichte oder nur mäßig anstrengende Wanderungen handelt, die keine besonderen Ansprüche an Kondition oder bergsteigerischen Ehrgeiz stellen und viel Zeit lassen, unterwegs die schöne Natur zu genießen.

Ich wünsche Ihnen wunderschöne Natur- und Bergerlebnisse!

Gerald Schwabe, 2022

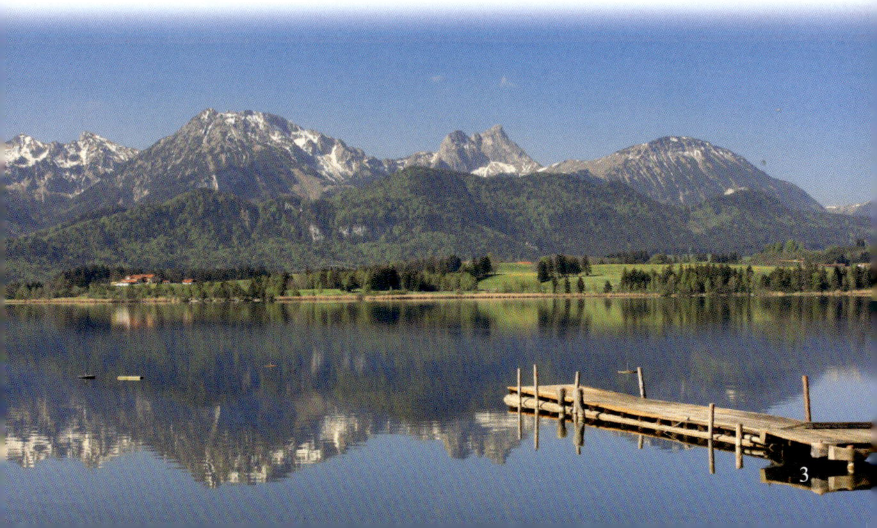

INHALT

 Seilbahn/Sessellift — Teilstrecke mit Bus — ggf. Teilstrecke mit Schiff

Tannheimer Tal

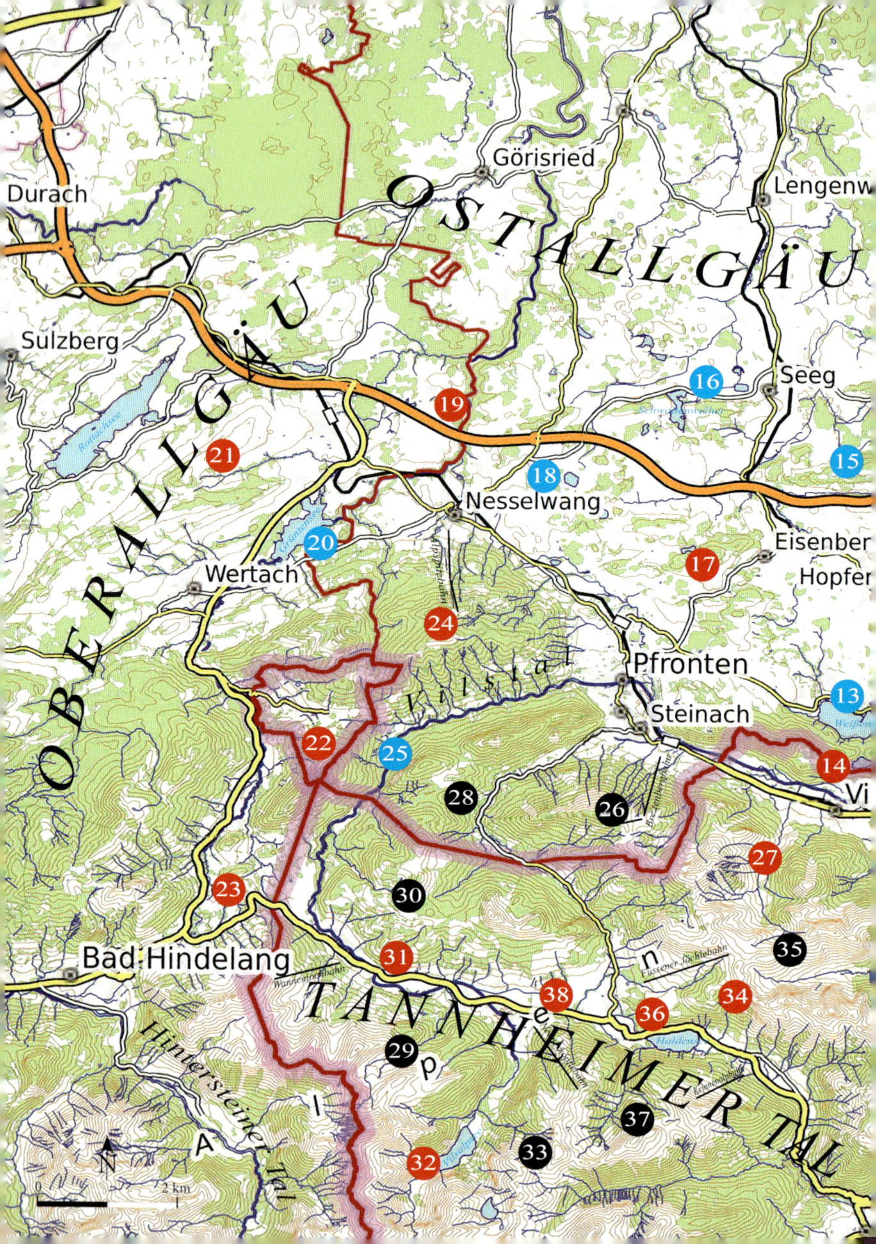

Durach
Görisried
Lengenw
OSTALLGÄU
Sulzberg
Rottachsee
OBERALLGÄU
Seeg
16
15
19
21
18
Nesselwang
Grüntensee
20
Wertach
Eisenber
Hopfer
17
24
Vilstal
Pfronten
Steinach
13
22
25
14
Vi
28
26
27
30
23
Bad Hindelang
31
Wannenjochbahn
Füssener Jöchlebahn
35
38
34
36
TANNHEIMER TAL
Haldensee
29
Hintersteiner Tal
37
33
32
Vilsalpsee
N
0
2 km

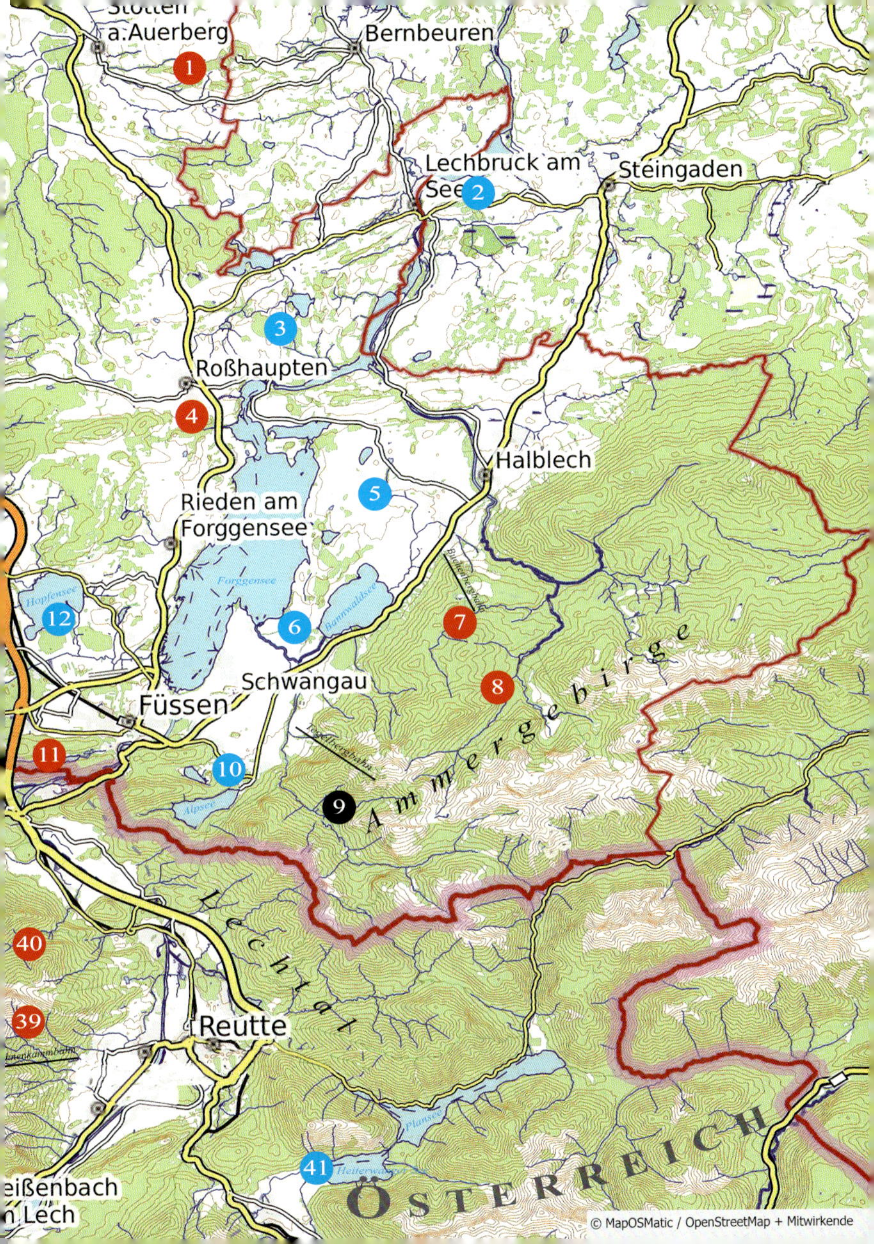

a.Auerberg
Bernbeuren
Lechbruck am See
Steingaden
Roßhaupten
Halblech
Rieden am Forggensee
Forggensee
Hopfensee
Bannwaldsee
Schwangau
Füssen
Alpsee
Ammergebirge
Lechtal
Reutte
Plansee
Österreich
1
2
3
4
5
6
7
8
9
10
11
12
40
39
41
© MapOSMatic / OpenStreetMap + Mitwirkende

Das Ostallgäu

Das Ostallgäu ist eine der beliebtesten Ferienregionen Deutschlands und lockt Jahr für Jahr Millionen Urlaubsgäste. Für Wanderer, Bergsteiger, Radler und Naturliebhaber stellt die gesamte Region ein wahres Eldorado dar. Im Süden und Südosten bilden die hohen Gipfel der Allgäuer Alpen, der Tannheimer Berge und des Ammergebirges den eindrucksvollen Rahmen und bieten eine große Fülle schönster Wanderungen an. Den hohen Bergen vorgelagert breitet sich eine weite, leicht gewellte Landschaft aus mit offenen Wiesen, versteckten Mooren, kleinen Dörfern und Weilern, gespickt mit wunderschönen Seen – vom riesigen Forggensee über den Hopfensee und den Bannwaldsee bis hin zu zahllosen kleinen Weihern. Eine malerische Landschaft mit unzähligen gemütlichen Spazier- und Wanderwegen, oft begleitet von herrlichen Panoramen. Aus dieser Landschaft ragen vereinzelt langgestreckte Bergrücken gut 200 Höhenmeter auf wie der Auerberg, der Beichelstein oder der von zwei Burgruinen gekrönte Schlossberg und bieten herrliche Aussichtspunkte. Eine wunderschöne und in weiten Teilen erstaunlich stille Landschaft für Genießer und Entdecker.

Das touristische Herz des Ostallgäus schlägt in dessen Süden, zum einen im »Königswinkel« rund um Füssen, Tegelberg und Schloss Neuschwanstein sowie rund um die benachbarten Orte Pfronten und Nesselwang.

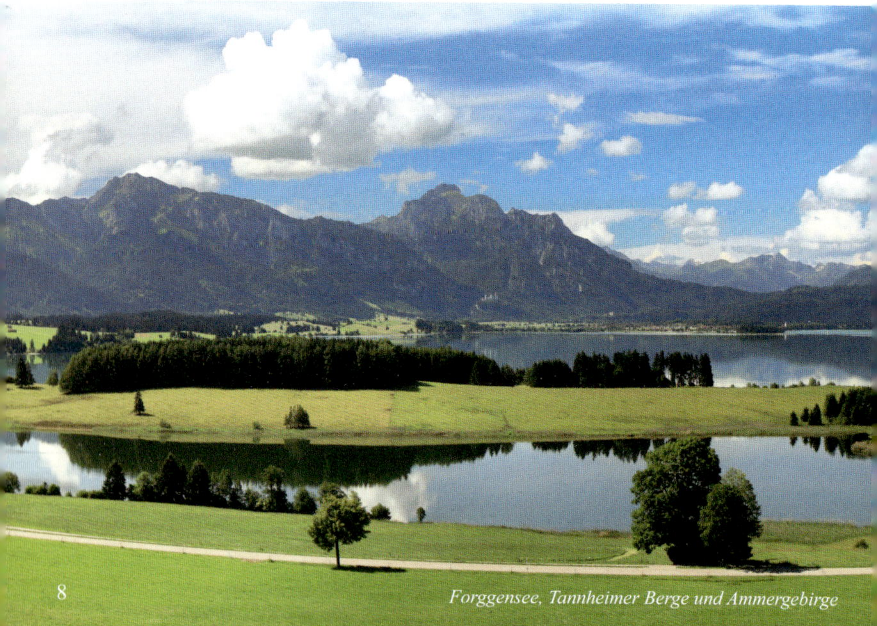

Forggensee, Tannheimer Berge und Ammergebirge

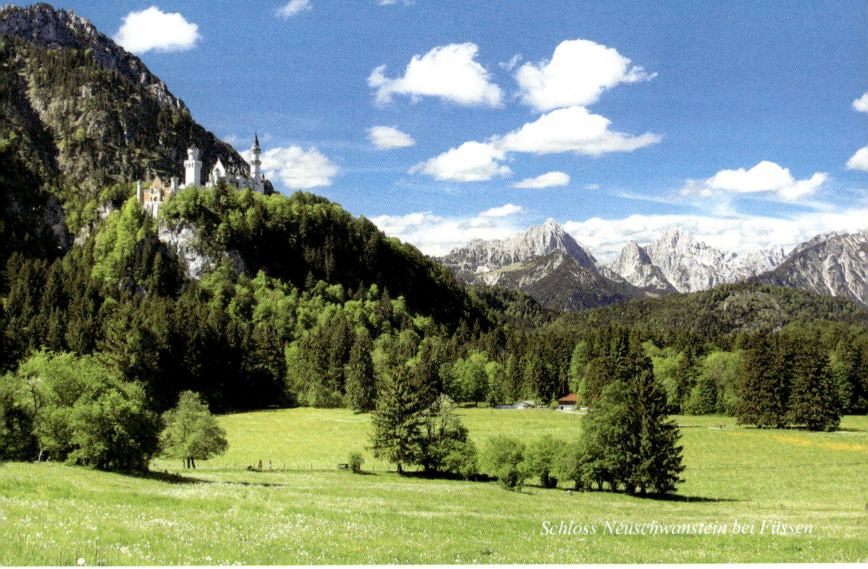
Schloss Neuschwanstein bei Füssen

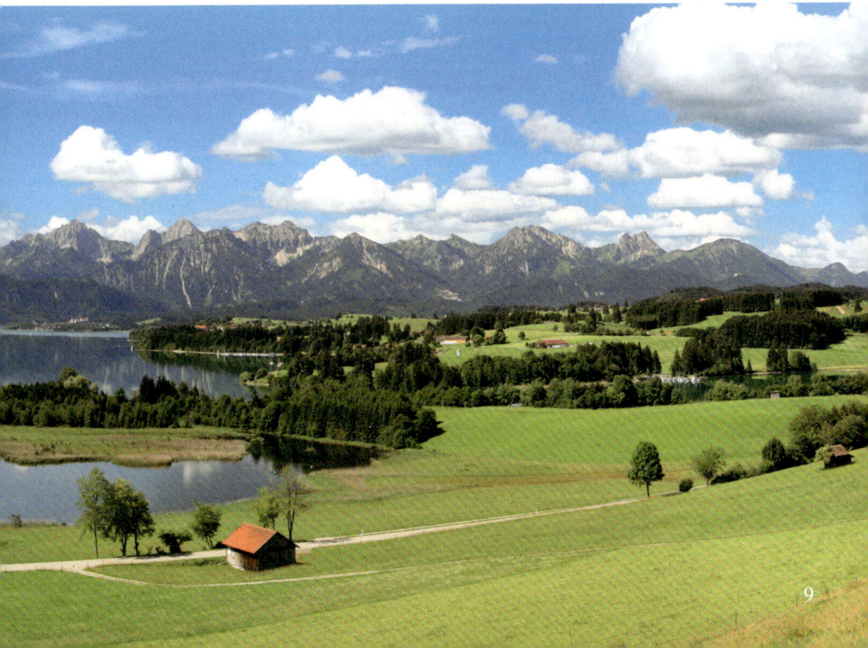

Die Orte im Ostallgäu

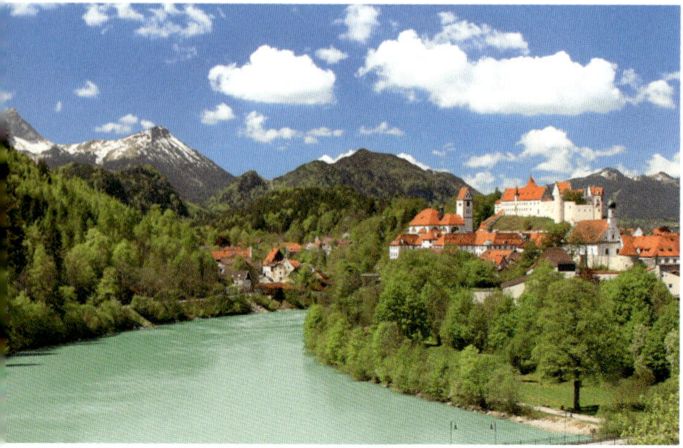

Füssen (808 m)

Füssen mit seinen gut 15000 Einwohnern ist die zweitgrößte Stadt im Ostallgäu. Das alte Stadtzentrum ist ein städtebauliches Juwel mit prächtigen Bürgerhäusern, einer herausgeputzten Altstadt rund um die quirlige Reichenstraße, dem Hohen Schloss aus dem 15. Jhd., dem ehemaligen Kloster St. Mang, gut erhaltenen Stadtmauern und Türmen. Hinzu kommt die schöne Lage zwischen Lech, Forggensee und Bergen, deren strategischen Wert schon die Römer zu würdigen wussten und hier das Lager »Foetibus» gründeten. Die Stadt liegt eingebettet in eine wunderschöne Landschaft, den sogenannten »Königswinkel» mit dem benachbarten Schloss Neuschwanstein als DEM Touristenmagnet für Millionen von (meist internationalen) Besuchern. Neben dem aussichtsreichen Tegelberg locken in der Umgebung zahlreiche schöne Voralpenseen, wie Forggensee, Weißensee und Hopfensee.

Seeg (854 m)

Der Tourismus im Ostallgäu spielt sich hauptsächlich in seinem Süden ab. Mit zunehmendem Abstand vom Alpenrand wird es immer ruhiger in den vielen kleinen Weilern und Dörfern, die sich in der welligen Moränenlandschaft verteilen. Beispielhaft dafür soll Seeg stehen: ein gemütlicher, kleiner, mitunter etwas verschlafener Ort mit hübscher, Allgäu-typischer Umgebung aus weiten Wiesen, kleinen Wäldchen, Mooren und Weihern, mit der Kulisse der Alpengipfel als Hintergrund.

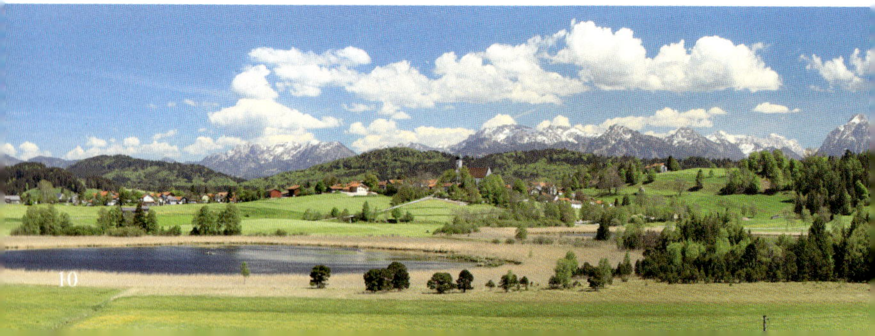

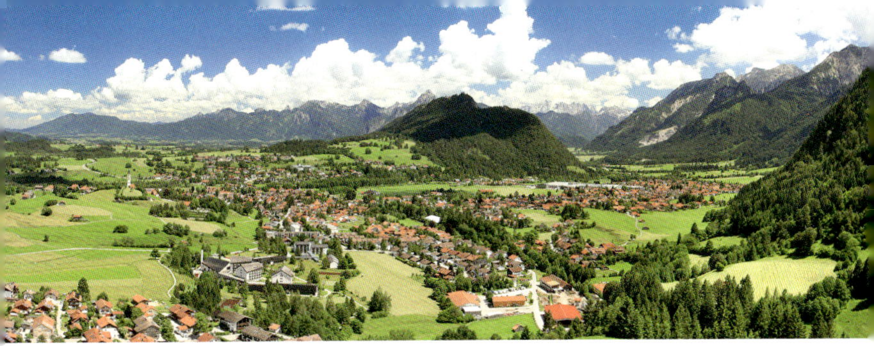

Pfronten (850 m)

Die Gemeinde Pfronten mit ihren ca. 8500 Einwohnern besteht aus einem guten Dutzend Dörfer im weiten Tal der Vils, welche hier auf ihrem Weg vom Tannheimer Tal Richtung Lech vorbeiströmt. Zentraler Ort der insgesamt recht bäuerlich-ländlich geprägten Umgebung ist Pfronten-Ried mit der markanten Pfarrkirche St. Nikolaus. Im Süden wird das weite Tal vom langgezogenen Grat des Breitenbergs überragt, der bequem per Seilbahn »erklommen» werden kann. Im Westen ziehen sich bewaldete Hänge zum Edelsberg und zur Alpspitz empor, und im Osten ragen die steilen Ausläufer des Zirmgrats, der hinüber Richtung Füssen zieht und dabei das Vilstal vom ostallgäuer Voralpenland trennt, über dem Ort empor. Dort oben thront auf einem exponierten Felssporn die Burgruine Falkenstein (1268 m) mit prächtigem Blick über die gesamte Umgebung. König Ludwigs Pläne, an dieser Stelle ein weiteres Märchenschloss ähnlich Neuschwanstein zu errichten, fielen den immensen Kostenvoranschlägen und letztlich seinem Tod zum Opfer. Zwei weitere und sehr viel besser erhaltene Burg-ruinen findet man wenige Kilometer nordöstlich auf der aussichtsreichen Doppelkuppe des Schlossberges.

Nesselwang (867 m)

An der Grenze zum Oberallgäu liegt der beschauliche Luftkurort Nesselwang mit seinen knapp 4000 Einwohnern. Eine Seilbahn führt direkt aus dem Ort hinauf auf die aussichtsreichen Gipfel von Edelsberg und Alpspitz, in deren Ausläufern sich die malerischen Schlossbachtobel und Hölltobel verbergen. Westlich des Ortes lockt der große Grüntensee, und in der direkten Umgebung warten schöne Seen wie Attlesee und Kögelsee, das stille, überraschend tief eingeschnittene Wertachtal oder die Wallfahrtskirche Maria Rain auf Besucher.

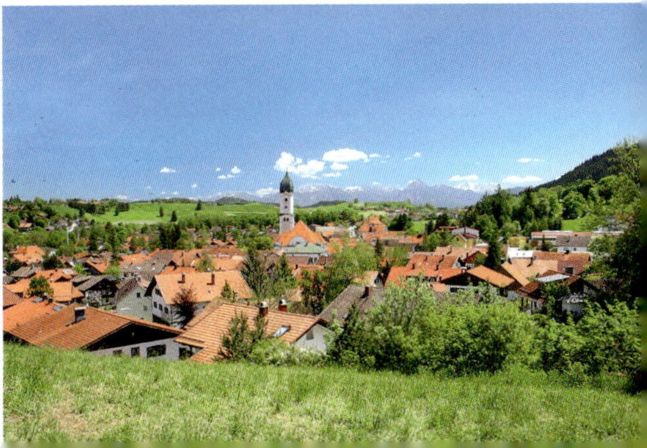

Das Tannheimer Tal

Pfronten und Füssen liegen nur einen Steinwurf von der Grenze zu Österreich entfernt, d.h. die meisten Berggipfel, die den südlichen Hintergrund bilden, befinden sich bereits in Tirol. Insbesondere die nahen Felsgipfel der Tannheimer Berge sind allgegenwärtig. Ein Ausflug ins Tannheimer Tal gehört deshalb zum festen Repertoire eines (Wander-)Urlaubs im Ostallgäu, und umgekehrt gilt das genauso für Tannheimer Tal-Urlauber. Von Pfronten sind es nur wenige Auto-Minuten, und auch auf vielen Wanderungen überschreitet man immer wieder die Grenze. Das Tannheimer Tal ist ein etwa 15 Kilometer langes, wunderschönes Hochtal in rund 1100 Meter Meereshöhe. Im Osten mündet es – über den Gaichtpass – im Lechtal, im Westen geht es über die Oberjoch-Hochebene hinab zum oberallgäuer Ostrach- bzw. Illertal. Und im Norden führt das Engetal zwischen den hohen Gipfeln von Aggenstein und Einstein hindurch nach Pfronten. Ein gutes Dutzend kleinerer Siedlungen liegt verstreut auf seinem weitgehend tischebenen Talboden, der sich im Sommer bei Radlern und im Winter bei Loipen-Fans großer Beliebtheit erfreut. Das Tannheimer Tal hat sich voll und ganz dem Tourismus verschrieben und bietet auf engstem Raum fast alles, was Wanderer- und Bergsteigerherzen höher schlagen lässt. Blickfang sind die großartigen Gipfel der Tannheimer Berge, mächtige, helle Kalkgipfel, die sowohl für Wanderer als auch für Kletterer unzählige Möglichkeiten bieten. Im Süden wird das langgestreckte Tal von den Ausläufern der Allgäuer Alpen flankiert, und eine Handvoll wunderschöner Bergseen runden das Bild ab. Problemlos kann man hier eine ganze Wanderwoche verbringen, so vielfältig sind die Touren: großartige Panoramawege wie der Saalfelder Höhenweg, phantastische Aussichtsgipfel wie der Schartschrofen, stille Gipfel wie der Schönkahler, aussichtsreiche Kammwege am Hahnenkamm oder entspannte Touren durch die weiten Wiesen im Tal und entlang der Ufer eines Bergsees oder der Vils.

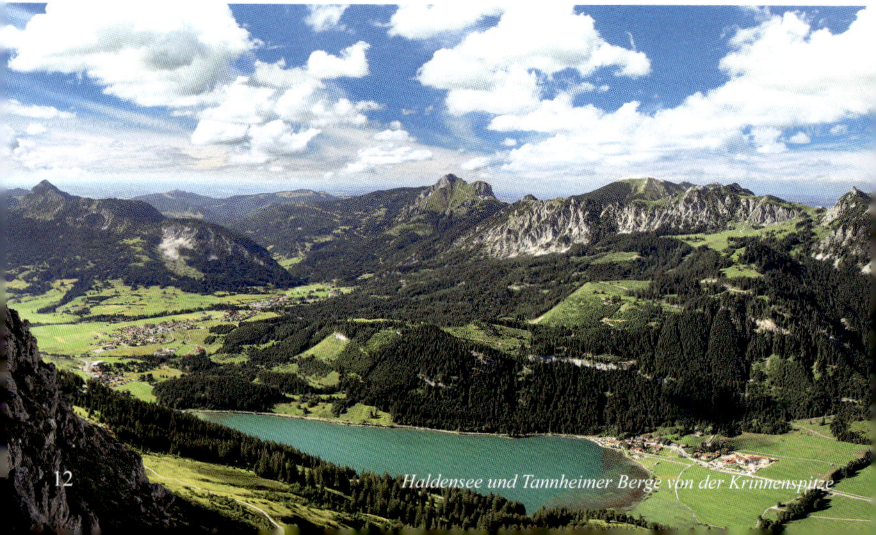

Haldensee und Tannheimer Berge von der Krinnenspitze

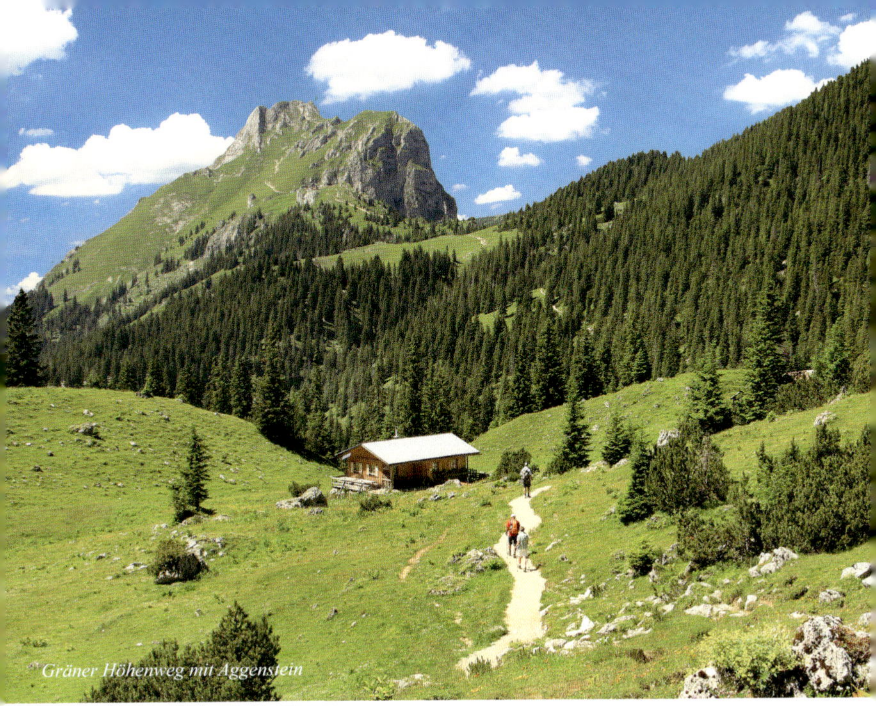

Gräner Höhenweg mit Aggenstein

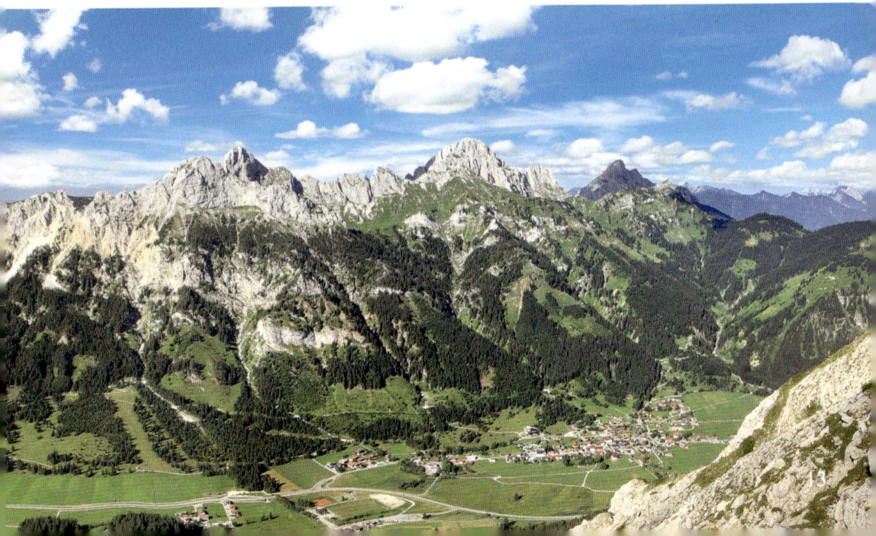

Die Berge im Ostallgäu und Tannheimer Tal

Dass Allgäu und Tannheimer Tal so beliebt bei Bergwanderern und Naturliebhabern sind, mag sicherlich auch an den ungemein abwechslungsreichen Berggipfeln liegen, die in der Region zu finden sind. Man braucht kein ausgewiesener Geologe zu sein, um die oft überraschenden Zusammenhänge zwischen Gestein und Landschaft zu erkennen. Die Gesteine der heutigen Gipfel wurden unter den unterschiedlichsten Bedingungen gebildet, an weit auseinanderliegenden Orten und zu völlig verschiedenen Zeiten, und erst die Alpenbildung hat alles soweit zusammengeschoben, dass wir heute vieles dicht neben- und übereinander vorfinden. Die gesamte Region wird von vier Einheiten geprägt:

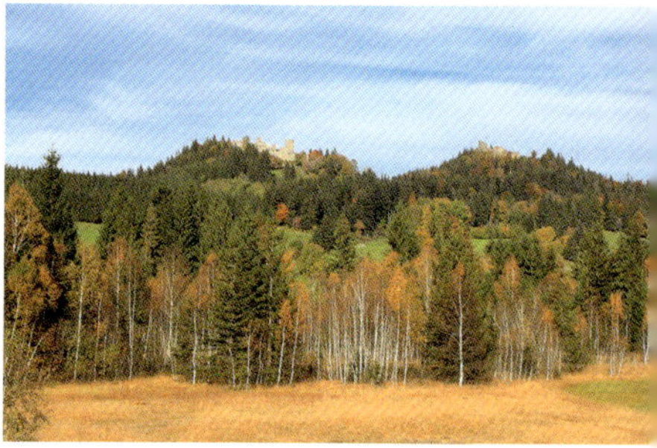

Molasse: Der geologische Unterbau des welligen Voralpenlandes im Ostallgäu besteht zum großen Teil aus Molasse. Unmengen von Sandsteinen und Kieseln wurden aus den sich – beginnend vor ca. 30 Millionen Jahren – allmählich hebenden Alpen in den nördlich davor befindlichen Senken abgelagert und zu teils sehr festem Konglomerat-Gestein verbacken. Durch die Schubrichtung der Erdplatte nordwärts wurden diese Gesteine in Alpennähe selbst noch teilweise zusammengestaucht und angehoben. Am oberallgäuer Alpenrand erreichen diese, meist in West-Ost-Richtung verlaufenden Berge noch Höhen bis über 1800 m (Nagelfluhkette), im Ostallgäu sind diese langgestreckten Höhenzüge mit Gipfelhöhen von rund 1050 m sehr viel niedriger, ragen aber trotzdem weit aus dem Umland heraus und stellen prächtige Aussichtskanzeln dar, wie z.B. Auerberg, Beichelstein oder Schlossberg *(Bild oben)*.

Flysch: Diese Gesteine bilden im Ostallgäu eine Vielzahl vergleichweise unspektakulärer Gipfel. Der Begriff »Flysch« kommt aus dem Schweizerischen und bedeutet »fließen«. Das Gestein ist recht erosionsanfällig, die Gipfel weisen oft sanfte, runde Formen auf. Im Oberallgäu und Kleinwalsertal bilden viele dieser Flyschberge auch sehr steile Berge mit scharfen Graten, die bis in die Kammlagen von dichtem Gras überzogen sind. Die Hänge dieser Berge werden oft intensiv almwirtschaftlich genutzt, sodass der ursprüngliche Wald weitflächig Almweiden Platz machen musste. Beispiele sind Alpspitz und Reuterwanne *(links)* sowie das ausgedehnte, mittelgebirgs-ähnliche nördliche Ammergebirge mit Buchenberg und Hoher Bleick.

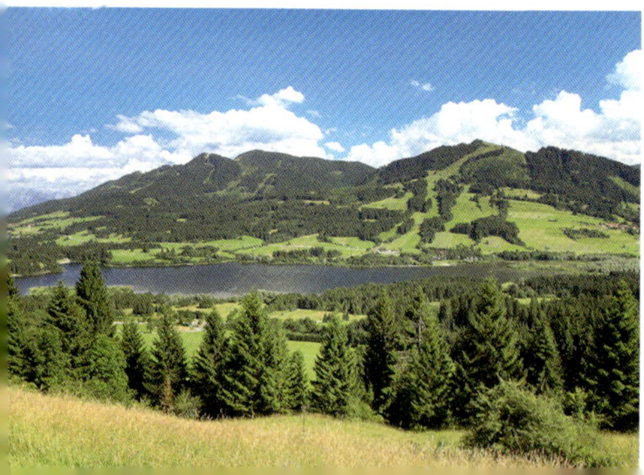

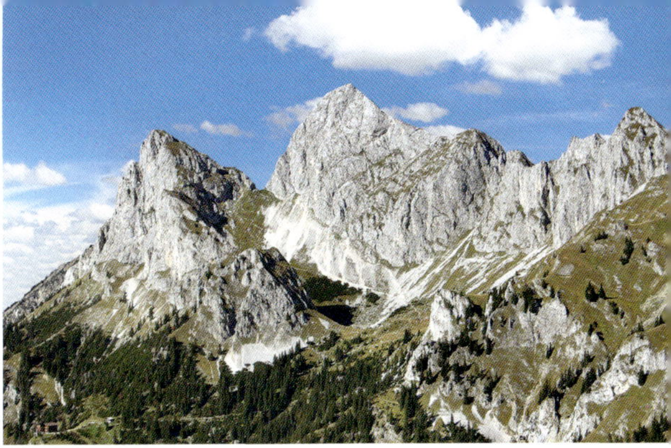

Wettersteinkalk: Dieses Gestein, das vor über 240 Millionen Jahren aus Kalkskeletten, Korallenriffen und den Resten anderen kalkreicher Lebensformen entstand, findet sich im gesamten Bereich der nördlichen Kalkalpen (z.B. Zugspitze, Karwendel, Mieminger Kette etc.). Im Unterschied zum – eher grauen, etwas spröden und zerklüfteten – Hauptdolomit ist der Wettersteinkalk sehr viel reiner und deshalb oft eher hellgrau/weiß, zum anderen sehr viel fester und weniger erosionsanfällig. Er bildet oft gewaltige, steile Felswände und lockt Kletterer und Bergsteiger in Scharen an.
Im Tannheimer Tal verdanken wir diesem Gestein die eindrucksvollen Felsspitzen der Tannheimer Berge (Gimpel und Rote Flüh – *Bild oben* – Köllenspitze, Gehrenspitze etc.), im Ammergebirge die hellen Gipfel von Hochplatte und Geiselstein, und den langen Zirmgrat zwischen Pfronten und Füssen.

Hauptdolomit: Das südliche Tannheimer Tal wird von den Allgäuer Alpen dominiert, die vom Oberallgäu hier herüberziehen. Deren Gipfel bestehen zum Großteil aus Dolomitgestein, das einigen Wanderern aus den Dolomiten bekannt sein wird und eindrucksvolle Felsgipfel hervorbringt, die in den Allgäuer Alpen oft die 2500-Meter-Marke knacken. Das schroffe, hellgraue und kahle Gestein ist allerdings recht brüchig, eher kletterfeindlich und steinschlaganfällig, was sich auch an den oft gewaltigen Schutthalden zeigt, die die Bergflanken säumen. Markante Vertreter in der Region sind Einstein und Gaishorn sowie Leilachspitze und Litnisschrofen *(Bild unten)*.

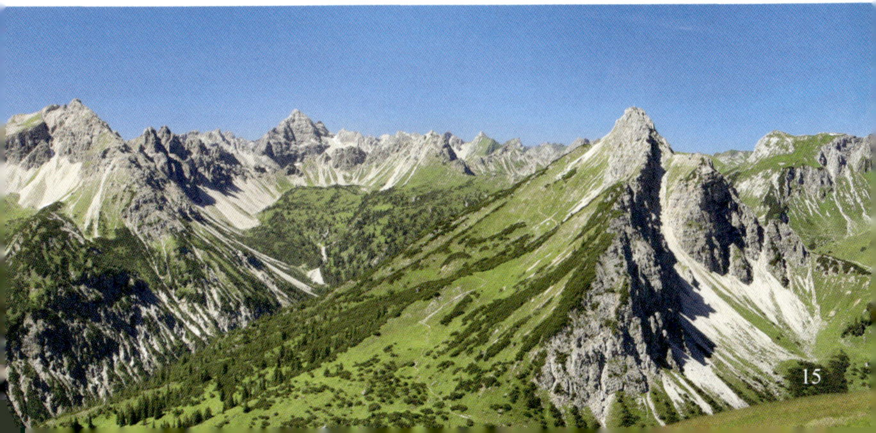

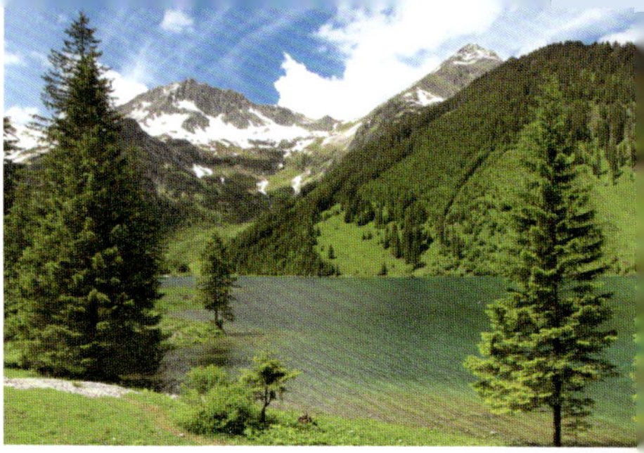

Vilsalpsee im Tannheimer Tal

Tourenauswahl

Das südliche Ostallgäu und das Tannheimer Tal bieten eine unglaubliche Fülle an wunderschönen Touren, so dass für fast jeden Wandergeschmack etwas dabei sein dürfte. In diesem Buch ist eine bunte Auswahl der schönsten Wanderungen zusammengefasst: leichte Spaziergänge in der voralpinen Seenlandschaft, einfache Wanderungen durch die vielen Täler, gemütliche Touren zu einladenden Alphütten bis hin zu aussichtsreichen Höhenwanderungen auf einfachen Wegen, die dank Seilbahn-Nutzung kaum Herausforderungen an die Kondition stellen. Allen Wanderungen in diesem Buch ist gemeinsam, dass sie in die Kategorie »leicht» oder »mäßig anstrengend» fallen. Die Touren sind zudem nicht allzu lang und weisen – von wenigen Ausnahmen abgesehen – kaum oder nur mäßige Steigungen auf, sind also weitgehend Kniegelenk-schonend.

Tourensteckbrief

Um eine Tour auf den ersten Blick grob einschätzen zu können, sind die Eckdaten der Wanderungen in einem Tourensteckbrief kurz zusammengefasst. Dieser gibt Auskunft über Ausgangspunkt/Anfahrt (Auto/Bus), Tourencharakter, Höhendifferenz, Einkehrmöglichkeiten unterwegs sowie Gehzeit (Die Gehzeiten beziehen sich auf die reine Gehzeit ohne Rast und Pausen und orientieren sich an den auf den Beschilderungen vor Ort angegebenen Zeiten). Auch auf mögliche Varianten wird hier hingewiesen. Nach der Kurzinfo folgt die ausführliche Wegbeschreibung, jeweils ergänzt durch eine Karte mit Routeneintrag sowie ein Streckenprofil.

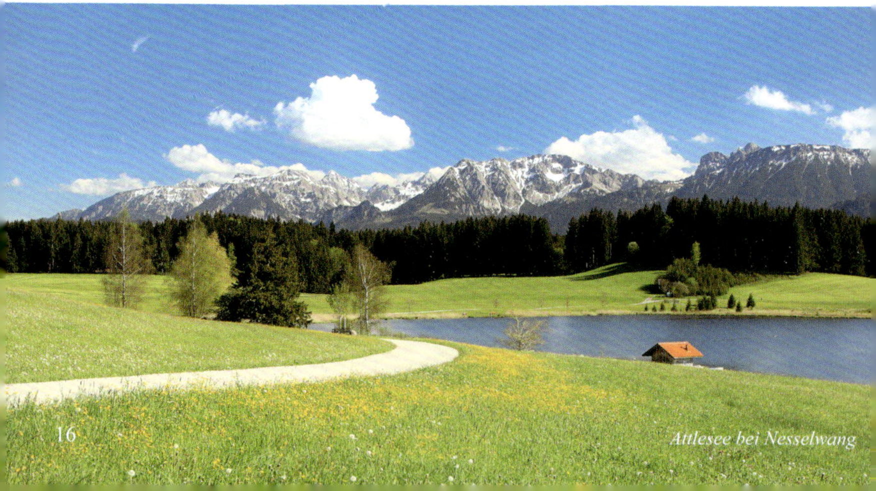

Attlesee bei Nesselwang

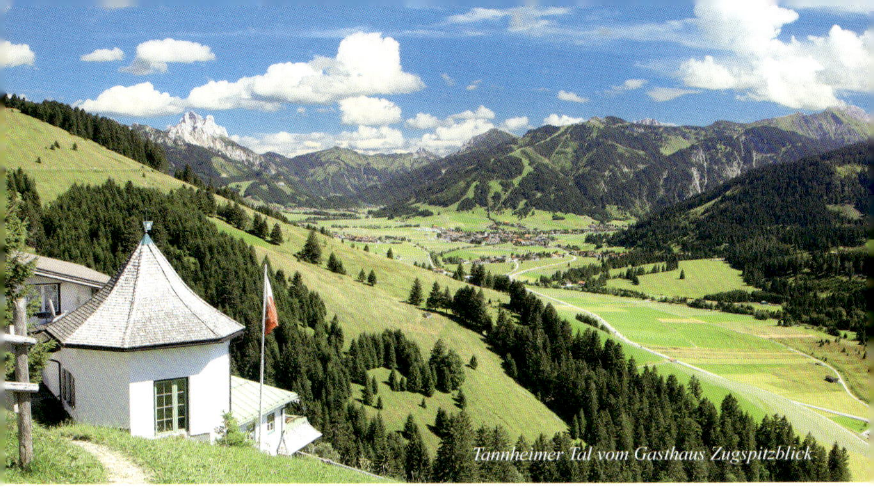

Tannheimer Tal vom Gasthaus Zugspitzblick

Anforderungen

Die in Wanderführern übliche Einteilung in **leicht/mittel/schwer** wirkt bei einem Buchtitel »Leichte Wanderungen…« naturgemäß etwas unpassend. Trotzdem gibt es auch bei den Touren in diesem Buch Unterschiede: Am unteren Ende der Skala gibt es z.B. einfache See-Umrundungen, Spaziergänge ohne jegliche Steigung auf Kinderwagen-geeigneten Wegen. Und am oberen Ende teils alpine Touren, zwar tendenziell immer noch leicht, da sie bergsteigerisch keine besondere Anforderungen stellen, auf guten, breiten Wegen verlaufen und es gemütlich per Seilbahn hinauf geht. Dennoch sind auf diesen Wanderungen mitunter größere Höhenunterschiede zu bewältigen und/oder sie sind etwas länger und setzen gute Kondition voraus. Vernünftige Wanderschuhe sind hier unerlässlich, man ist schließlich in den Bergen unterwegs.

Aus diesem Grund sind die einzelnen Touren in drei Schwierigkeitsgrade unterteilt; eine entsprechende farbliche Markierung ist jeder Tour vorangestellt.

● **Blaue Touren:** Spaziergänge und sehr leichte Wanderungen auf bequem zu gehenden Wegen. Einige Touren sind völlig eben, bei anderen summiert es sich auf bis zu 150 Höhenmeter, allerdings bei sehr gemäßigten Steigungen. Diese Touren erfordern keine besondere Kondition und können auch bei schlechtem Wetter gefahrlos begangen werden.

● **Rote Touren**: Wanderungen auf bequem zu gehenden Wegen mit gleichmäßigen Anstiegen und einer Höhendifferenz von max. 350 Metern in der Summe. Grundkondition ist von Vorteil.

● **Schwarze Touren**: Wanderungen mit gelegentlich etwas anstrengenden, kurzen Anstiegen und ggf. längeren Abstiegen und einer Höhendifferenz von maximal 500 Metern. Oder längere Touren, die sehr gute Kondition voraussetzen. Insgesamt gute Wege ohne technische Schwierigkeiten. Mitunter verlaufen diese Touren in alpinen Höhen.

Telefonnummern, Internet & Wanderkarten

Touristen-Infos:

- ⇨ Tourismusverband Ostallgäu, Schwabenstraße 11, 87616 Marktoberdorf, Tel. 08342 911-506, www.schlosspark.de
- ⇨ Tourismusverband Tannheimer Tal, Vilsalpseestraße 1, A-6675 Tannheim, Tel. +43 5675 6220-0, www.tannheimertal.com
- ⇨ Tourismusverband Naturparkregion Reutte, Untermarkt 34, A-6600 Reutte, Tel. +43 5672 62336, www.reutte.com
- ⇨ sowie die örtlichen Touristenämter: www.fuessen.de, www.pfronten.de etc.

Notrufnummer 112 (Europaweite Notrufnummer für Festnetz und Mobiltelefon)

Wetterberichte (online)

- ⇨ www.alpenverein.de (Wetterbericht für den Alpenraum)
- ⇨ Deutscher Wetterdienst, www.dwd.de
- ⇨ http://wetter.orf.at (Berg-/Wetterbericht für Österreich)
- ⇨ Zentralanstalt für Meteorologie: www.zamg.ac.at (Berg-/Wetterbericht für Österreich)

Wanderkarten

Zusätzlich zu den Wanderkärtchen, die Bestandteil jeder Tourenbeschreibung sind, ist – für alle, die unterwegs gerne eine handfeste Karte in Händen halten – folgendes Kartenmaterial empfehlenswert:

- ⇨ Landesamt für Vermessung und Geoinformation: UK50-48 »Füssen« im Maßstab 1:50.000 (www.ldbv.bayern.de)
- ⇨ Zumstein-Wanderkarten: Nr. 1 »Füssen« im Maßstab 1:30.000 (www.ava-verlag.de)

Anreise mit dem Auto

Die aus Richtung Ulm/Memmingen kommende A7 verläuft vorbei an Nesselwang und Pfronten bis nach Füssen, aus Nordosten führt die B17 über Landsberg am Lech nach Füssen, sodass man i.d.R. ungehindert ins südliche Ostallgäu gelangt. An schönen Wander- und Ausflugstagen geht es allerdings rund um Pfronten sowie insbesondere in Füssen und rund um die Königsschlösser mitunter etwas zäh zu. Ins Tannheimer Tal führen viele Wege: von Westen aus dem Oberallgäu via Sonthofen und die serpentinenreiche Oberjochstraße, von Norden über die A7 und weiter über Wertach und Oberjoch; aus dem Ostallgäu via Pfronten durchs Achtal; und als letzte Variante in Verlängerung der A7 durch den Grenztunnel bis Reutte im Tiroler Lechtal und über den Gaichtpass von Osten ins Tannheimer Tal. Diese gute und leichte Erreichbarkeit bedeutet auf der anderen Seite allerdings auch ein sehr großes Einzugsgebiet und eine wahre Flut von Tagesgästen, die an schönen Wandertagen in die Region strömen.

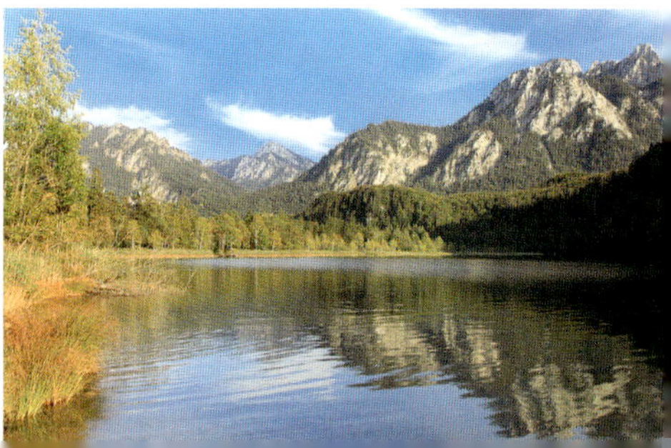

Schwansee bei Füssen; Säuling

Symbole & Pictogramme

Ausgangspunkt / Anfahrt	Gehzeit	Schwierigkeit:
Tour mit Seilbahn / Lift	Höhenmeter (*bergauf / bergab*)	Leicht
Tourencharakter	Distanz	Mittel
Einkehr	Tourstart in einem Ort	Schwer

Öffentliche Anreise und mobil vor Ort

Züge aus Richtung Buchloe/Kaufbeuren (via Seeg) fahren Füssen etwa stündlich an, Pfronten und Nesselwang liegen an der Linie Kempten–Reutte (ebenfalls ca. stündlich).

Die Busverbindungen im Ostallgäu sind brauchbar, setzen allerdings abseits der Hauptstrecken und der touristischen Zentren mitunter etwas Geduld voraus. Das Busnetz im Tannheimer Tal ist dank der Geographie etwas leichter zu planen und besteht im Grunde nur aus einer Linie, die zwischen Oberjoch im Westen über alle Dörfer durchs gesamte Tal bis nach Reutte im Lechtal verkehrt (alle 60 bis 90 min.).

Übernachtungsgäste im Ostallgäu bzw. Tannheimer Tal können die jeweiligen Busse in ihrem Urlaubsgebiet kostenlos benutzen. Für die Vorausplanung gib es alle Busverbindungen online zur Ansicht/zum Download:

Südliches Ostallgäu ► www.allgaeu-mobil.de

Tannheimertal ► www.tannheimertal.com

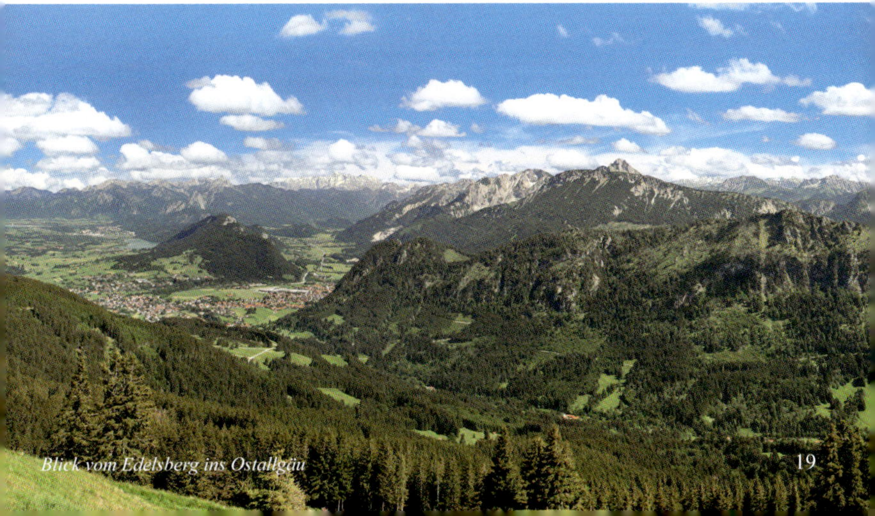

Blick vom Edelsberg ins Ostallgäu

Alpspitzbahn bei Nesselwang

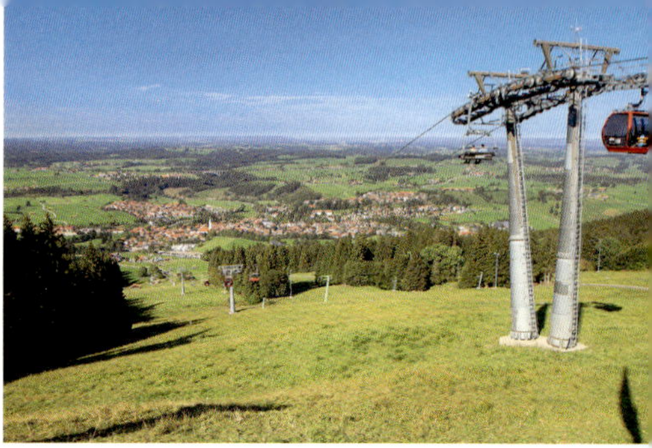

Bergbahnen

Wer gerne mit der Seilbahn gipfelwärts schwebt, hat in der Region eine große Auswahl. Im Ostallgäu führen Bahnen hinauf auf Alpspitz, Breitenberg, Tegelberg und Buchenberg, und auch im Tannheimer Tal finden sich vier Bahnen (Wannenjoch, Füssener Jöchle, Neunerkopf und Krinnenspitze); dazu kommt die Hahnenkammbahn ab Reutte. Die Bahnen sind in der Regel ganzjährig in Betrieb mit Revisionspausen in den Übergangsmonaten zwischen Sommer- und Wintersaison (i.d.R. die Monate November und April). Durch die zunehmend warmen und auch oft schneearmen Winter sind manche Bahnen – bei schönem Wanderwetter – gelegentlich auch im November an manchen Wochenenden ausnahmsweise in Betrieb (im Zweifelsfall hilft ein Blick auf die Internetseiten). Die täglichen Betriebszeiten liegen in etwa zwischen 8.30 und 16.30 Uhr. Genauere Informationen sowie Telefonnummern und Internetseiten sind in den Kurzinfos angegeben.
Bei vielen Hotels sind bei längeren Aufenthalten (manche) Seilbahnen inklusive, zudem gibt es diverse Angebote (uneingeschränkte Seilbahnnutzung an mehreren Tagen u.ä.), die man auf seine Gästekarte aufbuchen lassen kann.

Einkehr, Almhütten & Co.

Das südliche Ostallgäu und das Tannheimer Tal sind gastronomisch bestens erschlossen, sodass es kaum eine Wanderung ohne Einkehrmöglichkeit gibt. In unmittelbarer Umgebung der Seilbahn-Bergstationen findet man eigentlich immer irgendeine Hütte oder ein Bergrestaurant, und auch sonst trifft man immer wieder auf eine Alpenvereinshütte oder eine der zahlreichen privaten, bewirtschafteten Alphütten.
Die bei den Bergstationen gelegenen Hütten/Restaurants haben während der Seilbahn-Betriebszeiten fast immer ohne Ruhetage geöffnet. Die Öffnungszeiten der hochgelegenen Alpenvereinshütten sind durch die Höhe bzw. den Winter begrenzt; die Sommersaison ist sehr unterschiedlich und dauert etwa von Anfang Juni bis Anfang Oktober. Bei den meist privaten Alphütten, die im Nebenerwerb Kost anbieten, bestimmt der bäuerliche Terminkalender die Saison, die meist nur so lang dauert, wie das Vieh auf der Alm ist, also von ca. Mitte Juni bis zum Viehscheid ca. Mitte September. Mit einem wöchentlichen Ruhetag muss man rechnen. Besonders bei etwas abgelegenen Hütten weist meist ein Schild frühzeitig darauf hin, falls die Hütte geschlossen hat.

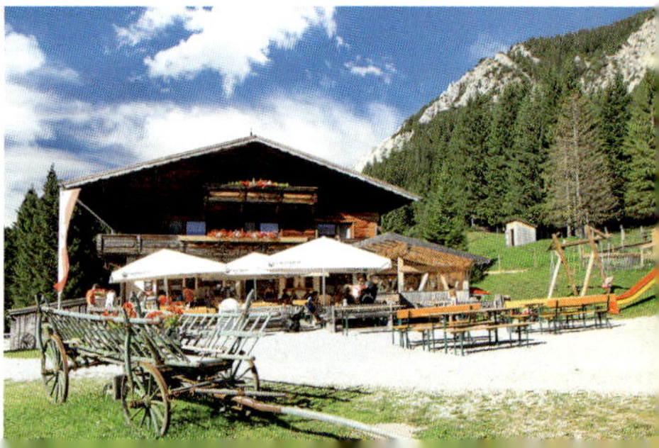

Vilser Alm

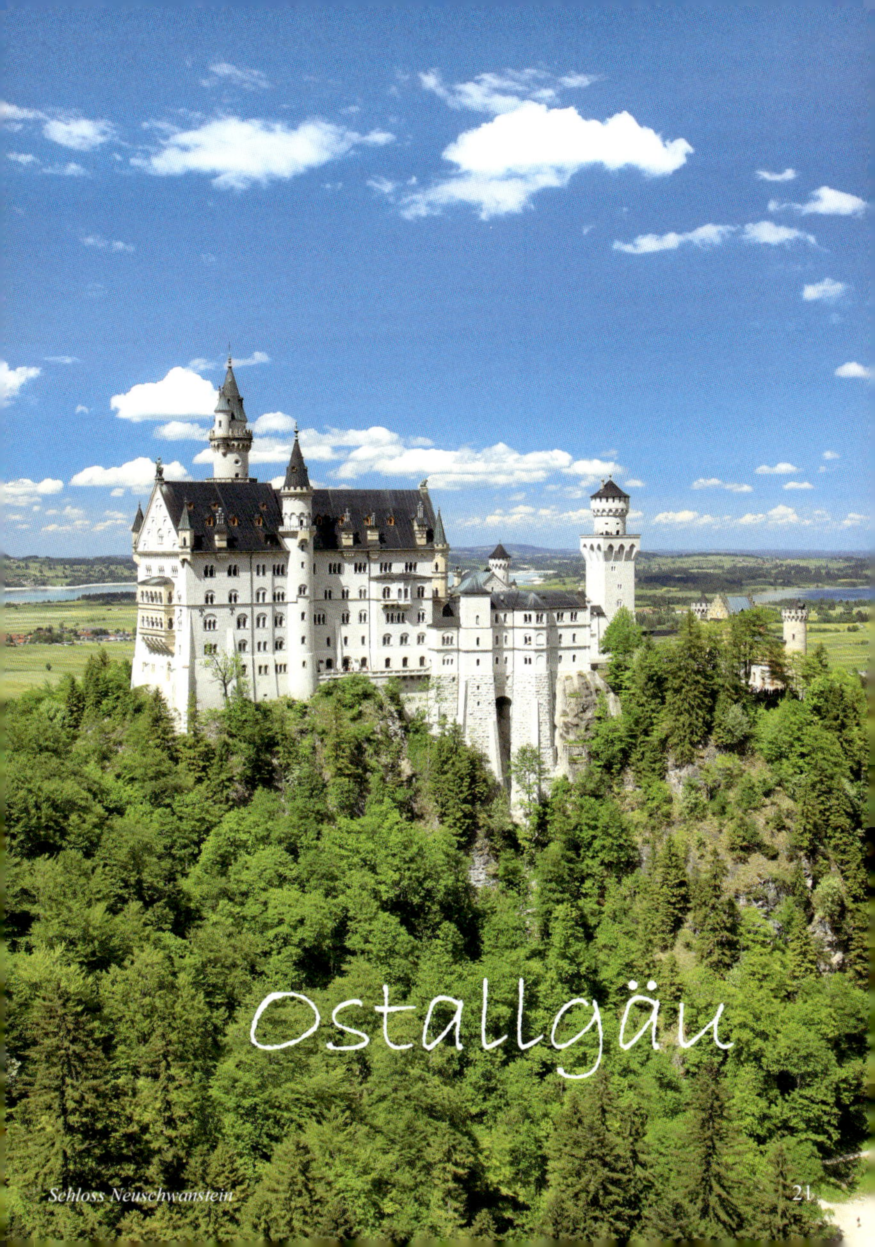

Ostallgäu

Schloss Neuschwanstein

1 Auf den Auerberg

3 Std. | 340 Hm | 9 km

Stötten am Auerberg, ca. 7 km südöstlich von Marktoberdorf; Parkplatz und Bushaltestelle in der Ortsmitte bei der Kirche, 740 m *(**Navi**: 87675 Stötten am Auerberg, Dorfstraße 8)*; Bus ab Marktoberdorf ca. alle 60 bis 90 min., ab Lechbruck seltener.

Überwiegend gut zu gehende Wiesen- und Waldwege, teilweise (autofreie) Teersträßchen; generell mäßige Steigungen.

Gasthof »Auf dem Auerberg« ②

Schöner Wallfahrtsweg mit Aussicht

Bevor das ostallgäuer Voralpenland Richtung Norden endgültig abflacht, schwingt es sich in Gestalt des Auerberges noch ein letztes Mal in überraschende Höhen auf; und beschert seinen Besuchern einen großartigen Panoramaplatz. Von Stötten wandern wir auf stillen Pfaden den langen Bergrücken hinauf bis zum – von einer Wallfahrtskirche gekrönten – Gipfel auf über 1050 m Höhe. Im Süden bilden dabei die fernen Alpengipfel die eindrucksvolle Hintergrundkulisse.

Vom **Parkplatz neben der Kirche** ①, 740 m, halten wir uns südwärts, folgen erst der »Dorfstraße« und dann dem sich anschließenden »Römerweg«, bis dieser nach etwa 300 Metern in einen schmalen Fußweg übergeht (das gelbe Schild »Auerberg« unterwegs ist für Autofahrer gedacht). Auf diesem Weg geht es einen leicht ansteigenden Wiesenhang hinauf bis zu einer kleinen Häusergruppe. Knapp 200 m auf einer Teerstraße rechts, gleich wieder links und hinauf zu einem nahen Sendemast, immer der Beschilderung »Römerweg« bzw. »Auerberg« folgend. Beim Sendemast beginnt ein schmaler Weg, der uns mäßig steil ansteigend durch Wald hinaufleitet. Immer wieder machen die

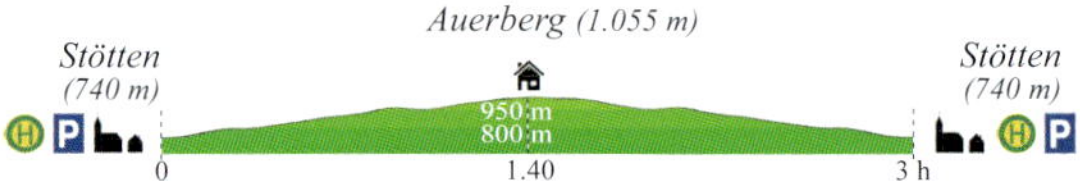

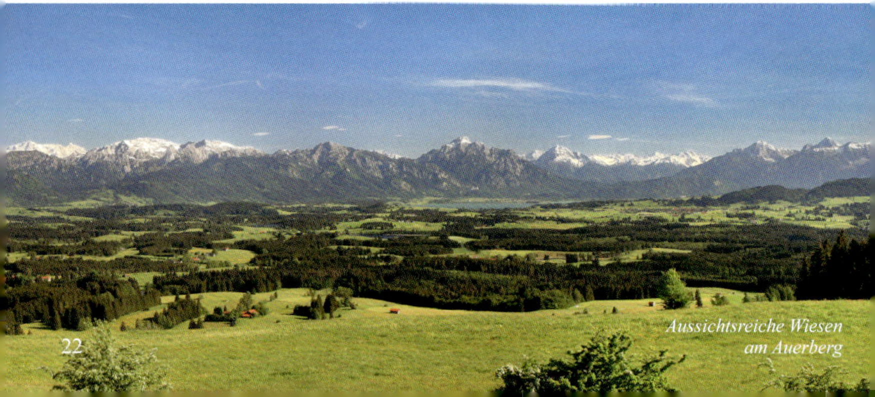

Aussichtsreiche Wiesen am Auerberg

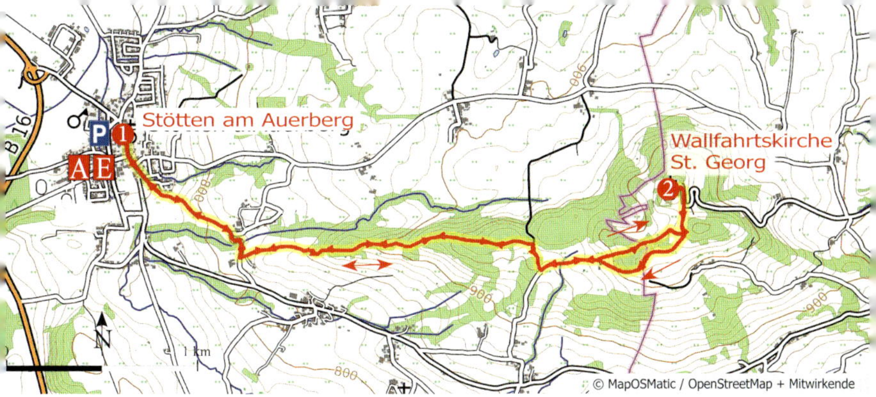

Bäume Platz für offene Wiesen, die uns herrliche Blicke Richtung Süden gewähren. Weit schweift der Blick über das wellige Ostallgäu, ganz in der Ferne runden die Gipfel der Ammergauer Alpen und der Tannheimer Berge das schöne Panorama ab. Bald treffen wir auf einen Schotterweg, gehen auf diesem rechts zu einer nahen Teerstraße und auf dieser links – nun durch offene Wiesen – weiter gemächlich bergauf. Nach knapp 400 m geht die Straße wieder in einen Wanderpfad über, wir steigen quer über eine Wiese weiter an, noch durch ein letztes Waldstück, dann taucht links vor uns auf dem höchsten Punkt des Auerberges eine weiße Kirche auf. Ein letzter Anstieg bringt uns hinauf zur **Wallfahrtskirche St. Georg** ②, 1055 m. Wer noch ein kleines Stück höher hinauf möchte, kann im Innern des Gebäudes auf einer SEHR engen Stiege auf die kleine Aussichtsplattform neben dem Turm steigen.
Ruhigere und weniger beengte Aussichtsplätze findet man auf den etwas weiter südlich gelegenen Wiesen. Dort entlang führt auch unser Rückweg. Dazu gehen wir von der Kirche etwa 300 Meter den Hinweg zurück, dann NICHT rechts Richtung »Stötten«, sondern geradeaus Richtung »Straß«. Über eine kleine Wiesenanhöhe mit Bänken bis zu einem Gipfelkreuz, das wir am rechten Wiesenrand ausmachen und von wo sich ein herrliches Panorama bietet.
Von dort führt ein schmaler Trampelpfad am Waldrand abwärts, bis wir nach wenigen Minuten bei einem alleinstehenden Gebäude wieder auf die Teerstraße vom Aufstieg stoßen. Der weitere Abstiegsweg verläuft wie der Hinweg.

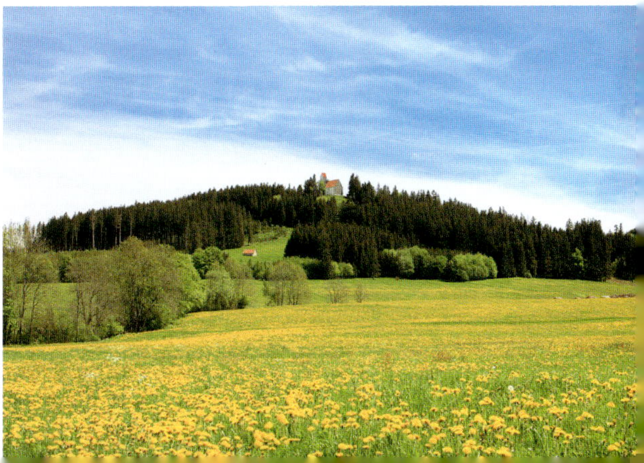

Der Auerberg mit der Wallfahrtskirche

2 Lechstausee Urspring und Premer Filz

4.15 Std. | 60 Hm | 13,4 km

Lechbruck am See; Parkplatz im Ort am westlichen Ufer des Lechs, 150 m nördlich der Lechbrücke, 737 m *(**Navi**: 86983 Lechbruck am See, Flößerstraße 3)*; Bus Füssen–Lechbruck–Steingaden (mehrmals täglich).

Teils Wanderwege, teils (geteerte) Feldwege, kaum Steigungen.

Flößerstadl; Gasthäuser in Lechbruck ① und Prem ③

Kürzere Variante: Rückweg nicht via Premer Filz, sondern entlang des Südostufers des Urspring-Sees (insgesamt 8,3 km / 2.20 Std.)

Durch Moore und Flussauen bei Lechbruck

Bei Lechbruck strömt das – meist wunderschön milchigblaue – Wasser des Lechs über eindrucksvolle Stromschnellen auf einer kurzen Passage zwischen zwei Staustufen. Auf dieser Wanderung spazieren wir auf schönen Uferwegen entlang des Urspring-Stausees, erkunden das stille Premer Filz sowie naturnahe Auwälder am Lech.

Der Lech begrüßt seine Besucher sogleich mit mächtig rauschenden Stromschnellen und einer überraschend wilden Atmosphäre mitten im Ort. Vom Parkplatz in **Lechbruck** (1), 737 m, halten wir uns links und spazieren am Wasser entlang nordwärts, wobei sich der Fluss allmählich immer mehr zu einem See weitet, der sich bald offen vor uns ausbreitet. Wir passieren einen kleinen Bootshafen, queren auf einer überdachten Holzbrücke einen Bach und spazieren auf einem breiten Fußweg am nordwestlichen Seeufer weiter. Nachdem wir ein ausgedehntes Campingplatz-Gelände durchquert haben, erreichen wir schließlich die **Staumauer** ②, 725 m; zur Rechten haben wir einen prächtigen Blick über den gesamten See mit den fernen Alpengipfeln als Hintergrundkulisse. Auf dem langen Staudamm wandern wir nun in südöstlicher Richtung bis

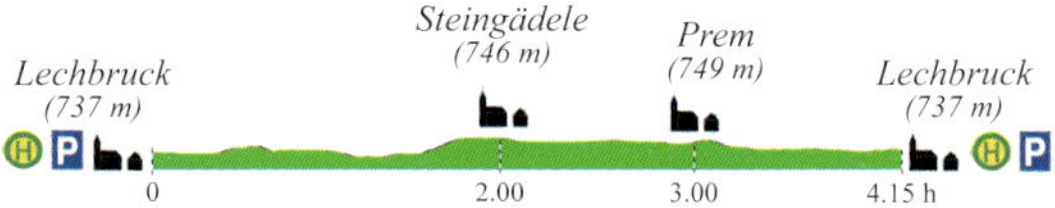

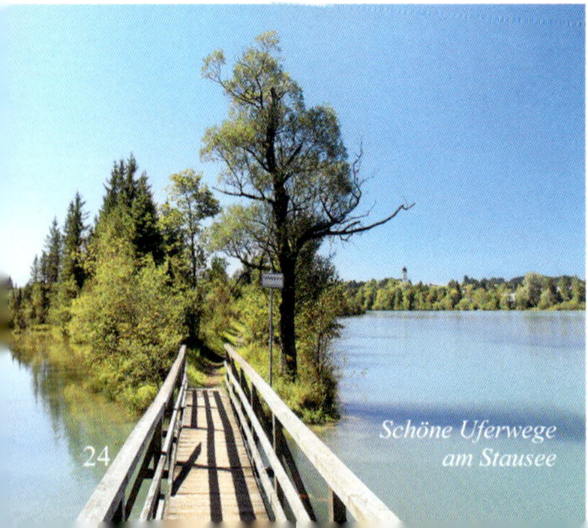
Schöne Uferwege am Stausee

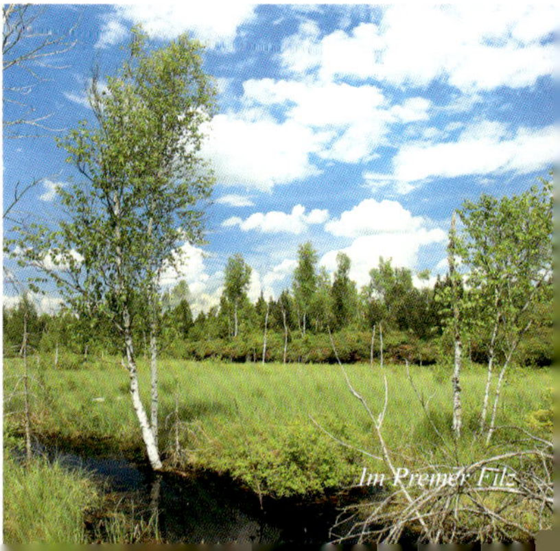
Im Premer Filz

zu einem kleinen Parkplatz, wo wir das Seeufer verlassen (wer die Tour etwas kürzer gestalten möchte, kann ab hier am südlichen Seeufer direkt zurück nach Lechbruck wandern; ca. 40 min. statt 2.30 Std. via Premer Filz). Wir folgen einem Wirtschaftsweg ca. 10 min. südwärts durch die Felder, queren eine Landstraße und erreichen kurz darauf das kleine Dorf **Steingädele** ③, 746 m. Dort kurz rechts-links, um nach 150 m am Dorfausgang schräg rechts – in westlicher Richtung – auf einem breiten Wirtschaftsweg das nahe Premer Filz anzupeilen.

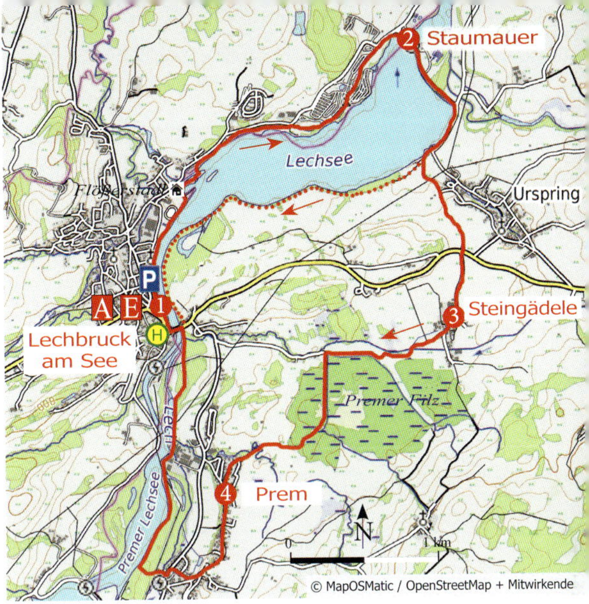

Nach ca. 5 min. führt links ein kurzer Stichweg zu einem breiten Weg (mit Moorlehrpfad), der parallel zum Wirtschaftsweg direkt am Moor-Rand verläuft. Auf diesem Weg spazieren wir weiter westwärts. Nach ca. 500 m gelangen wir zu einer Wegkreuzung mit Brücke, dort links und – nun in südlicher Richtung – schnurgerade durch das Premer Filz hindurch. Der Weg biegt dann allmählich wieder in westliche Richtung um, wir lassen das Moor hinter uns und erreichen die ersten Häuser von **Prem** ③, 749 m. Über Ortstraßen halten wir südwärts auf die Kirche zu, biegen dort schräg rechts ab in die »Flößerstraße« und gut 150 m weiter rechts in einen Schotterweg, der uns zu einer Autostraße hinab bringt. Dort 100 m links, gleich hinter dem Feuerwehrhaus rechts und durch Auwald zum nahen Lech hinüber (links kurzer Abstecher zum »Wirtshaus in der Lechaue«). Am Lech wenden wir uns nach rechts und wandern auf dem Uferweg stromabwärts. Vor uns liegt ein ca. zwei Kilometer langer, hübscher Wanderweg, meist direkt am Wasser entlang, bis sich die Runde an der Brücke über den Lech schließt.

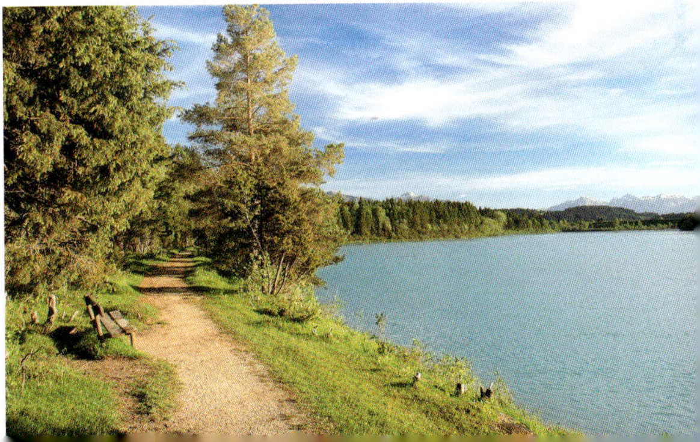

Uferweg am Lech

3 Schmutterweiher-Runde

2.30 Std. | 100 Hm | 7,7 km

Parkplatz am Nordufer des Schmutterweihers, von der Landstraße Roßhaupten–Lechbruck bei Sameister auf Stichstraße 750 m südwärts, 785 m (*Sameister* = ***Navi****: 87672 Rosshaupten, Sameister 9*).

Teils Teersträßchen, teils breite Schotterwege durch Feld- und Wiesenlandschaft, kaum Steigungen.

Kiosk am Schmutterweiher ①

Stille Weiher nördlich des Forggensees

Auf einer Karte sticht im ostallgäuer Voralpenland meist der riesige Forggensee ins Auge, aber auch in seiner Umgebung verstecken sich zahlreiche kleinere Wasserflächen in der stillen Landschaft. Auf dieser gemütlichen Wanderung durchstreifen wir weite, offene Wiesen mit schönen Ausblicken Richtung Alpengifel und besuchen unterwegs hübsche Seen wie den herrlichen Schmutterweiher.

Vom Parkplatz sind es nur wenige Schritte bis zum Nordufer des **Schmutterweihers** ①, 785 m, einem beliebten Badesee mit kleinen Wiesenflächen und einer sehr entspannten Atmosphäre. Da wir zum Ende unserer Wanderrunde wieder hier landen werden, können wir uns eine genaue Erkundung des Sees bis dahin aufsparen. Vorerst halten wir uns am Ufer rechts, queren ein kleines Wäldchen und stoßen an der Nordwestecke des Weihers auf eine schmale Straße. Dort wenden wir uns nach links und wandern durch die sich anschließende Wiesenlandschaft

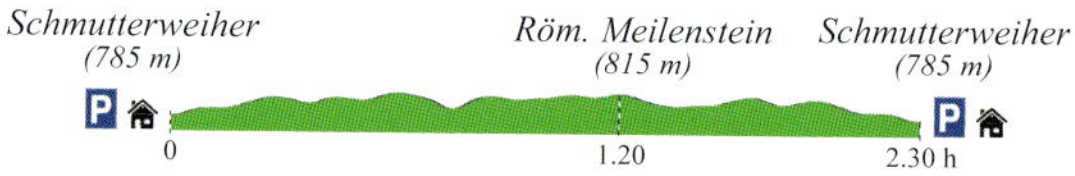

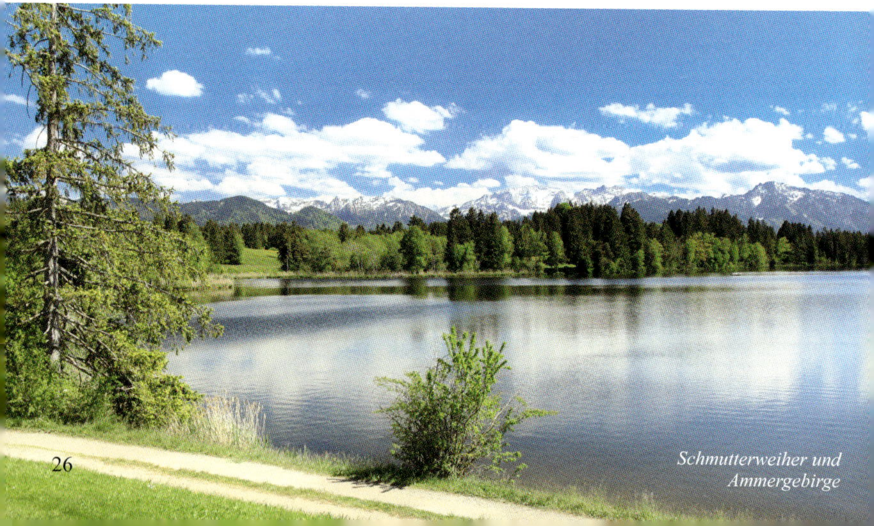

Schmutterweiher und Ammergebirge

südwärts. Wir passieren einen kleinen, abgeschiedenen Weiher zur Rechten, gelangen zu einem Gehöft und etwas später zum kleinen Weiler **Tiefenbruck** ②, 800 m. Kurz hinter den Häusern zweigt rechts ein schmaler Pfad ab, der – an einem Fischteich entlang und durch ein kleines Wäldchen hindurch – zu einer Straße führt. Wir wechseln auf die gegenüberliegende Seite (Vorsicht, recht viel Verkehr), gehen auf dem dortigen Fuß- und Radweg (ebenfalls SEHR viel Radverkehr = Forggensee-Rundweg) ca. 300 m in westlicher Richtung. Dort beginnt auf der anderen Straßenseite ein breiter Wirtschaftsweg. Auf diesem geht es nun wieder nordwärts und ganz leicht bergauf durch eine weite, offene Wiesen- und Weidelandschaft. Am höchsten Punkt erwartet uns ein **römischer Meilenstein der Via Augusta** ③, 815 m, eine Bank und ein prächtiges Panorama Richtung Süden über die weiten Wiesen bis zu den fernen Gipfeln der Tannheimer Berge und des Ammergebirges. Knapp 500 m weiter erreichen wir eine Wegkreuzung, an der man links einen insgesamt etwa 20-minütigen Abstecher zum stillen Huttlerweiher einschieben kann. Ansonsten geht es hier rechts und in etwa 10 Minuten zu einer weiteren kleinen Häusergruppe mit Kapelle. Hier wenden wir uns nach rechts und wandern – erneut mit schönem Blick Richtung Berge – südwärts durch die Wiesen. Bald treffen wir in der Nähe eines Gehöfts auf den vom Beginn der Tour bekannten Weg und wandern auf diesem zurück zum nahen Schmutterweiher. An seinem Nord- und Nordostufer kann man noch ein wenig weiterschlendern und die schöne Atmosphäre sowie das ferne Gipfelpanorama jenseits der stillen Wasserfläche genießen.

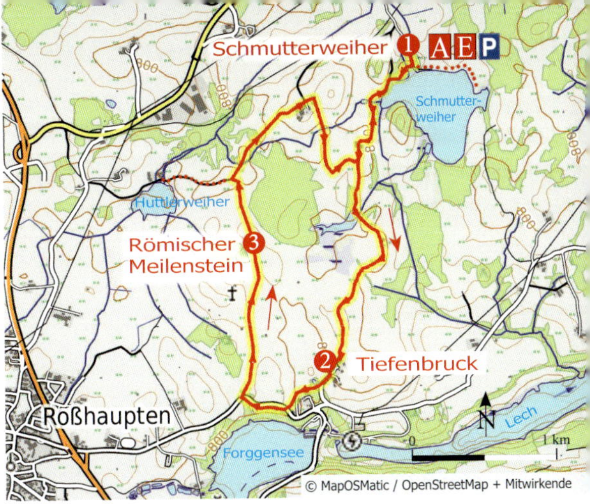

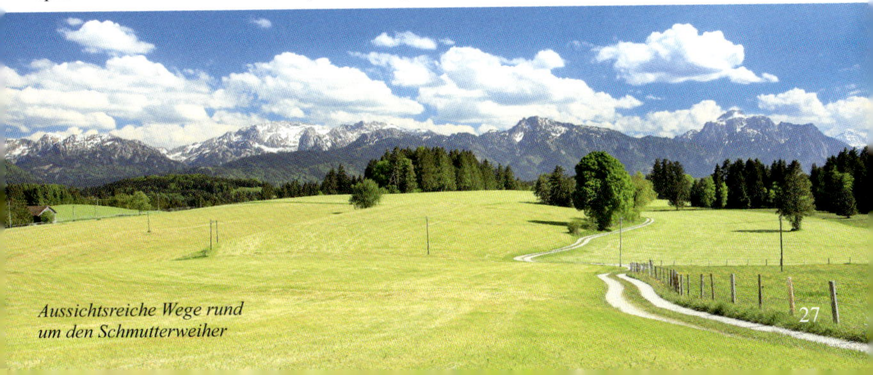

Aussichtsreiche Wege rund um den Schmutterweiher

4 Zwischen Roßhaupten und Forggensee

3 Std. | 200 Hm | 8 km

Roßhaupten, 815 m, an der Nordwestecke des Forggensees. An der B16 ca. 10 km nördlich von Füssen. Parkplatz 75 m westlich der Kirche in der Ortsmitte *(**Navi**: 87672 Roßhaupten, Seeger Straße 7)*; Bus ab Füssen mehrmals täglich.

Straßen, Forst- und Fußwege, unterwegs eine kräftige Steigung.

Gasthäuser in Roßhaupten ①

Variante: Abstecher zum Zwieselberg, 1055 m (Details im Tourentext).

Auf stillen Pfade zum Seeufer

Roßhaupten ist ein kleiner Ort am nordwestlichen Zipfel des Forggensees, fernab des großen touristischen Trubels. Auf dieser schönen Wanderung spazieren wir hinüber zum Forggensee-Ufer und auf stillen Pfaden über mit Wiesen und Wald bedeckte Höhenrücken zu versteckten Kapellen und überraschenden Aussichtspunkten.

Vom **Parkplatz** ①, 815 m, gehen wir zur nahen Kirche, biegen davor rechts ab in die »Füssener Straße« und knapp 100 m weiter links in den »Mangmühlenweg«. Auf diesem geradeaus aus dem Ort heraus, unter der Bundesstraße hindurch, durch die Wiesen zu einer Ansammlung von Fischteichen und an diesen entlang zur **Mangmühle** ②, 792 m. Dort wenden wir uns nach rechts und spazieren durch lichten Wald hinüber zum Ufer des Forggensees mit Bootsanlegestelle und hübschen Badestellen. Und einem schönen Blick über die große Wasserfläche zu den fernen Gipfeln des Ammergebirges. Der Wanderweg folgt kurz darauf einer schmalen, nach Westen ziehenden Bucht, unterquert erneut die Bundesstraße und führt zur **Tiefen-**

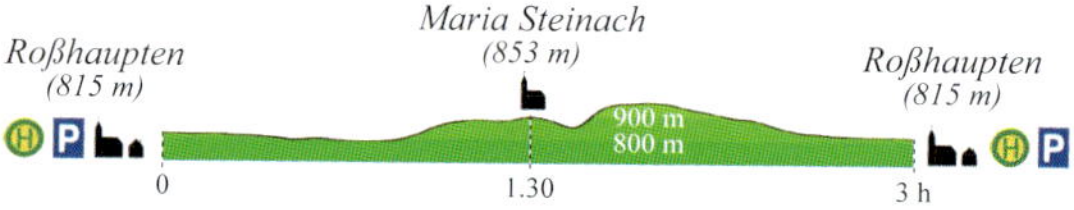

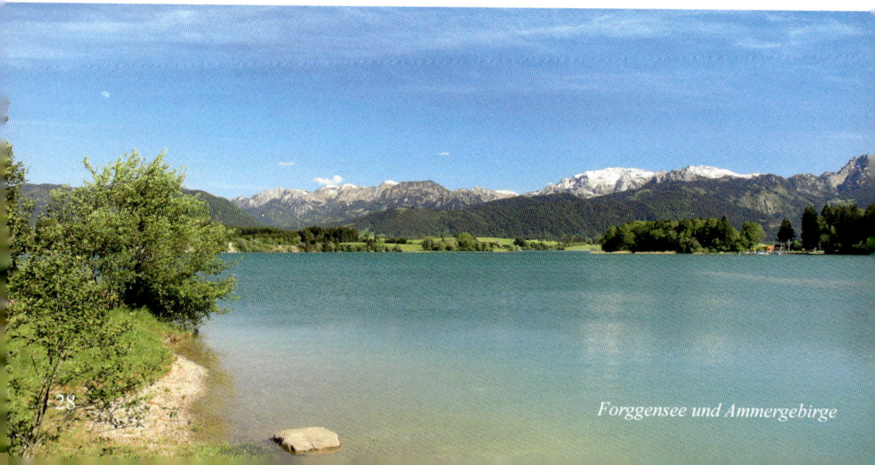

Forggensee und Ammergebirge

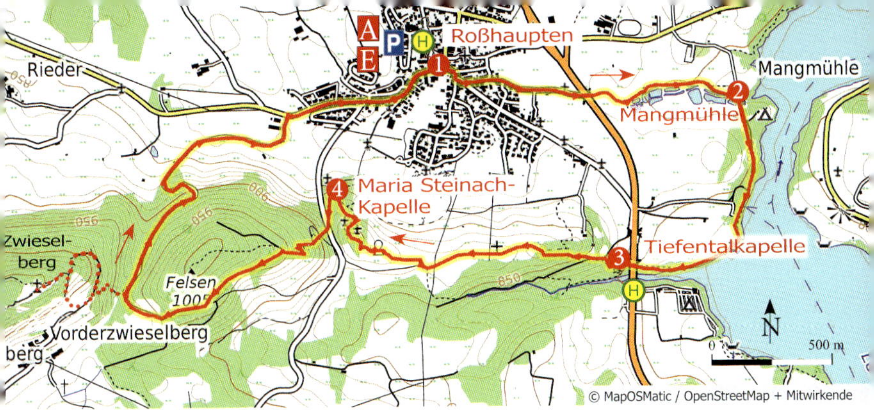

talkapelle ③, 808 m. Dahinter steigt der Weg einen bewaldeten Hang hinauf auf den aussichtsreichen Wiesenrücken des Kobus mit schönem Blick über Roßhaupten. Immer geradeaus über den Rücken verlassen wir nach ca. 500 m den breiten Wirtschaftsweg und steigen rechts über einen Wiesenpfad leicht bergan, dann wieder bergab zur nahen **Kalvarienberg-Kapelle Maria Steinach** ④, 853 m. Von der Kapelle südwärts zu einer Straße und dann – ein Stück weiter die Straße entlang auf der anderen Seite – recht steil den »Felsenweg« durch Wald aufwärts bis zu einer Geländeschulter. Dort stoßen wir auf einen breiten Forstweg, dem wir etwa einen Kilometer in westlicher Richtung – teils durch Wald, teils über Wiesen – folgen und dann allmählich in ein bewaldetes Bachtal absteigen. Hier, wo sich der Forstweg Richtung Norden wendet, kann man zum Zwieselberg – mit schönem Blick Richtung Süden – hinaufsteigen (dazu hier links ab, über den Bach und eine kleine Wiese in den Wald. Dort rechts und kräftig aufwärts zur freien Höhe auf dem Zwieselberg. Abstieg in zwei Kehren über Wiesen auf der Südseite, dann links zurück zum Sträßchen; insgesamt ca. 40 min. und 150 Hm). Der Rückweg nach Roßhaupten erfolgt anfangs durch besagtes Bachtal in nördlicher Richtung, schließlich über Wiesen hinab zum westlichen Ortsanfang. Von dort sind es noch etwa 750 m bis zum Parkplatz.

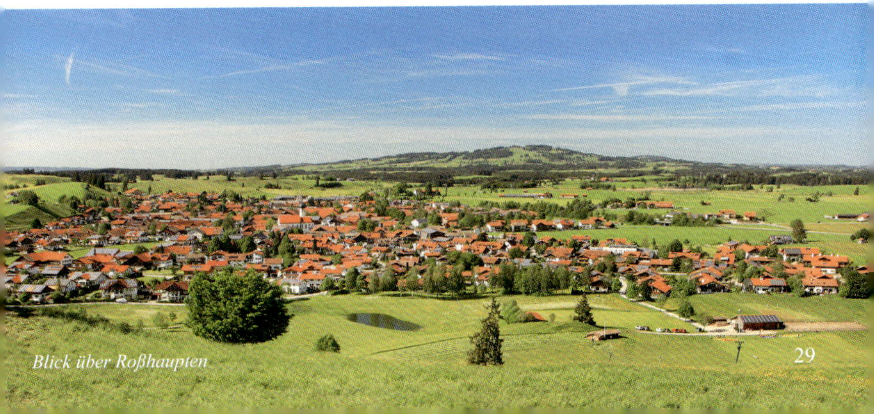

Blick über Roßhaupten

5 Hegratsrieder See-Runde

4 Std. | 130 Hm | 12,2 km

Buching-Bayerniedenhofen (an der B17 etwa auf halber Strecke zwischen Steingaden und Füssen). Parkmöglichkeit bei den Sportanlagen am südwestlichen Dorfrand, 795 m *(**Navi**: 87642 Halblech, Raiffeisenstraße 10)*; Bus Füssen–Steingaden (ca. stündlich), Haltestelle »Buching Ortsmitte«, von dort ca. 1 Kilometer auf Wirtschaftswegen zum Startplatz.

Feld- und Wirtschaftswege, teils geteert, leicht.

Kiosk am Kühmoossee ③

Abwechslungsreiches Voralpenland

Zwischen Ammergebirge und Forggensee breitet sich eine sehr idyllische Voralpenlandschaft aus. Auf angenehmen Pfaden spazieren wir durch aussichtsreiche Wiesen, einsame Moore und entlang stiller Weiher und statten zum Ende der kleinen, fotogenen Kirche St. Peter in Berghof einen Besuch ab.

Vom **Parkplatz** ①, 795 m, gehen wir an den Tennisplätzen vorbei, an der 1. Kreuzung gleich dahinter geradeaus und knapp 100 m weiter an der nächsten Verzweigung rechts. Auf einem breiten Schotterweg wandern wir über offene Wiesen westwärts und schließlich durch ein kleines Wäldchen hindurch. Dahinter treffen wir auf einen Querweg und biegen nach links ab. Der Weg führt eine Wiesenkuppe hinauf und bietet dabei wunderschöne Aussichten Richtung Ammergebirge. Gut einen Kilometer weiter biegt der Weg rechts ab und erreicht den **Hegratsrieder See** ②, 794 m. Dort wenden wir uns nach rechts und spazieren auf einem autofreien Sträßchen nordwärts bis zum kleinen Dorf Greith. Dort die 2. Dorfstraße links und wie-

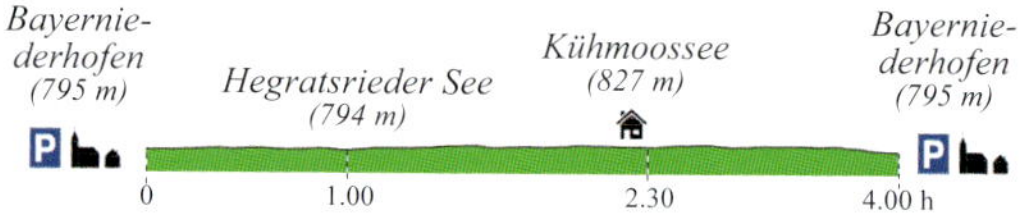

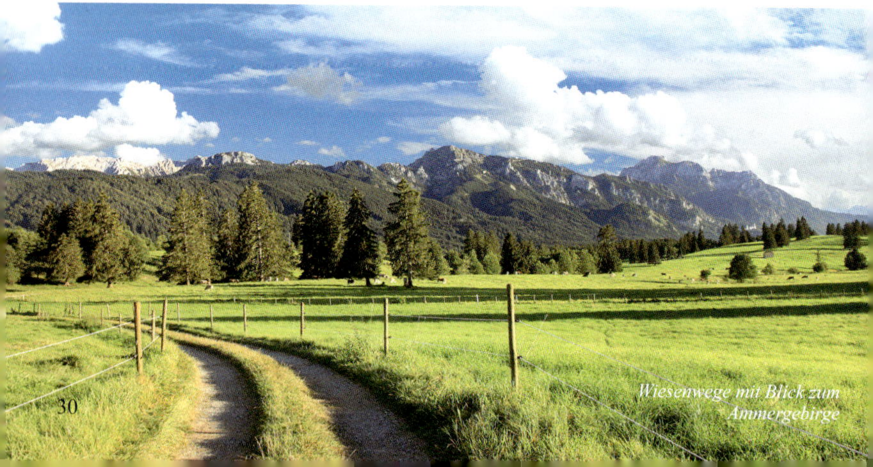

Wiesenwege mit Blick zum Ammergebirge

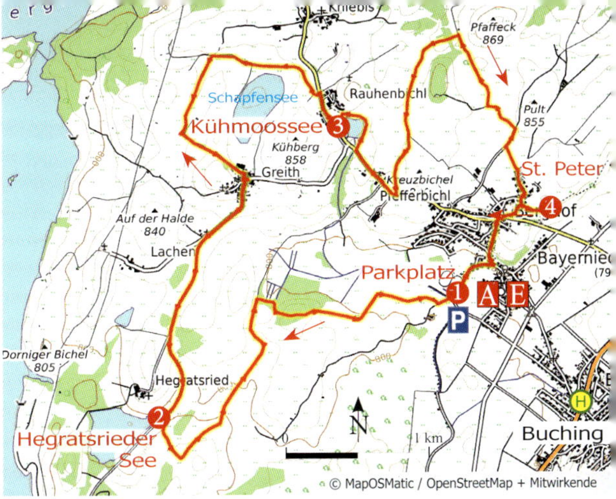

der hinaus in die Wiesenlandschaft. In einem weiten Rechteck (500 m westwärts, dann 500 m nordwärts, dann knapp einen Kilometer ostwärts) umwandern wir den Schapfensee und stoßen schließlich gegenüber einer Klinik auf eine Autostraße. Nach ca. 250 m rechts entlang dieser Straße gelangen wir zum Kiosk Seerose. Dort halten wir uns links und umrunden in knapp 10 Minuten den kleinen **Kühmoossee** ③, 827 m. Im Anschluss müssen wir noch für ca. 400 m entlang der Straße weitergehen, bis links ein Wirtschaftsweg zur Straße stößt. Auf diesem wandern wir ca. 20 min. nordwärts durch die weiten Wiesen bis zu einem kleinen Wäldchen, biegen an einem Abzweig rechts ab und wandern – nun in südöstlicher Richtung – hinüber zu den Häusern von Berghof. Ins Dorf hinein und auf einem Stichweg zur schönen, etwas erhöht liegenden **Kirche St. Peter** ④, 843 m, mit feinem Ausblick Richtung Berge. Auf dem kurzen Stichweg geht es zurück ins Dorf und auf dem ersten Sträßchen links zur Hauptstraße hinab. Schräg gegenüber in die »Illasbergstraße«, auf dieser weiter ca. 300 m leicht bergab, dann rechts in die »Raiffeisenstraße« und auf dieser zurück zum Ausgangspunkt.

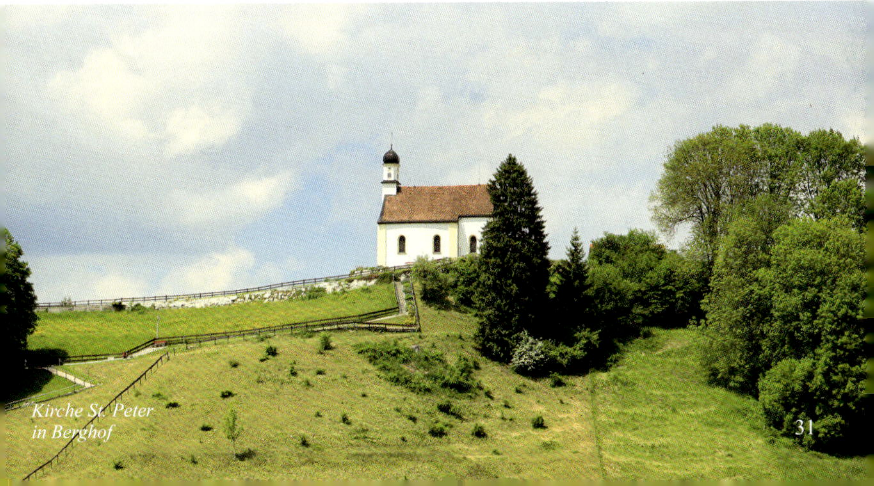

Kirche St. Peter in Berghof

6 Zwischen Forggensee und Bannwaldsee

4.45 Std. | 100 Hm | 16,3 km

Schwangau, Wanderparkplatz an der Mühlberger Ach nördlich des Ortes, 784 m, ca. 1,5 km nordwestlich der B17 *(**Navi**: 87645 Schwangau, Seestraße 43)*;
Bus: am besten Start bei der Haltestelle »Bannwaldsee« (Wegpunkt 3), Linie Füssen–Steingaden (ca. stündlich).

Feld- und Wirtschaftswege, teils geteert, leicht.

Beim Campingplatz Bannwaldsee ③

Aussichtsreiche Seen- und Wiesen-Wanderung

Diese schöne Wanderung führt uns durch die seenreiche Moränenlandschaft nordöstlich von Füssen, wobei wir drei ganz unterschiedliche Wasserflächen besuchen: den großen Forggensee, den idyllischen Hegratsrieder See sowie den sehr naturnahen Bannwaldsee. Zwischendurch geht es auf aussichtsreichen Pfaden durch weite Wiesen und kleine Wäldchen.

Vom **Wanderparkplatz** ①, 784 m, halten wir uns nordwärts und wandern zum gut 200 m entfernten Forggensee hinüber mit Wiese und Bootsanleger. Dort wenden wir uns nach rechts und spazieren auf einem breiten Schotterweg am Ufer nordostwärts. Nach knapp 15 min. macht der Weg eine scharfe Rechtskurve, verlässt das Seeufer und trifft auf ein Teersträßchen. Auf diesem halten wir uns links und wandern – immer dem gewundenen Straßenverlauf durch die sanft gewellte Wiesenlandschaft folgend – zum etwa drei Kilometer entfernten **Hegratsrieder See** ②, 794 m, hinüber. Am nordöstlichen Seezipfel zweigt rechts ein Weg

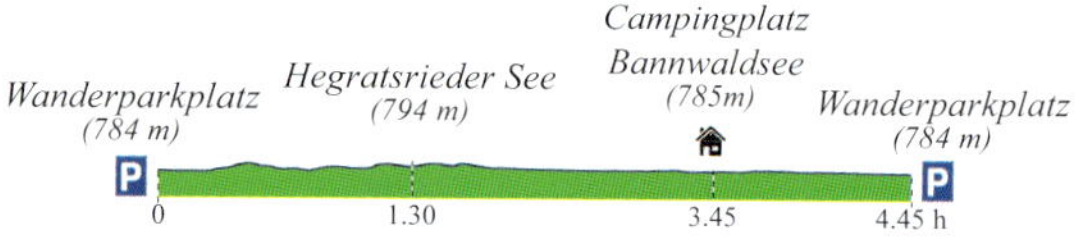

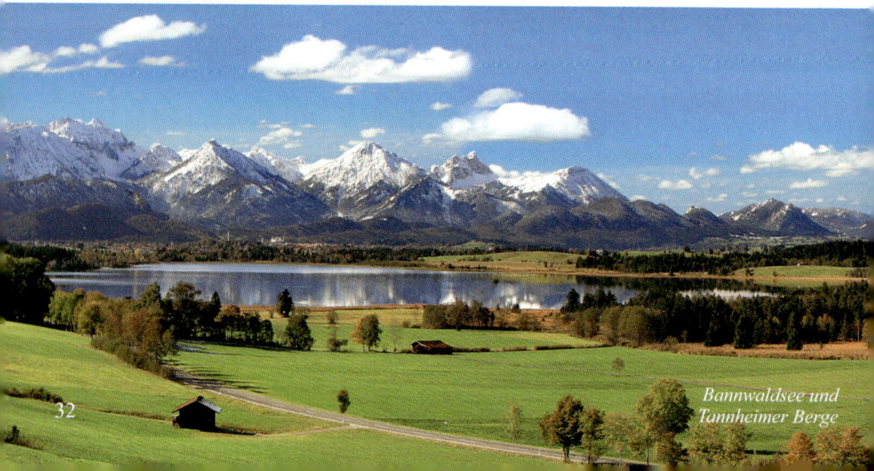

Bannwaldsee und Tannheimer Berge

ab, der nach gut 300 m wieder scharf links umbiegt und durch einen schönen, stillen Wiesen- und Moor-Mix weiter in nördlicher Richtung führt. Nach gut 20 min. wenden wir uns am 1. Abzweig rechts, queren ein kleines Wäldchen und wandern im Anschluss ostwärts, mit den Gipfeln des Ammergebirges vor uns. Bei einigen Tennisplätzen erreichen wir eine Wegkreuzung, halten uns rechts und spazieren nun in südlicher Richtung weiter. Am Buchinger Bach entlang durch die freien Wiesen erreichen wir nach gut 45 min. die Bundesstraße. Für gut einen Kilometer verläuft unser Wanderweg nun entlang der Straße, bis rechts ein Pfad zum **Bannwaldsee-Ufer** ③, 785 m, hinüberführt. Im Anschluss wandern wir vorbei am recht ausgedehnten Campingplatz Bannwaldsee, dahinter rechts, gleich wieder links und entlang der Mühlberger Ach weiter. Nach etwa einem Kilometer mündet der Bach in die von links heranströmende Pöllat. Wir wenden uns nach rechts und folgen dem Uferweg am klaren Wasser entlang flussabwärts in ca. 20 min. zurück zum Wanderparkplatz.

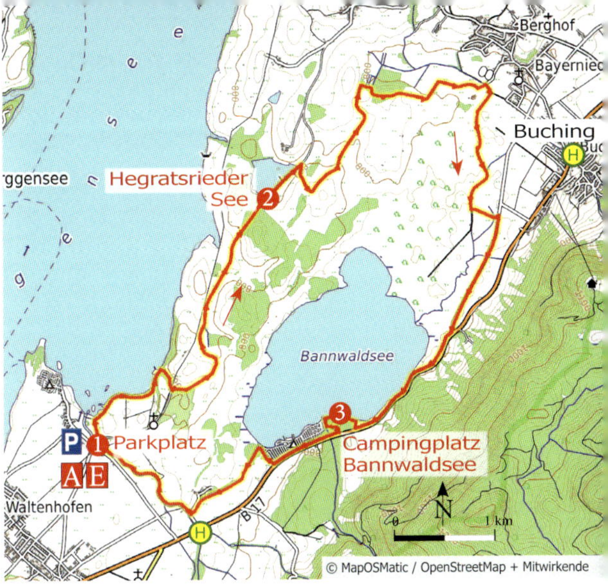

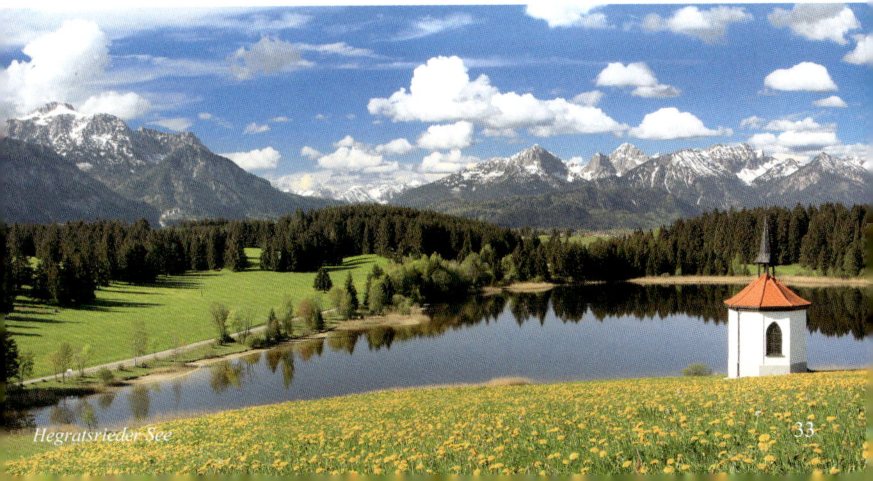

Hegratsrieder See

7 Kleine Buchenberg-Runde

1.45 Std. | 90 / 420 | 5,3 km

Buching (an der B17 etwa auf halber Strecke zwischen Steingaden und Füssen), Buchenbergbahn am südlichen Ortsrand, 810 m (***Navi**: 87642 Halblech, Füssener Straße 19)*; Bus Füssen–Steingaden (ca. stündlich), Haltestelle »Buching Sesselbahn«.

Buchenbergbahn: Sessellift, Betriebszeiten ca. Anfang Mai bis Anfang November, ca. 9–17 h, Tel. +49 8362 - 98360, www.buchenbergbahn, Talstation 810 m, Bergstation 1140 m.

Auf der Hochebene meist breite, leichte Schotterwege; beim Abstieg über den Bachweg teils steile, schmale Waldwege.

Buchenbergalm ②

Idyllische Hochebene oberhalb von Buching

Der Buchenberg ist eine niedrige, eher unscheinbare Bergkuppe oberhalb von Buching. Wanderer erwartet oben eine hübsche, kleine Hochebene mit stillen Wiesen mit überraschend weiten Ausblicken hinüber zu den hohen Felsgipfeln von Hochplatte und Krähe im Zentrum des Ammergebirges. In Richtung Westen breitet sich das ostallgäuer Seenland unterhalb der Buchenbergalm aus. Der Abstieg erfolgt auf dem malerischen Bachweg.

Von **Buching** ①, 810 m, geht es gemütlich mit dem Sessellift hinauf zur **Bergstation** ②, 1140 m mit der Buchenbergalm gleich nebenan. Oben erwartet uns ein wunderschönes Panorama über das ostallgäuer Alpenvorland mit den großen Wasserflächen von Forggen- und Bannwaldsee. Im Südwesten bilden die Gipfel der Tannheimer Berge den fernen Horizont, und in Richtung Osten schauen wir mitten hinein in die dicht bewaldeten Höhenrücken des Ammergauer Naturschutzgebietes. Von der Bergstation aus folgen wir einer Schotterstraße für einige Minuten bis zur tiefsten Stelle, wo rechts ein Wanderweg abzweigt

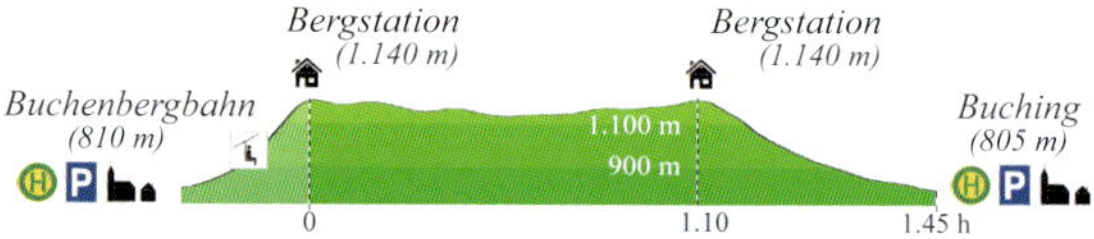

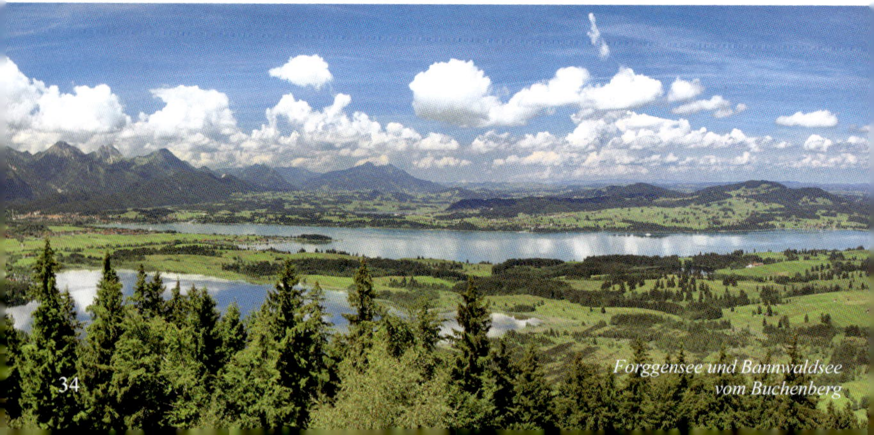

Forggensee und Bannwaldsee vom Buchenberg

(Wegweiser für die gesamte Tour »Buchenberg-Rundweg«). Wir durchqueren ein kleines Waldstück, halten uns am ersten Abzweig links und wandern entlang einer Feuchtwiese ostwärts. Vor uns breitet sich eine kleine, aber feine Hochfläche mit schönen Wiesen und Mooren aus. Wir treffen auf einen breiten Schotterweg, wenden uns nach rechts und steigen einige Minuten leicht bergan. Am **höchsten Punkt** ③, 1090 m, verlassen wir die Schotterstraße wieder und biegen links in einen hübschen Waldweg ein; rechts fällt das Gelände steil in den Einschnitt des Tiefenbachs ab, dessen Rauschen uns begleitet. Wir passieren einen Abzweig zur Kenzenhütte, halten uns links und treffen wieder auf die sonnige Hochebene und eine feste Straße, der wir für gut 400 m folgen. Am Ende der Wiese zweigt links im rechten Winkel eine **Schotterstraße** ④, 1091 m, ab, auf der wir – leicht bergan steigend – zurück Richtung Bergstation wandern. Unser Abstieg über den »Bachweg« beginnt direkt neben der Buchenbergalm. Auf schmalem Weg steigen wir steil am Waldrand abwärts, ehe wir in den Wald eintauchen und auf steilen Serpentinen hinunter zum Bach gelangen. Auf einem Holzsteg wechseln wir auf die rechte Seite und wandern anfangs steil, später angenehmer direkt am plätschernden Wasser entlang. Schließlich verlassen wir den Bach und spazieren entlang einer Wiese und zum Schluss noch ein paar Minuten durch den Ort hinunter zur Talstation.

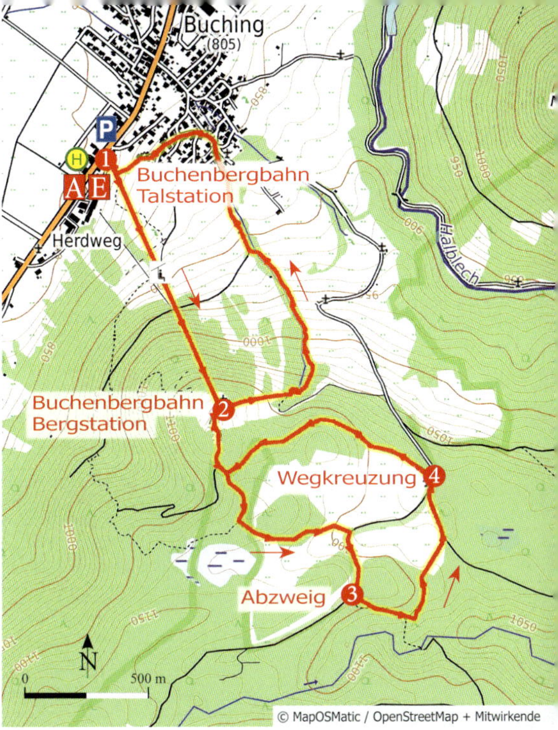

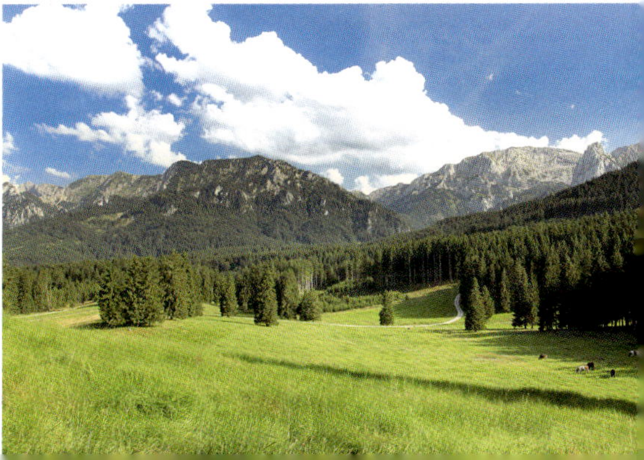

Die Hochebene am Buchenberg

8 Vom Buchenberg zur Kenzenhütte

4 Std. | 320 / 170 | 9,7 km

Buching (an der B17 etwa auf halber Strecke zwischen Steingaden und Füssen), Buchenbergbahn am südlichen Ortsrand (***Navi***: *87642 Halblech, Füssener Straße 19)*; <u>Bus</u> Füssen–Steingaden (ca. stündlich), Haltestelle »Buching Sesselbahn«.

Buchenbergbahn: Betriebszeiten ca. Anfang Mai bis Anfang November, ca. 9–17 h, Tel. +49 8362 - 98360, www.buchenbergbahn, Talstation 810 m, Bergstation 1140 m.

Endpunkt: Kenzenhütte (1294 m); Rückfahrt mit Pendelbus nach Halblech, 830 m, von dort noch knapp 2 km zu Fuß zurück zur Buchenbergbahn (Kenzenhütte-Bus verkehrt ca. Mitte Mai bis ca. Mitte Oktober, etwa stündlich bis ca. 17:30 h; Info: Tel. +49 8368-285 sowie www.halblech.de →Wanderbus.

Leichte, überwiegend breite Wanderwege und geschotterte Wirtschaftswege, am Ende zur Kenzenhütte kurzer, steiler Anstieg. Überwiegend Wald, am Wankerfleck und auf dem Buchenberg offene Wiesen.

Buchenbergalm ②; Kenzenhütte ④

Stille Tour ins Herz des Ammergebirges

Eine über weite Strecken sehr stille Tour mitten hinein ins Ammergebirge. Es geht gemütlich per Sessellift hinauf auf den Buchenberg mit seinen überraschend weiten Panoramen. Wir durchwandern stille Wälder und kleine Tobel und erkunden die idyllischen Almwiesen des Wankerflecks unterhalb von Hochplatte und Geiselstein. Am Ziel der Wanderung wartet die gemütliche Kenzenhütte auf uns, ehe es per Bus zurück in Richtung Buching geht.

Diese Tour besteht im Grunde aus vier Abschnitten: Sesselliftfahrt hinauf zum Buchenberg, Wanderung zur Kenzenhütte, Busfahrt zurück nach Halblech und ein anschließender Fußmarsch vom Busparkplatz zurück zur Buchenbergbahn-Talstation. Von **Buching** ①, 810 m, bringt uns der Sessellift bequem hinauf zur Bergstation auf dem **Buchenberg** ②, 1140 m, mit der Buchenbergalm direkt nebenan. Der bewaldete und recht niedrige Gipfel wirkt aus dem Tal wenig verlockend, umso überraschender ist die Aussicht, die man von dem kleinen Plateau neben der Bergstation genießen kann.

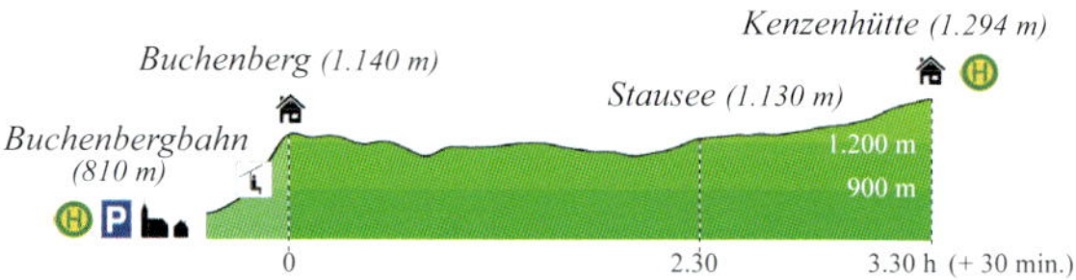

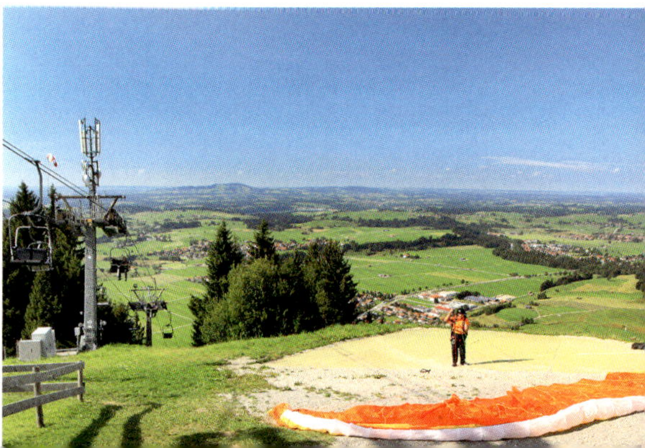

Ausblick bei der Sessellift-Bergstation

Forggensee und Bannwaldsee breiten sich zu unseren Füßen aus, und in der Ferne reihen sich die Gipfel der Tannheimer Berge aneinander. Richtung Osten schauen wir auf die dicht bewaldeten Kämme und Bergrücken des Ammergauer Naturschutzgebiets, die im Süden von den beeindruckenden Dolomitgipfeln von Hochplatte und Geiselstein überragt werden, denen wir auf dieser Tour noch sehr nahe kommen werden. Wir beginnen die Wanderung auf der breiten Schotterstraße, der wir für einige Minuten bis zu ihrer tiefsten Stelle folgen und biegen dort rechts ab. Wir durchqueren ein kleines Waldstück, wenden uns am ersten Abzweig links und wandern entlang einer Feuchtwiese hinab zu einer querverlaufenden Schotterstraße. Dort halten wir uns rechts, werfen einen letzten Blick auf die schöne wiesenbedeckte Hochfläche des Buchenberges und halten auf den nahen Wald zu. Nach wenigen Minuten verlassen wir die Schotterstraße, biegen links in einen Waldweg ein und erreichen einen

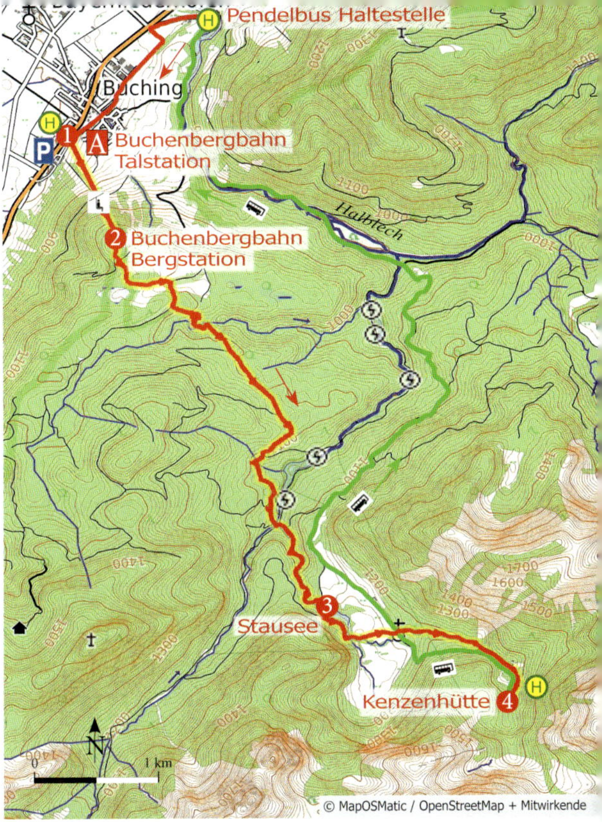

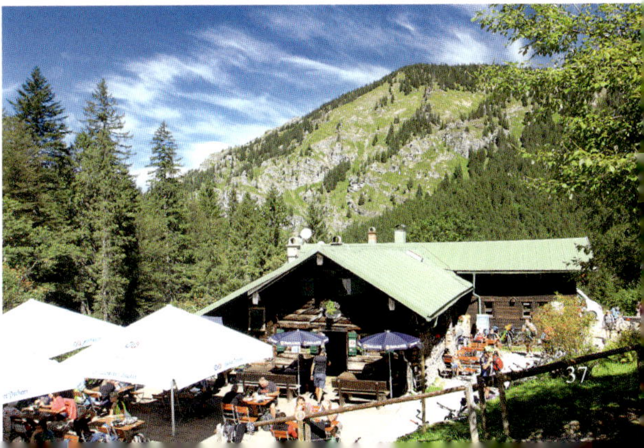

Die Kenzenhütte

weiteren Abzweig. Dem Wegweiser »Kenzenhütte« folgend steigen wir in den engen Taleinschnitt des Tiefenbachs ab und auf der gegenüberliegenden Seite wieder kurz und steil bergan. Dort stoßen wir bald auf einen breiten Wirtschaftsweg. Wir halten uns links und wandern ohne größeres Auf und Ab durch dichten Wald südostwärts. In einer scharfen Linkskurve verlassen wir den Wirtschaftsweg und biegen rechts in einen schmalen Waldweg ein, der uns nach 300 m erneut zu einem breiten Schotterweg bringt. Auf diesem wandern wir für wenige Minuten leicht bergab bis zum Zusammenfluss von Lobentalbach und Bockstallbach, die wir beide überqueren. Direkt hinter der zweiten Brücke biegen wir rechts ab, verlassen die Schotterstraße und wandern am Bockstallbach entlang in einem engen Tobel talaufwärts. Am oberen Ende des Tobels wartet ein hübscher, kleiner **Stausee** ③, 1130 m, auf uns, und wir stoßen erneut auf eine Schotterstraße. Auf dieser – am See entlang – erreichen wir kurze Zeit später die weiten, offenen Wiesen des Wankerflecks. Eine wunderbar idyllische Landschaft liegt vor uns: die sonnige Ebene, gespickt mit uralten Ahornbäumen, zur Rechten überragt von der steilen Nordwand der Hochplatte. Nach einigen Metern rückt rechts hinter uns auch die beeindruckende Spitze des Geiselsteins ins Blickfeld. In der Nähe einer fotogenen Kapelle überqueren wir eine Fahrstraße, verlassen die Wiesen des Wankerflecks und wandern am linken Ufer des Kenzenbaches stromaufwärts. Unterhalb eines wild schäumenden Wasserfalls queren wir den Bach und steigen auf der gegenüberliegenden Seite auf einem schmalen Waldweg wenige Minuten steil aufwärts, bis wir wieder auf die Fahrstraße stoßen. Ein letzter Anstieg von ca. 500 m auf dieser Straße bringt uns schließlich hinauf zur immer gut besuchten **Kenzenhütte** ④, 1294 m, die im bewaldeten, recht engen Talschluss zwar wenig Aussicht, aber eine gemütliche Sonnenterrasse und hoch aufragende Gipfel ringsherum bietet. Ein etwa 5-minütiger Stichweg führt zu einem sehenswerten Wasserfall hinter der Hütte. Der Rückweg zum Wanderparkplatz am Halblech erfolgt mit dem ca. stündlich verkehrenden Pendelbus. Dort beginnt unsere letzte Etappe: ein leichter, etwa 30-minütiger Fußmarsch nach Buching. Dazu vom Busparkplatz ca. 500 m der Zufahrtstraße folgen bis zur B17, dort links und nach knapp 200 rechts. Dann geradeaus in den Ort Buching bzw. zur Talstation der Buchenbergbahn.

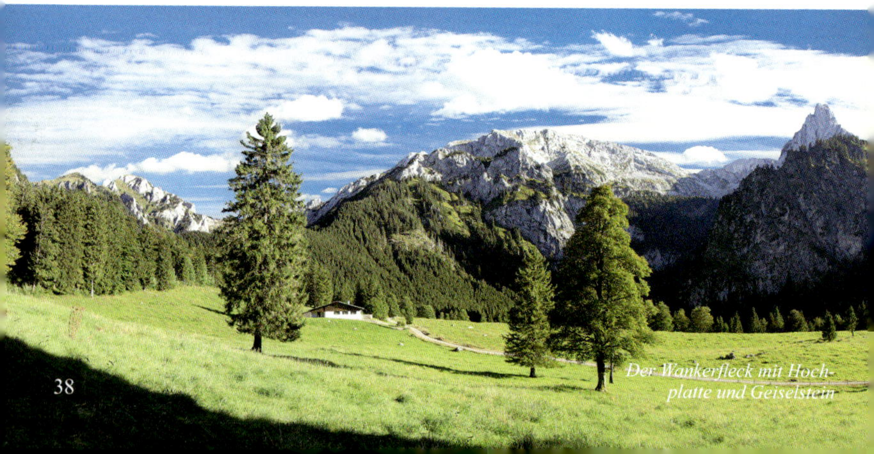

Der Wankerfleck mit Hochplatte und Geiselstein

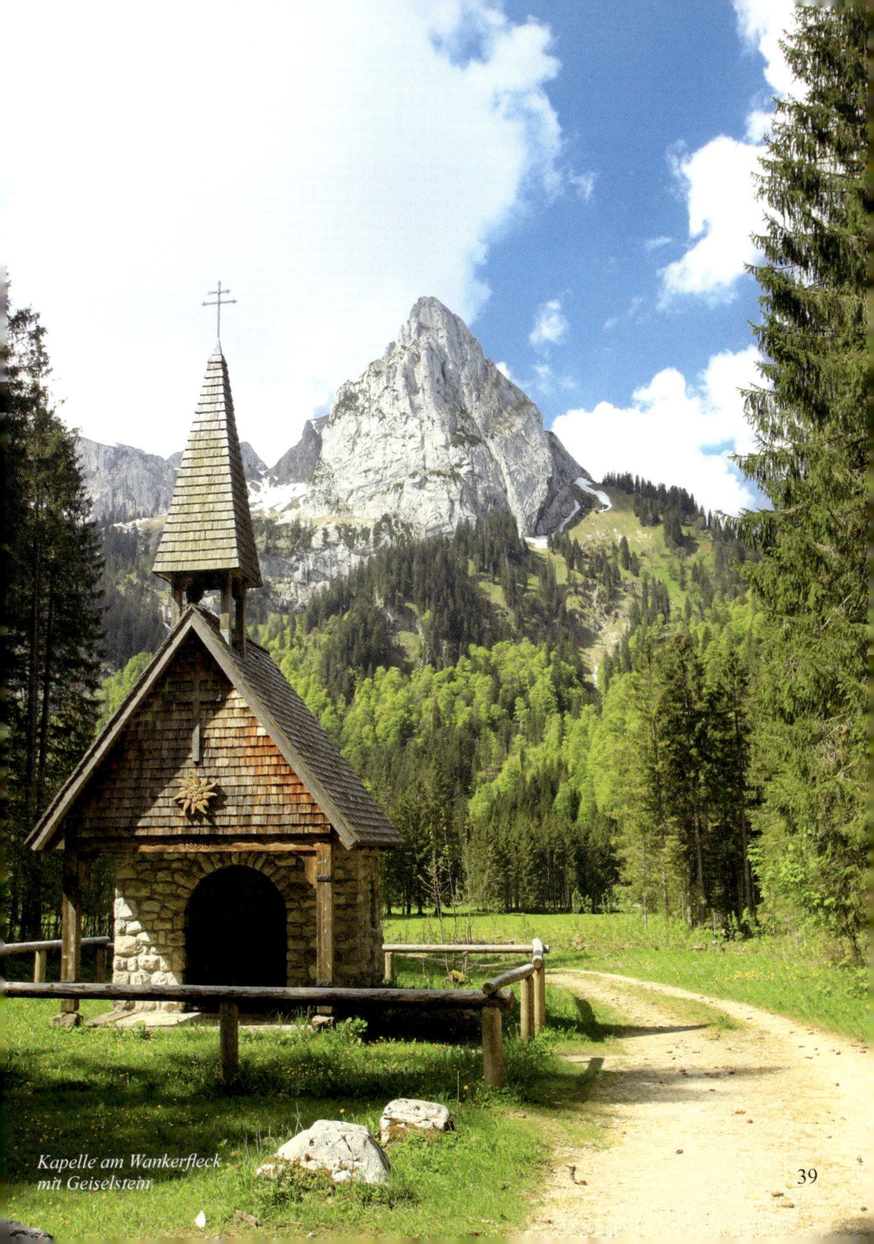

Kapelle am Wankerfleck mit Geiselstein

9 Vom Tegelberg ins Pöllattal

4 Std. | 50 / 950 | 10,9 km

Schwangau, Tegelbergbahn, ca. 4 km östlich von Füssen; kurze Stichstraße ab der B17 *(**Navi**: 87645 Schwangau, Tegelbergstraße 33)*; Bus vom Bahnhof Füssen zur Tegelbergbahn ca. stündlich; Züge nach Füssen aus Richtung Kaufbeuren ca. stündlich.

Tegelbergbahn: Großkabinenbahn, Betriebszeiten ca. Mitte Mai bis Anfang November, 9–16:30 h, Tel. +49 8362 98360, www.tegelbergbahn.de, Talstation 820 m, Bergstation 1720 m.

Teils Bergwege, oft breite Schotterwege und Teerstraße; in der Pöllatschlucht teils rutschig; stetig bergab.

Tegelberghaus und Bergrestaurant Panorama ②

Schlösser, Tobel und ein großartiger Aussichtsberg

Der Tegelberg ist vermutlich der schönste Aussichtsgipfel im Ostallgäu mit einem umwerfenden Panorama über die voralpine Seenlandschaft. Die anschließende Wanderung führt uns auf recht stillen Pfaden hinab ins Pöllattal, wo uns als krönenden Abschluss ein Blick auf Schloss Neuschwanstein von der Marienbrücke sowie die Durchquerung der Pöllatschlucht erwarten.

Am großen und meist sehr gut gefüllten Parkplatz an der **Talstation** ①, 820 m, kann man die Beliebtheit des Tegelbergs erkennen, und oft setzt auch eine längere Warteschlange an der Seilbahn viel Geduld voraus. Schließlich bringt uns die Seilbahn hinauf zur **Bergstation** ②, 1720 m, die direkt auf dem Tegelberg-Grat thront. Der Tiefblick hinunter ins ostallgäuer Voralpenland ist beeindruckend, und gleich neben der Bergstation kann man Paraglider und Drachenflieger beim Start beobachten und ihnen mit einem Anflug von Neid und Respekt hinterherblicken… Wir Fußgänger halten uns in südöstlicher Richtung (Weg-

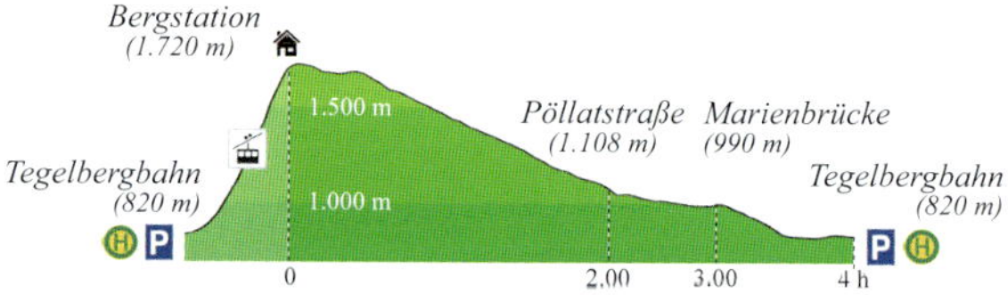

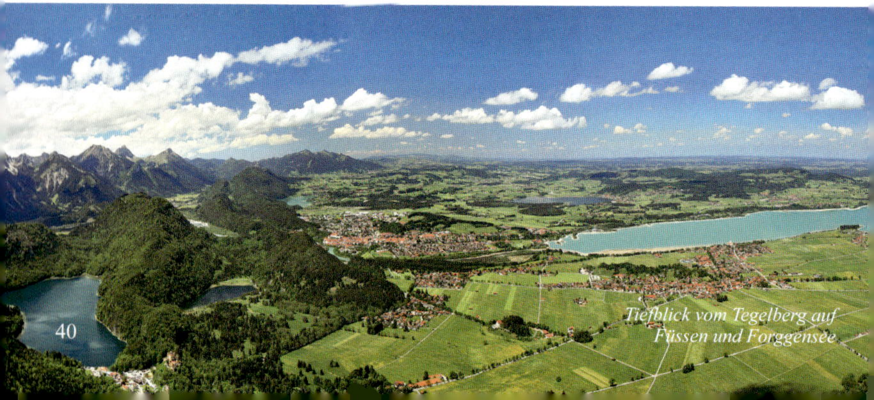

Tiefblick vom Tegelberg auf Füssen und Forggensee

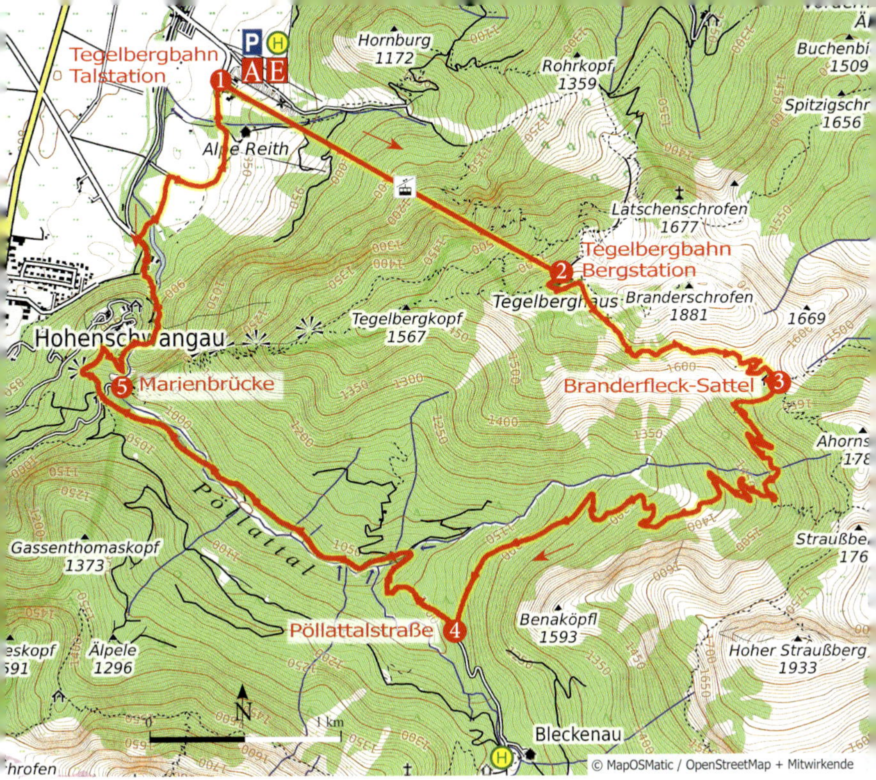

weiser »Ahornreitweg«) und gelangen zu einem nahen Kreuz mit schönem Blick zum Hohen Straußberg. Hier lassen wir auch die Betriebsamkeit rund um die Bergstation weitgehend hinter uns. Der schöne Weg führt – mit leichtem Auf und Ab – durch einen locker bewaldeten Steilhang und dann hinab zum **Branderfleck-Sattel** ③, 1621 m. Hier biegen wir rechts ab und steigen im Einschnitt des Brandergrabens allmählich ab. Gut 300 m weiter trifft der Wanderweg auf eine Schotterstraße. Auf dieser geht es in zahlreichen, weiten Kehren die steile, locker bewaldete Westflanke der Ahornspitze talwärts. Nach einem längeren Abstieg erreichen wir schließlich den Talboden des Pöllattals und stoßen auf eine **Querstraße** ④, 1108 m. (Hier kann man links taleinwärts in knapp 20 min. zum Gasthof Bleckenau hinaufwandern und von dort mit dem Pendelbus zurück zu den Königsschlössern fahren – der Bus fährt ca. stündlich ab 11 h bis ca. 17:30 h. Ausstieg entweder unten in Hohenschwangau oder etwas weiter oben am Halt Marienbrücke und dann weiter durch die Pöllatschlucht wie hier im Text beschrieben). Ansonsten geht es weiter zu Fuß talabwärts. Auf der – autofreien – Teerstraße wandern wir gemächlich abwärts und schließlich entlang der Pöllat

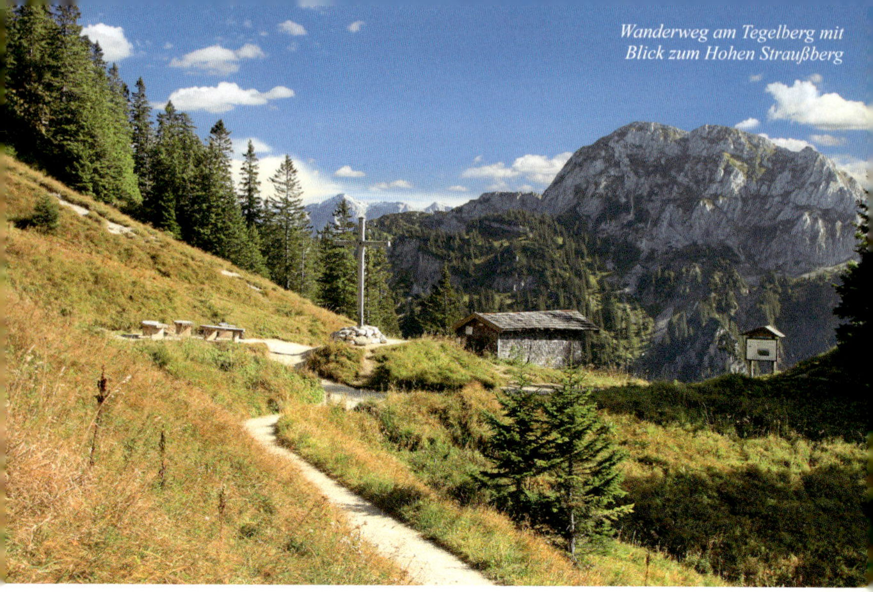

Wanderweg am Tegelberg mit Blick zum Hohen Straußberg

zur **Bushaltestelle Marienbrücke** ⑤, 990 m, kurz vorm Schloss Neuschwanstein (ab WP 4 ca. 2,6 km). Hier erwartet uns leider auch der recht gewöhnungsbedürftige Massentourismus rund um die Königsschlösser. Wer das erste Mal hier ist, der sollte sich trotzdem den kurzen Abstecher zur Marienbrücke gönnen, denn der Blick auf das Schloss von dort ist unbestreitbar atemberaubend. Anschließend reihen wir uns in den Strom der Besucher ein und steigen auf einem breiten Teersträßchen Richtung Schloss Neuschwanstein, passieren unterwegs einen schönen Aussichtspunkt Richtung Alpsee und biegen dann – kurz vor dem Schloss – rechts in einen Wanderweg ein. Über viele Stufen geht es hinab in einen tiefen Einschnitt der Pöllat und vorbei an einem hohen Wasserfall (hoch darüber überspannt die Marienbrücke die Schlucht). Der Weg verläuft weiter flussabwärts entlang der rauschenden Pöllat und schließlich durch eine eindrucksvolle Klamm mit senkrechten Felswänden. Am unteren Klammausgang geht es vorbei an einer alten Gipsmühle und kurz darauf rechts über den Fluss. Nun erwartet uns noch ein gemütlicher, 15-minütiger Rückweg auf breiten Wegen durch weite Wiesen zurück zur Talstation der Tegelbergbahn.

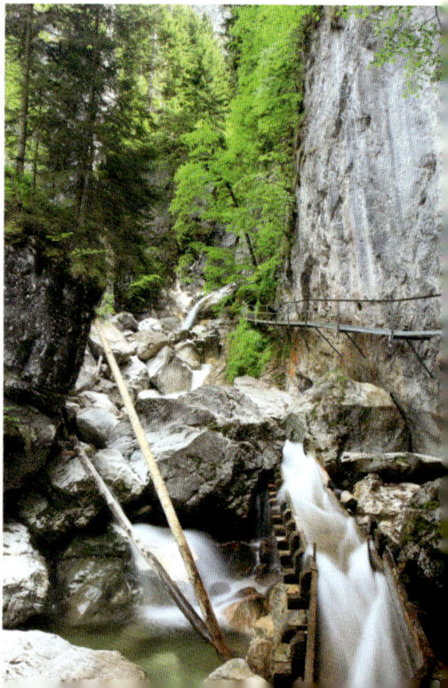

In der Pöllatschlucht

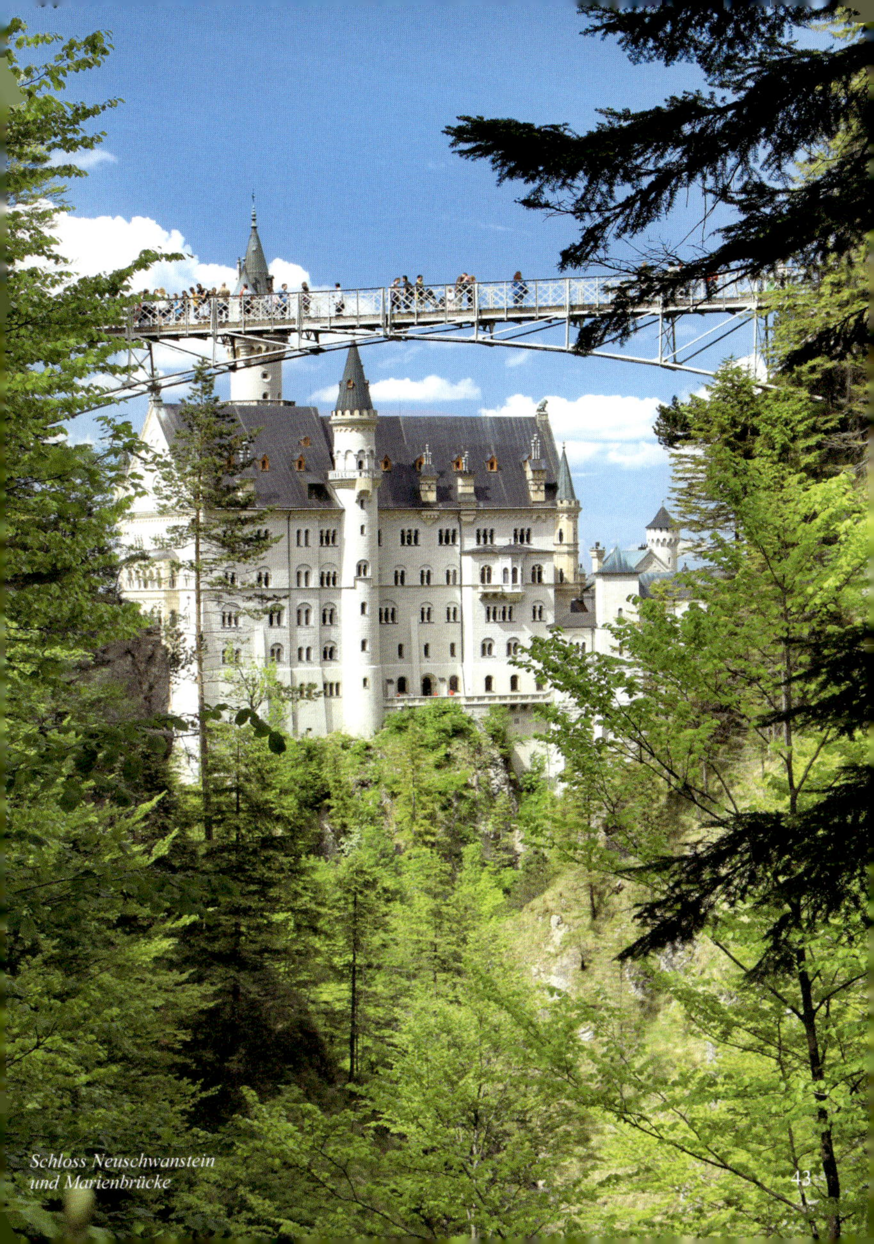

Schloss Neuschwanstein und Marienbrücke

10 Schwansee und Alpsee

3.15 Std. | 175 Hm | 9,8 km

Hohenschwangau-Alterschrofen, Parkplatz am Schwansee, 790 m. Von Füssen Richtung Königsschlösser, ca. 1,5 km hinter der Lechbrücke kurze Stichstraße zum Parkplatz *(**Navi**: 87645 Schwangau-Alterschrofen, Königssträßchen 4);* Bus vom Bhf. Füssen Richtung Schlösser ca. stündlich, Haltestelle »Alterschrofen Rohrachweg«; Züge nach Füssen aus Richtung Kaufbeuren ca. stündlich.

Überwiegend breite, angenehme Waldwege mit leichtem Auf und Ab (Fischersteig zwischen Schwansee und Alpsee etwas steiler).

keine Einkehrmöglichkeiten direkt am Weg; aber große Auswahl auf der »Touristenmeile« unterhalb der Schlösser am Ostufer des Alpsees.

Traumhafte Seen unterhalb der Königsschlösser

Der Königswinkel bei Füssen gehört sicherlich zu den schönsten Landschaften Bayerns, und das nicht nur wegen des prächtigen Märchenschlosses Neuschwanstein. Im direkten Umfeld der Königsschlösser locken mit Schwansee und Alpsee zwei malerische Voralpenseen, eingerahmt von schönen Mischwäldern und bunten Wiesen. Auf leichten Uferwegen umrunden wir beide Seen auf dieser gemütlichen Wanderung.

Vom **Parkplatz** ①, 790 m, führt ein Fußweg parallel zur Straße durch Wald und Wiesen in wenigen Minuten hinüber zum Ostufer des Schwansees, der verträumt inmitten einer parkähnlichen Landschaft liegt. Die Feuchtwiesen in der Umgebung des Sees wurden im 19. Jahrhundert in einen Landschaftspark des Schlosses Hohenschwangau einbezogen und entsprechend umgestaltet, wobei der See selbst und seine Ufer in einem sehr naturbelassenen Zustand bewahrt wurden. Unsere Wanderung führt am Schilfgürtel des Ostufers entlang Richtung Hohenschwangau. Wir steuern auf einen bewaldeten Steilhang zu, halten uns an einer Kreuzung rechts und wenige Schritte weiter links (»Fischersteig«) und steigen über einige enge Serpentinen auf einen bewaldeten Rücken hinauf, der

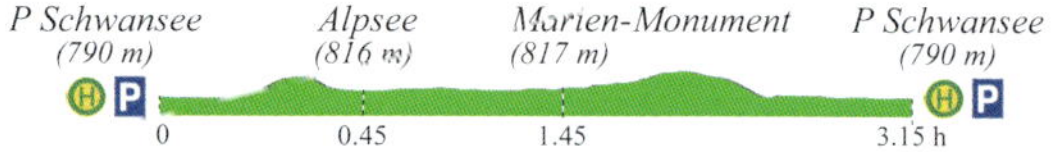

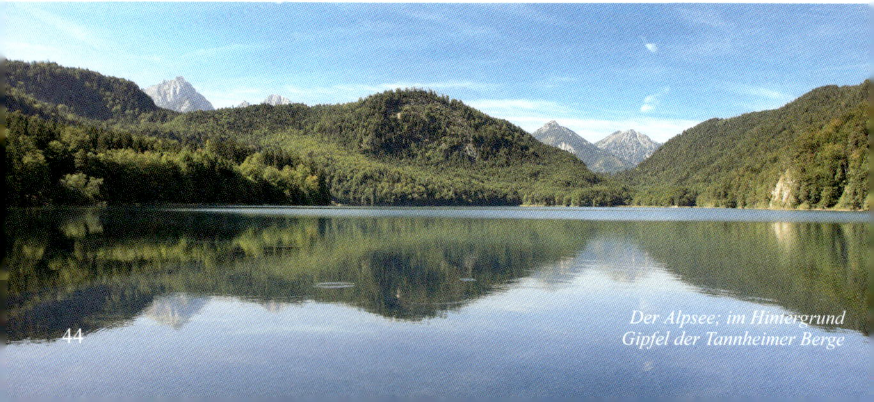

Der Alpsee; im Hintergrund Gipfel der Tannheimer Berge

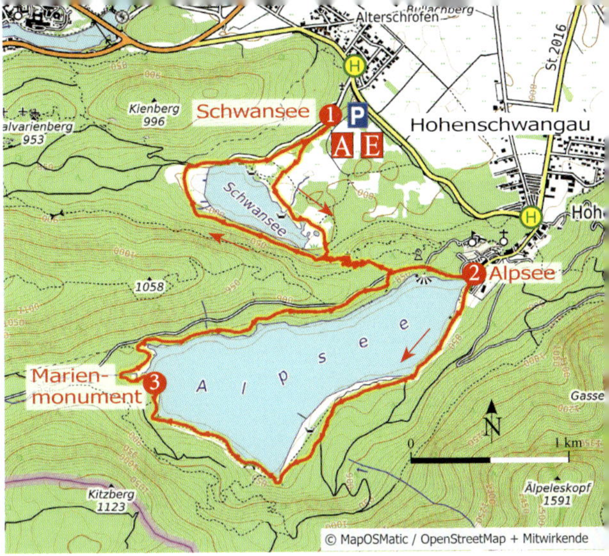

Schwansee und Alpsee voneinander trennt. Ein schöner Laubwald umgibt uns und wird uns auf fast der gesamten Wanderung begleiten. Geradeaus stoßen wir nach wenigen Minuten auf eine – autofreie – Teerstraße, auf der wir uns links halten. Rechts unter uns glitzert bereits der Alpsee durch die Blätter, während sich vor uns allmählich der Touristentrubel der Königsschlösser bemerkbar macht. Wir erreichen das **Alpsee-Ufer** ②, 816 m, biegen rechts ab, lassen schnell den Betrieb wieder hinter uns und spazieren auf einem idyllischen Uferweg südwestwärts. Der Wanderweg rund um den See führt fast die gesamte Strecke direkt am bewaldeten Ufer entlang und strahlt eine sehr friedliche Atmosphäre aus. Schloss Hohenschwangau spiegelt sich im klaren Wasser, und später rückt auch Schloss Neuschwanstein ins Blickfeld, überragt von Tegelberg und Säuling. Am Westzipfel des Sees bei einem **Marienmonument** ③, 817 m, bietet sich eine Landzunge mit Bänken, einem kleinem Kiesstrand und prächtigem Panorama für eine Rast an. Der weitere Weg verläuft nun am Nordufer, erst kurz vor dem Ende der Alpsee-Runde zwingt uns eine hohe Felswand dazu, uns vom Wasser zu entfernen und steil anzusteigen. Wir treffen wieder auf die Teerstraße, dann schließt sich die Alpsee-Runde. Wir verlassen den See, biegen links in unseren Herweg ein und steigen wieder via Fischersteig den Steilhang hinab. Unten wenden wir uns nach links und wandern am Südufer des Schwansees westwärts. Zum Ende queren wir einen ausgedehnten Schilfgürtel und stoßen auf ein Teersträßchen, das den Schwansee auf seiner Nordseite begleitet. Dort halten wir uns rechts, passieren einige kleine Badewiesen und genießen die idyllische Stimmung am stillen See. Dann lassen wir das Wasser hinter uns und wandern – wieder auf dem Weg parallel zur Straße – zurück zum nahen Parkplatz.

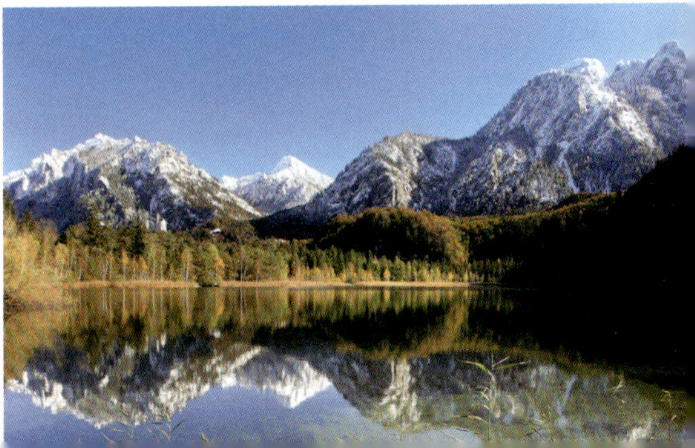

Der Schwansee

11 Durchs Faulenbachtal zum Alatsee

4 Std. | 200 Hm | 11,3 km

Füssen-Faulenbach, Parkplatz am Kurpark, 810 m; A7 Ausfahrt Füssen, dann nicht die Umgehungsstraße, sondern gleich südwärts in die Kemptener Straße; nach drei Kilometern am Kreisel hinter dem großen Parkplatz »Morisse« rechts, durch eine kleine Schlucht nach Faulenbach, dort rechts und ca. 500 m zum Kurpark-P im Faulenbachtal (*Navi: 87629 Füssen, Alatseestraße 19)*; Vom Bahnhof auf Ortstraßen Richtung Schlossberg, rechts am Hohen Schloss entlang auf einem Fußweg nach Faulenbach (Züge nach Füssen aus Richtung Kaufbeuren ca. stündlich).

Meist breite (geschotterte) Wege, sonst gute Wanderwege mit mäßigen Steigungen.

Ghs. am Mittersee ①; Hotel Alatsee ②

Stille Wanderung zwischen Waldseen und Lech

Westlich von Füssen schwingt sich ein schmaler Höhenrücken auf und zieht sich gut 9 Kilometer hinüber bis nach Pfronten, mittendrin das schmale Faulenbachtal. Diese schöne Wanderung führt entlang stiller Weiher diesen Einschnitt hinauf bis zum idyllisch mitten im Wald gelegenen Alatsee. Der Rückweg bringt uns hinüber nach Tirol und entlang von Lech und Lechfall zurück nach Füssen.

Vom **Wanderparkplatz Faulenbachtal** ①, 810 m, folgen wir für wenige Schritte der Straße ins Faulenbachtal hinein, biegen gleich links ab und gelangen zum Untersee und kurz darauf zum etwas größeren Mittersee (mit Waldwirtschaft). An seinem Südufer wandern wir weiter taleinwärts und genießen die stille Waldatmosphäre direkt am Wasser. Der Mittersee geht direkt in den Obersee über, der Weg verläuft weiterhin direkt am Ufer. Am Westende des Sees mit seinem ausgedehnten Schilf- und Verlandungsbereich macht der Weg einen Rechtsbogen hinauf zur Teerstraße, wobei wir auf halber Strecke links in einen Wanderweg einbiegen, der im Wald weiter taleinwärts führt. Nach knapp 20 min. treffen wir dann aber doch auf die – au-

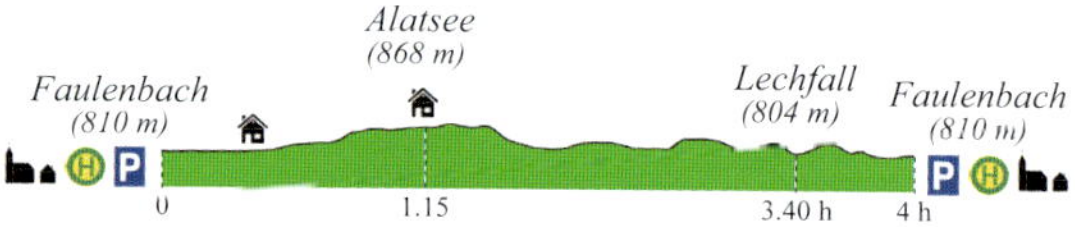

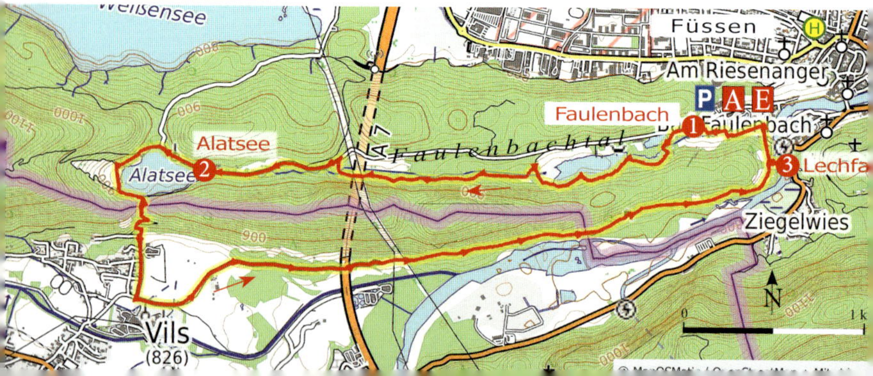

tofreie – Straße, die uns durch lichten Wald und über Wiesenlichtungen zum etwa einen Kilometer entfernten **Alatsee** ②, 868 m, bringt. Der Alatsee ist ein überaus idyllischer, malerischer Ort, der sich bei allem Trubel – dank Autozufahrt auf der Nordseite – eine überraschend stille Stimmung bewahrt hat: tiefgrün, von dichten Wäldern umgeben, und ein paar Spitzen der Tannheimer Berge ragen verstohlen über den Baumwipfeln auf. Wir genießen diese Atmosphäre auf einer der vielen Bänke am Wasser bzw. beim Bummeln entlang seines Ufers. Die kürzere Variante zu unserem weiteren Weg ist linksherum auf dem Waldweg, die längere verläuft rechts entlang seines Nord- und Westufers, wobei wir den See im weiten Linksbogen zu ¾ umrunden. An seinem Südufer führt schließlich ein breiter Schotterweg über die Vilser Scharte (Grenze zu Österreich) und in einigen Kehren im Wald hinüber ins Vilstal. Vorbei an einem Parkplatz folgen wir für ca. 400 m einer Straße schnurgerade entlang einiger Wohnhäuser und biegen dann links ab. Auf einem schmalen Sträßchen steuern wir durch die Wiesen wieder den bewaldeten Kamm an, über den wir heraufgewandert sind. Parallel zum Bergkamm wandern wir an dessen Fuß ostwärts, passieren eine hohe Kletterwand und unterqueren kurz darauf die Autobahn kurz vorm Füssener Grenztunnel. Bald darauf nähern wir uns dem Lech, der hier durch ausgedehnte Schotterbereiche fließt. Nun geht es immer geradeaus auf dem »Ländeweg« durch einen hübschen Wald, mal nah am Flussufer, mal etwas davon entfernt, während links das Gelände steil ansteigt. Zum Ende erreichen wir eine offene Wiese, wo rechts ein kurzer Stichweg zum sehenswerten **Lechfall** ③, 804 m, hinabführt. Von einer Brücke hat man dort einen schönen Blick auf den Wasserfall sowie eine enge Felsschlucht auf der anderen Seite. Nach diesem kurzen Abstecher führt der Weg geradeaus in den Ort Faulenbach, wo wir gleich in die erste Straße links (»Schwärzerweg«) einbiegen und durch den Kurpark zu unserem Ausgangspunkt zurückkehren.

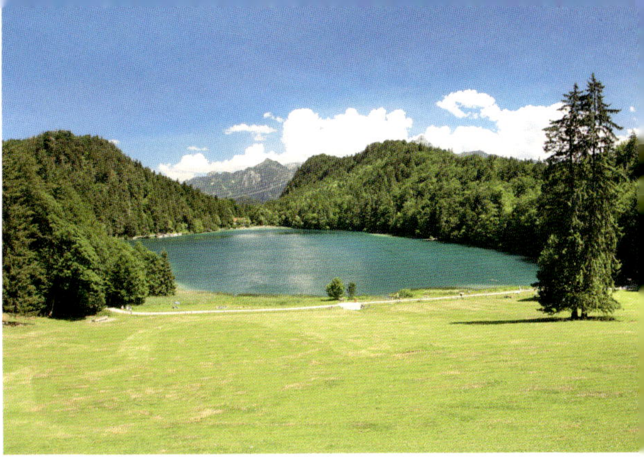

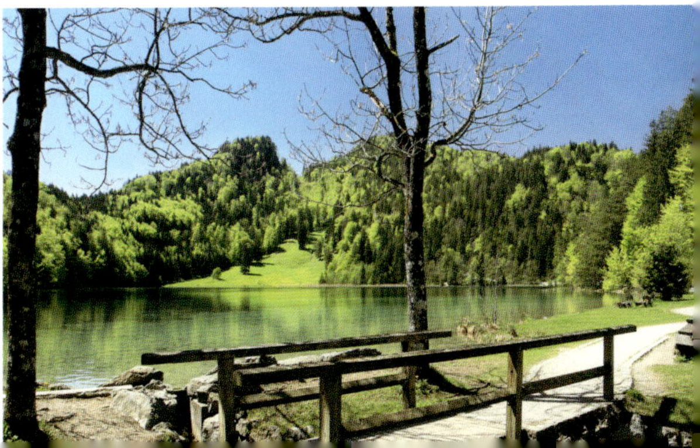

Der Alatsee (Bild u. und o.)

12 Einmal um den Hopfensee

2 Std. | 10 Hm | 6,9 km

Hopfen am See, ca. 5 km nordwestlich von Füssen, großer Parkplatz am südöstlichen Ortsende beim Campingplatz »Hopfensee« (Parkplatz Ost), 785 m *(**Navi**: 87629 Füssen-Hopfen am See, Uferstraße 1)*; Bus von Füssen nach Hopfen ca. stündlich (Haltestelle »Hopfen Ufer«); etwas seltener von Pfronten; der nächste Bahnhof ist Füssen (Züge aus Richtung Kaufbeuren stündlich).

Völlig ebener, breiter Weg. Überwiegend Schotter, im Ortsbereich geteerte Uferpromenade.

Zahlreiche Restaurants in Hopfen am See; am südwestlichen See-Zipfel 5-minütiger Abstecher zum Gasthaus Wiesbauer.

Spaziergang um einen herrlichen Voralpensee

Das Ostallgäuer Voralpenland ist gespickt mit unzähligen Seen, Teichen und Weihern. Einer der größten ist der Hopfensee mit einem Durchmesser von etwa 2 Kilometern. Ein leichter Spazierweg führt einmal um den See herum, mal durch blühende Wiesen, oft direkt am Wasser entlang und immer begleitet von herrlichen Ausblicken.

Gleich hinter dem **Parkplatz** ①, 785 m, verläuft der Uferweg, der uns für die gesamte Umrundung erhalten bleibt. Wir halten uns südwärts mit dem wunderschönen See zur Rechten, passieren den Campingplatz Hopfensee und erreichen einen Abzweig. Dort wenden wir uns nach rechts, queren einen kleinen Seezufluss und wandern anschließend auf einem hübschen Waldweg durch das Schorenmoos westwärts. Rechts von uns breitet sich ein ausgedehnter Schilfgürtel aus, jenseits davon glitzert die offene Wasserfläche. Der Wald geht bald in offene Wiesen über, durch die wir zur Südwestecke des Hopfensees gelangen (hier besteht die Möglichkeit, in wenigen Minuten zum Gasthaus Wiesbauer hinüberzuwandern). Der Uferweg

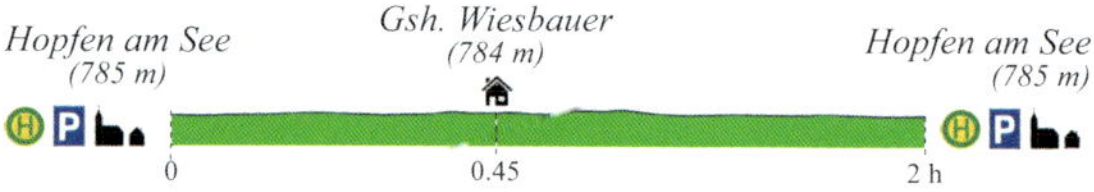

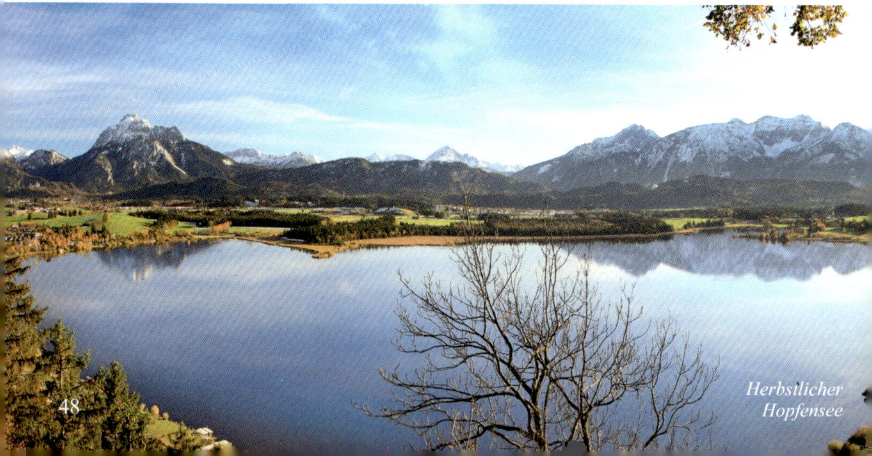

Herbstlicher Hopfensee

biegt hier nach rechts ab und führt durch die weite Wiesenlandschaft nordwärts. Nach knapp 10 Minuten führt der Weg rechts wieder näher ans Ufer heran, und es ist eine wahre Freude, am Wasser entlangzuspazieren. Rechts hinter uns in der Ferne bildet die lange Kette der Alpengipfel den schönen Hintergrund. Wir nähern uns allmählich dem Nordwestzipfel des Sees, wo Ufer und Weg nach rechts abbiegen. Vorbei an einem Minigolfplatz und einem **Strandbad**②, 785 m, erreichen wir schließlich den Ort Hopfen am See. Auf der letzten Etappe erwartet uns die hübsche Uferpromenade, die sich im weiten Bogen am Wasser entlangzieht, mit dem prächtigen Alpenpanorama weit im Süden und genügend Bänken zum Genießen der Atmosphäre. Am Südostende der Uferpromenade gelangen wir wieder zum Ausgangspunkt.

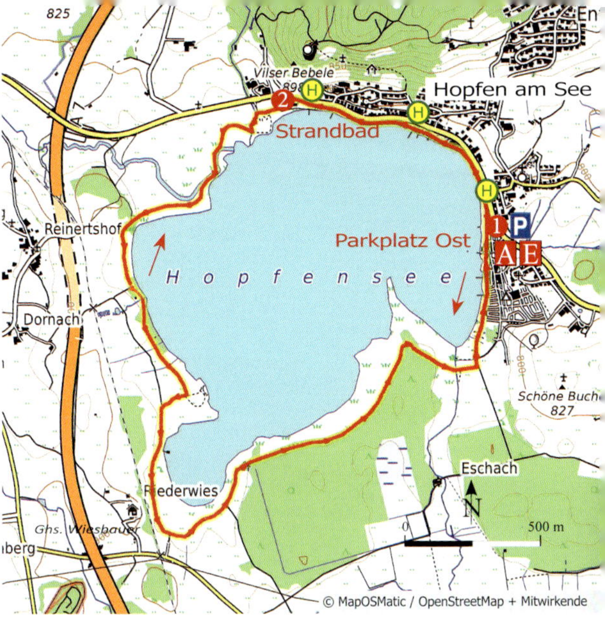

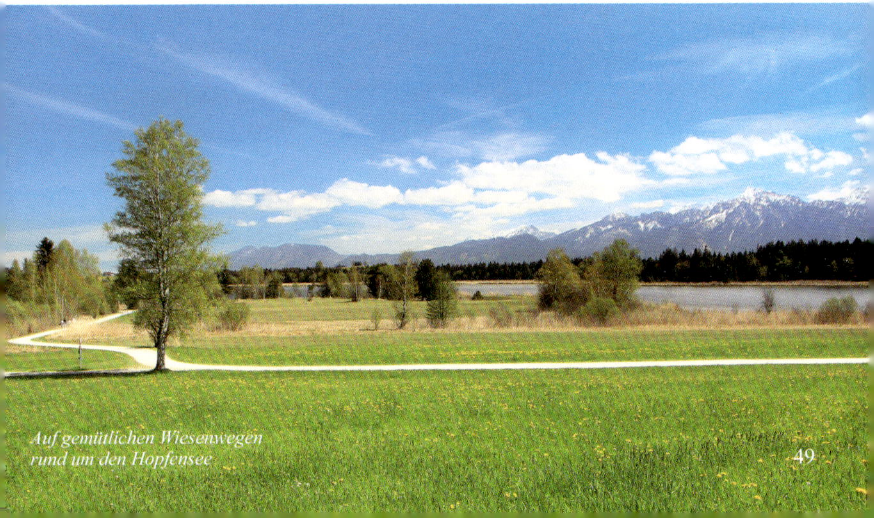

Auf gemütlichen Wiesenwegen rund um den Hopfensee

13 Weißensee-Uferweg

2 Std. | 15 Hm | 6,2 km

Weißensee-Oberkirch am See-Westufer, Parkplatz beim Strandbad, 788 m. A7 bis Ausfahrt Füssen, dort Richtung Weißensee/Pfronten, am See entlang bis nach Oberkirch am Westufer *(**Navi**: 87629 Füssen–Weißensee/Oberkirch, Pfrontener Str. 35)*
Bus Füssen–Pfronten ca. stündlich, Haltestelle »Weißensee See«.

Völlig ebener Rundweg; am bewaldeten Südufer teilweise sehr schmaler Pfad direkt am Wasser mit einer echten Engstelle (Felsentor: ca. 1,5 m hoch und 60 cm breit). Ansonsten breiter, angenehmer Uferpromenadenweg.

Restaurants in den Ortsteilen Oberkirch und See; Kiosk am Strandbad in Oberkirch ①

Gemütlicher Spaziergang um einen malerischen See

Der schöne Weißensee schmiegt sich harmonisch an die bewaldeten Ausläufer des Zirmgrates, einem bis zu 1300 m hohen und gut 9 Kilometer langen Bergrücken, der im Süden des Ostallgäus quer vor dem eigentlichen Alpenrand verläuft. Der See lässt sich auf einem sehr gemütlichen Uferweg entlang seines kristallklaren Wassers umrunden.

Vom **Parkplatz Weißensee** ①, 788 m, sind es nur wenige Schritte bis zu einer großen Liegewiese am Seeufer, die – sofern man im Sommer unterwegs ist – immer von zahlreichen Badegästen bevölkert ist. In der Ferne sind die Gipfel von Säuling und Tegelberg jenseits der herrlichen Wasserfläche zu erkennen. Wir halten uns südwärts und wandern auf einem breiten Uferweg in Richtung des bewaldeten Höhenrückens, der den See auf seiner gesamten Südseite überragt. Dort biegen wir links ab und folgen einem hübschen Waldweg, der fast immer direkt am Wasser entlang führt. Zur Rechten steigt das Gelände steil an, und immer wieder leuchten helle Kalkfelsen im dichten Wald auf; ab und zu plätschert ein kleiner Wasserfall zwischen den Bäumen herab. Eine sehr idyllische Atmosphäre! Obwohl

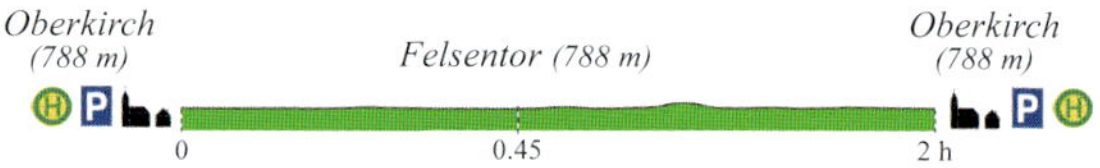

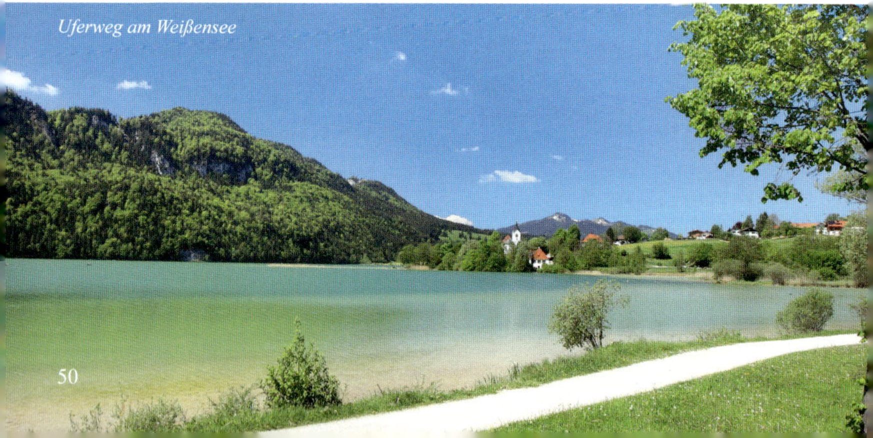

Uferweg am Weißensee

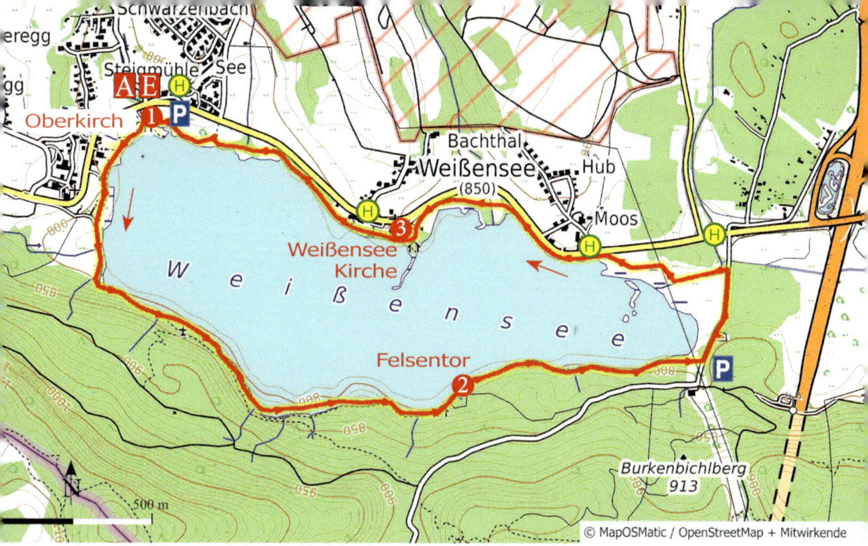

der gesamte Rundweg völlig eben ist, ist er auf dieser südlichen Seeseite weder Fahrrad- noch Kinderwagen-geeignet; zwischendurch recht eng, manchmal etwas holprig durch Baumwurzeln, und schließlich kommt die alles entscheidende Engstelle: ein nicht zu umgehendes, kleines **Felsentor** ②, 788 m, zwischen Wasser und Wand, durch das man als Erwachsener nur gebückt hindurchschlüpfen kann. Dann wird der Weg breiter und stößt auf eine Straße, die rechts zum Alatsee hinaufführt. Wir halten uns links und biegen nach etwa 350 Metern erneut links auf einen breiten Schotterweg ein, der uns nun auf der See-Nordseite begleiten wird. Durch Feuchtwiesen hindurch gelangen wir schnell wieder ans Seeufer, das uns für den gesamten Rückweg erhalten bleibt. Ein herrlicher Weg, gegenüber der Zirmgrat, dahinter der Gipfel der Großen Schlicke, und vor uns die weiße Kirche von Weißensee. Etwas störend ist nur die vielbefahrene Straße, die für wenige hundert Meter direkt neben dem Wanderweg verläuft und etwas die Idylle beeinträchtigt. Unterhalb des kleinen Ortes Weißensee spazieren wir an der **Kirche St. Walburga** ③, 800 m, vorbei, und gelangen so genüsslich auf dem schönen Uferweg zu unserem Ausgangspunkt zurück.

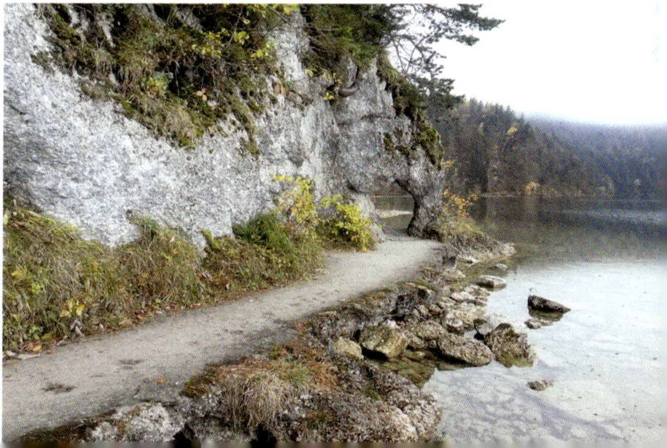

Felsentor am Weißensee

14 Alatsee und Saloberalm

2.15 Std. | 300 Hm | 6 km

Parkplatz am Alatsee, 875 m. A7 Anschlussstelle Füssen, 500 m nach Westen und dort auf der Stichstraße ca. 2 km durch Wald hinauf zum Alatsee (***Navi***: *87629 Füssen, Am Saloberstraße*);
Bus Füssen–Pfronten ca. stündlich, nächstgelegene Haltestelle »Geometerweg« (von dort 2 km Straße bis zum Alatsee).

Gemütlicher See-Uferweg, zur Saloberalm steiler Wirtschaftsweg.

Gasthaus Alatsee ①; Saloberalm ②

Variante: wer NUR zur Alpe hinaufwandert und sich den Rundweg zum 4-Seen-Blick spart: abzüglich 75 Hm, 2 km, ca. 45 min.

Gemütliche Einkehr am Zirmgrat

Zwischen Pfronten und Füssen verläuft ein hoher, bewaldeter Felsgrat quer vor dem Alpenrand. Oben auf diesem »Zirmgrat« versteckt sich westlich von Füssen der idyllische Alatsee. Von dort wandern wir noch etwas weiter hinauf auf dem Grat zur gemütlichen Saloberalm, spazieren durch stille Wiesen und können uns mit einem herrlichen Tiefblick hinab zum Weißensee belohnen.

Vom Parkplatz am Ende der Alatsee-Zufahrstraße sind es nur wenige Schritte bis zum **Alatsee** ①, 868 m. Der wunderschöne See wird eingerahmt von dichten Mischwäldern, im Süden ragen einige hohe Berggipfel empor, und über allem liegt eine sehr idyllische Stimmung – trotz der meist recht zahlreichen Besucher. Bevor wir zur Saloberalm hinaufsteigen, gönnen wir uns eine gemütliche See-Umrundung. Links führt eine Straße zum nahen Gasthaus Alatsee, ehe sich auf der See-Südseite ein angenehmer Uferweg anschließt, gefolgt von einer Badewiese am Westufer. Nach dieser Einstimmung am Wasser folgt ein steiler Anstieg auf einem breiten Schottersträßchen, das sich in einigen Keh-

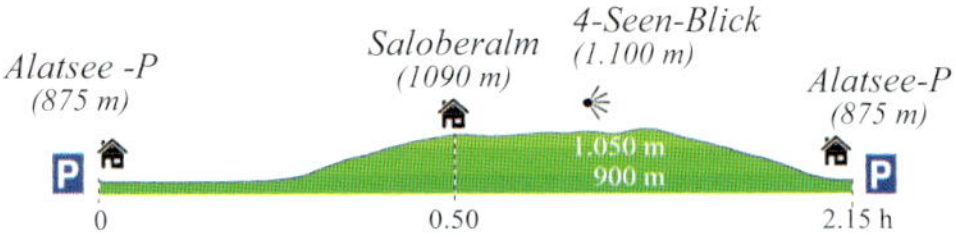

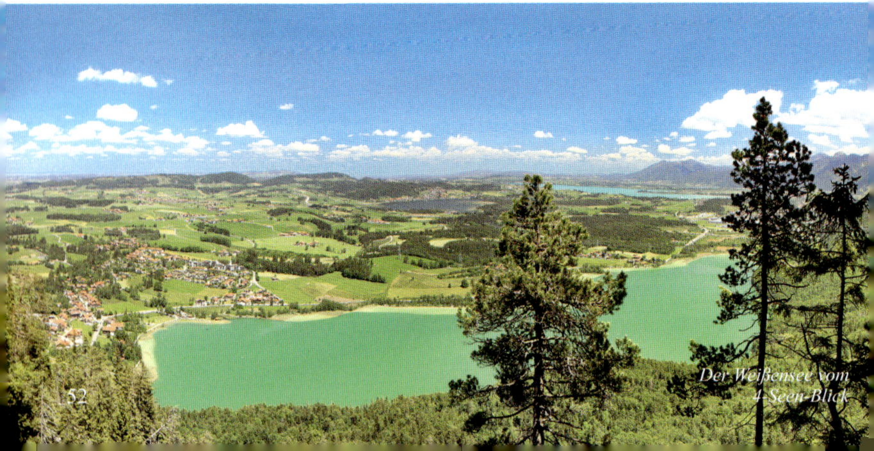

Der Weißensee vom 4-Seen-Blick

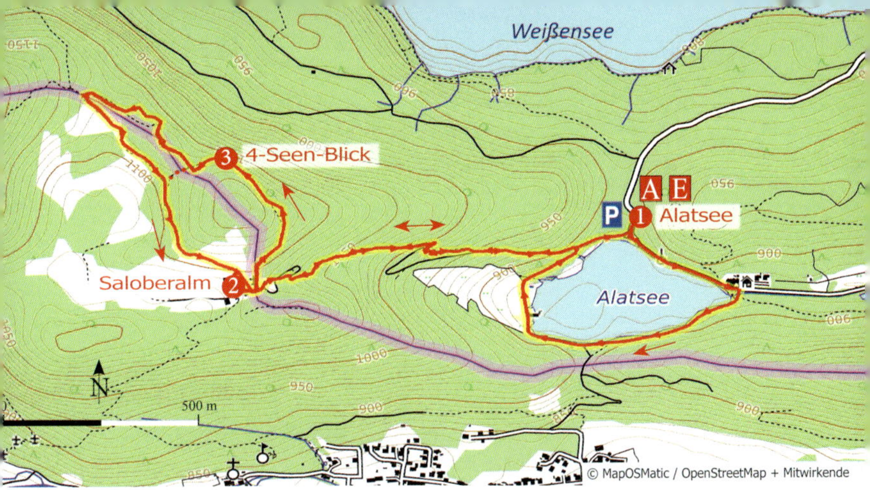

ren den bewaldeten Hang hinaufzieht. Schließlich erreichen wir die **Saloberalm** ②, 1090 m, deren einladende Terrasse am unteren Rand einer sonnigen Wiese auf Gäste wartet. Im Hintergrund steigt das Gelände weiter zum Zirmgrat an. Für viele ist mit dieser Einkehr das Tagessoll erfüllt, man kann allerdings noch eine schöne, kleine Extra-Runde dranhängen. Dazu folgen wir einem schmalen Wanderweg, der rechts von der Almhütte in den Wald hinaufführt, um stetig ansteigend im Bogen auf die Nordseite des Kammes zu gelangen. Kurz darauf öffnet sich der Wald oberhalb einer steil in die Tiefe abfallenden Wand und wir stehen am eindrucksvollen **»Vier-Seen-Blick«** ③, 1100 m: vor uns breitet sich das ostallgäuer Voralpenland aus und direkt unter uns liegt der herrliche Weißensee. Den Namen verdankt der Aussichtspunkt den in der Ferne zusätzlich noch zu erkennenden Wasserflächen von Hopfen-, Bannwald- und Forggensee. Kurz hinter dem Ausblick gelangen wir in einen kleinen Sattel im Wald.
Variante: Wer mag, kann den dortigen Wegweiser zur Saloberalm vorerst ignorieren und sich noch einen zusätzlichen Schlenker zu einem weiteren Aussichtspunkt gönnen. Dazu bleiben wir auf der Nordseite des Kammes und wandern auf schmalem Waldweg noch ein paar Minuten weiter bis zu einem zweiten Ausblick, ebenso schön, allerdings dem vorherigen sehr ähnlich. Danach noch kurz weiter geradeaus und dann scharf links. Der knapp 15-minütige Rückweg zur Almhütte verläuft allmählich absteigend am Waldrand bzw. oft über freie Wiesen. Von der Saloberalpe steigen wir wieder über die vom Hinweg bekannte Schotterstraße hinab zum Alatsee.

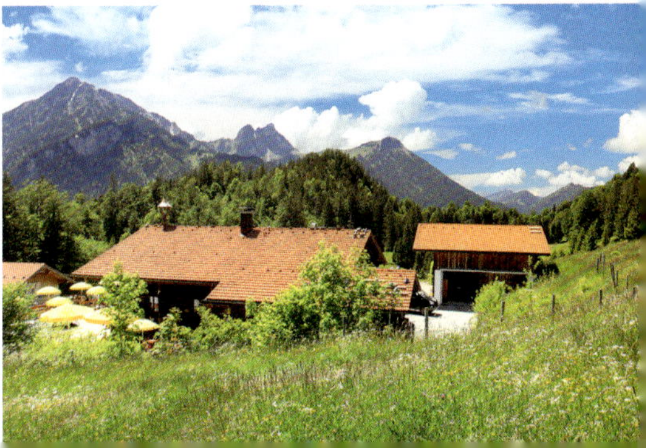

Die Saloberalm

15 Auf den Beichelstein

2.15 Std. | 150 Hm | 6 km

Wanderparkplatz südlich von Seeg, 854 m. Von Seeg knapp 4 km auf kleiner Straße durch Wiesen südwärts, am Sportplatz vorbei und zum einzelnen Gehöft Brandstatt sowie zum nahen Parkplatz links der Straße (am westlichen Ende des Beichelstein-Rückens) *(**Navi**: 87637 Seeg, Brandstatt 1 – in der Nähe).*

Breite Schotterwege, mäßige Steigungen.

Beichelsteinalpe ②

Kleiner Höhenrücken mit großem Panorama

Im voralpinen Ostallgäu ragen immer wieder lange Bergrücken über 200 Höhenmeter aus der flachen Landschaft hervor und bieten dadurch prächtige Aussichtskanzeln. Auf dieser gemütlichen Wanderung spazieren wir auf leichten Wegen hinauf auf den Beichelstein südlich von Seeg und genießen weite Bergwiesen sowie die Parade der Alpengipfel im Süden.

Auf dieser Wanderung kann man sich eigentlich nicht verlaufen, denn es geht im Grunde immer geradeaus… Vom **Parkplatz** ①, 854 m, folgen wir einer breiten Schotterstraße, die mit gemächlicher Steigung den Rücken hinaufführt, wobei dessen anfänglich dichte Bewaldung bald offenen Wiesen weicht. Der Weg ist angenehm zu gehen, und mit jedem gewonnenen Höhenmeter wird die Aussicht

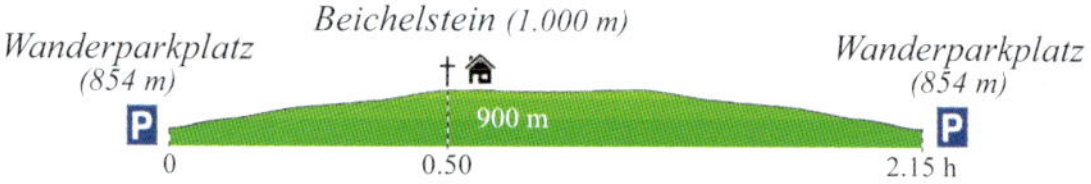

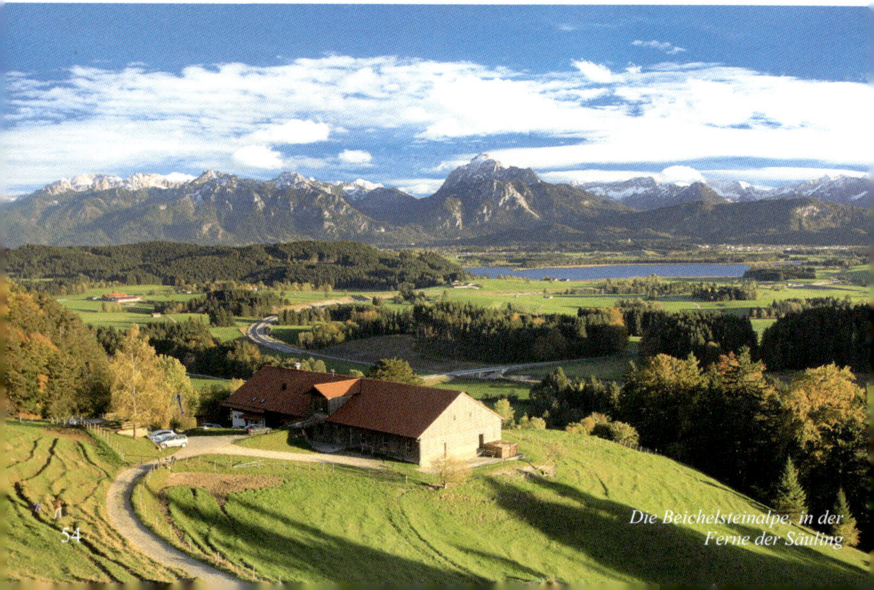

Die Beichelsteinalpe, in der Ferne der Säuling

umfassender. Unterwegs passieren wir ein einzelnes Gehöft, dann haben wir schließlich den höchsten Punkt des **Beichelstein** ②, 1000 m, erreicht, einen weitläufigen Wiesenkamm mit großartigem Panorama Richtung Süden über das ostallgäuer Alpenvorland mit den Tannheimer Bergen im Hintergrund. Etwas unterhalb des Kammes bietet die Beichelsteinalpe Einkehrmöglichkeit. Wenn man auf dem Kamm noch etwas weiter wandert, gelangt man zur idyllisch auf einer stillen Lichtung gelegenen **Senkelealpe** ③, 999 m. Dahinter steigt der Weg etwas an zum nahen Senkelekopf, der allerdings aufgrund der dichten Bewaldung keinen echten Aussichtsgewinn darstellt. Zurück zum Parkplatz geht es auf dem gleichen Weg.

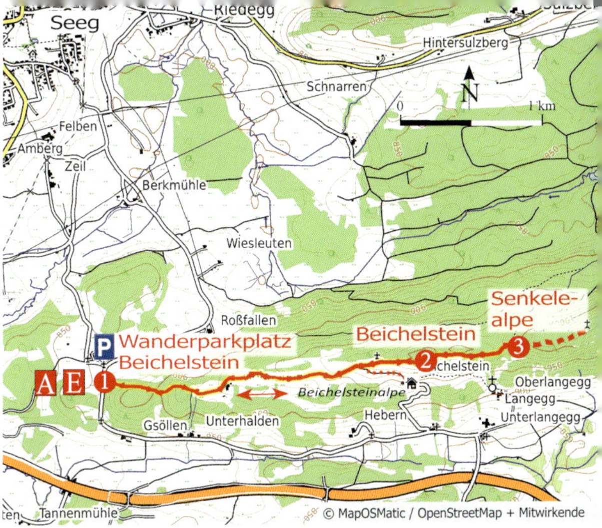

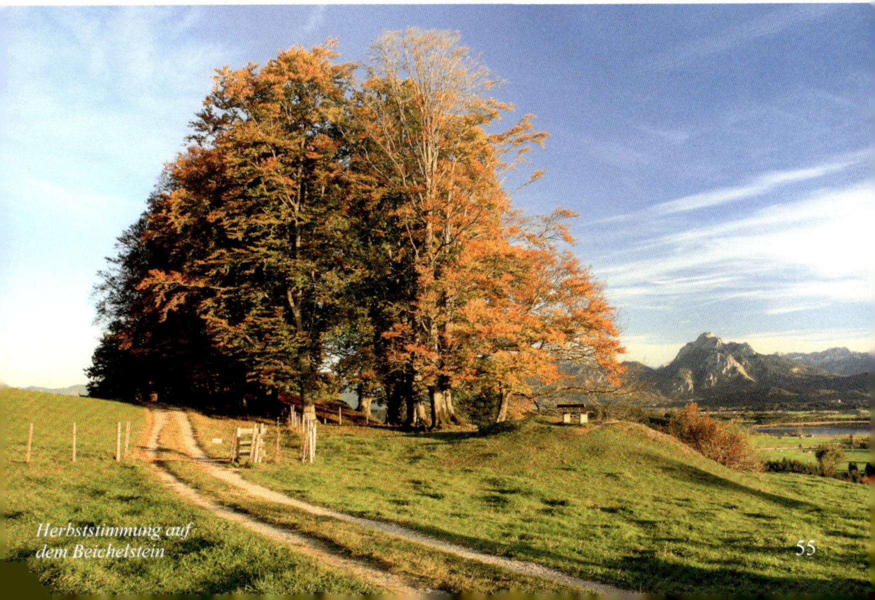

Herbststimmung auf dem Beichelstein

16 Seen-Wanderung bei Seeg

4 Std. | 125 Hm | 12 km

Seeg; A7 Kempten–Füssen Ausfahrt Nesselwang, von dort ca. 8 Kilometer bis Seeg; Parkplatz direkt an der Umgehungsstraße westlich/unterhalb des Ortes, 825 m *(**Navi**: 87637 Seeg, Nesselwängler Straße 16);* Züge Kaufbeuren–Seeg–Füssen ca. stündlich (vom Bhf. ca. 800 m durch den Ort bis zum Tourstart bei der Kirche).

Leichte, breite Teer- und Wirtschaftswege, zum Ende einige mäßige Steigungen.

Seeterrasse Goldhasen; Café Panorama ④

Durch bunte Wiesen zum Schwaltenweiher

Westlich von Seeg breitet sich eine ganz idyllische und sehr typische Ostallgäuer Landschaft aus: eine leicht gewellte, stille Landschaft, offene Wiesen mit weiten Ausblicken Richtung Alpen, und mittendrin eine Handvoll schönster Seen, die wir auf dieser gemütlichen Runde besuchen werden.

Vom **Parkplatz** ①, 825 m, steigen wir auf einem Sträßchen schräg links Richtung Seeger Kirche hinauf, biegen beim Friedhof links ab und überqueren die Umgehungsstraße. Anschließend geht es gemütlich auf einer Schotterstraße geradewegs nordwärts durch eine flache, offene Wiesenlandschaft, zur Linken begleitet von einer sanften Senke mit den beiden Seeger Seen inmitten ausgedehnter Schilfgürtel. Ca. 800 Meter nach der Umgehungsstraße biegen wir links in einen Trampelpfad ein. Während sich rechts das Ostermoos erstreckt, queren wir einen kleinen Bach, stoßen auf einen breiteren Wirtschaftsweg und erreichen auf diesem

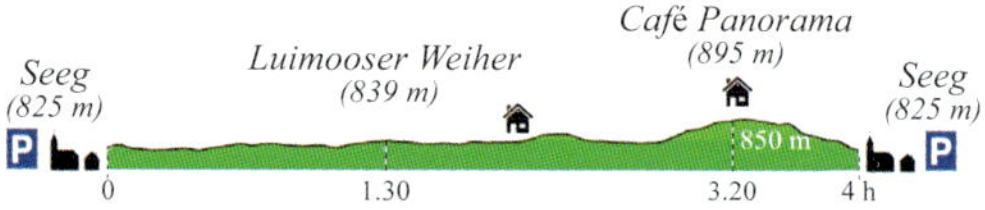

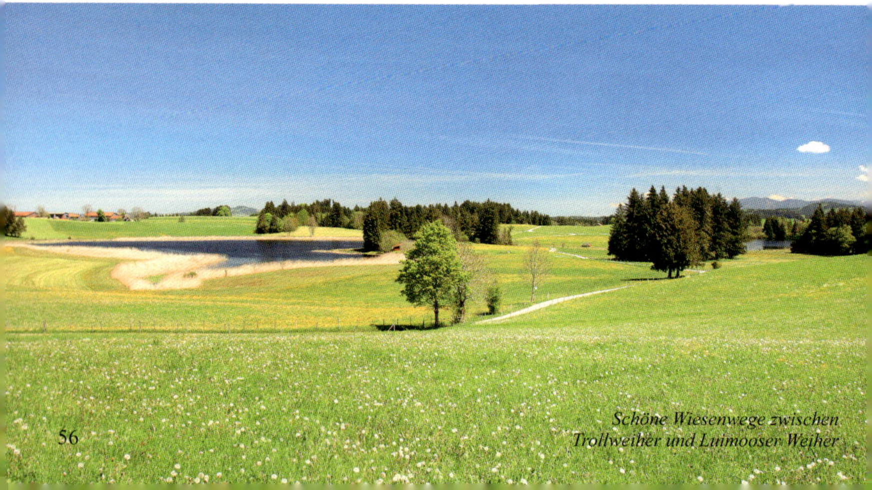

Schöne Wiesenwege zwischen Trollweiher und Luimooser Weiher

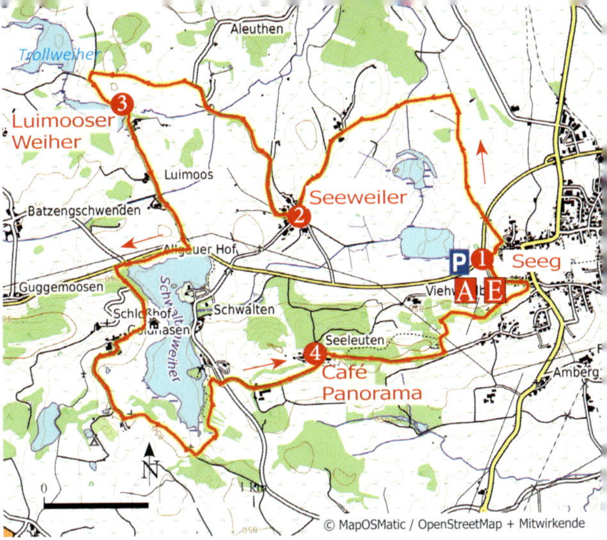

eine kleine Häusergruppe. Von dort führt eine Straße geradeaus zum nahen Dorf **Seeweiler** ②, 837 m, wo wir der zweiten Straße rechts folgen und das Dorf gleich wieder in nördlicher Richtung verlassen. Nach gut 400 m folgen wir an einer Verzweigung dem linken Fahrweg, der sich gemächlich durch die weiten Wiesen schlängelt, bis wir uns nach knapp 10 Minuten an einer weiteren Wegkreuzung schräg links halten. In dieser – westlichen – Richtung steuern wir genau auf den Trollweiher zu, der plötzlich hinter einer Kuppe vor uns auftaucht und still in der offenen Landschaft liegt. Kurz vor dem See wenden wir uns nach links und schlendern gemütlich hinüber zum nahen **Luimooser Weiher** ③, 839 m, einem weiteren hübschen Teich in dieser verschlafen wirkenden Landschaft. Der Weg verläuft direkt an seinem Ufer entlang und bringt uns im An-

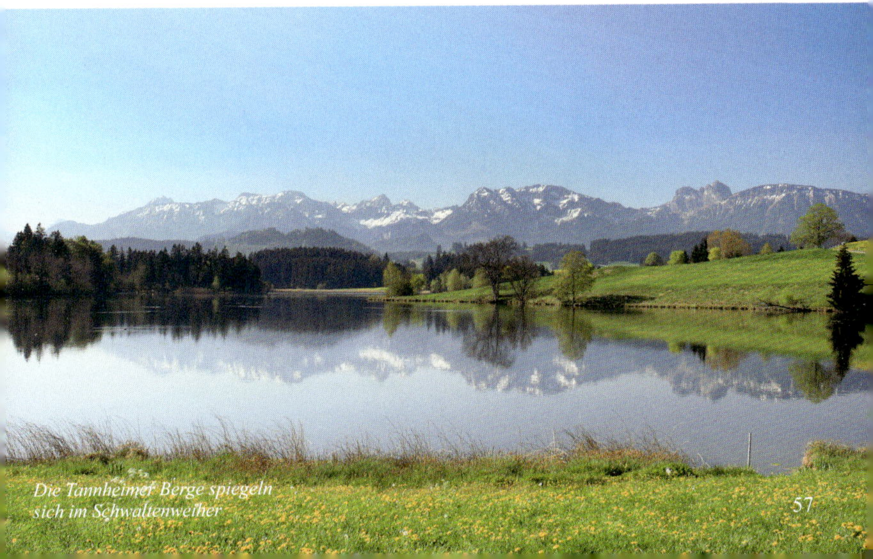

Die Tannheimer Berge spiegeln sich im Schwaltenweiher

schluss südwärts auf einem Teersträßchen zum Schwaltenweiher, dem größten See unserer heutigen Runde mit einer herrlichen Hintergrundkulisse in Gestalt der Tannheimer Berge. Hier müssen wir eine – recht stark befahrene – Straße überqueren, wenden uns nach rechts und wandern ca. 500 m auf dem parallel zur Straße verlaufenden Rad-/Fußweg westwärts, bis links ein – kaum befahrenes – Sträßchen abzweigt. Auf diesem gelangen wir leicht bergan zur Seeterrasse Goldhasen – mit schönem Blick über den See und mit großer Liegewiese am Ufer – sowie zu einem größeren Bauern-/Ferienhof. Dort links zwischen den Häusern hindurch und anschließend auf einem breiten Schotterweg durch die stillen Wiesen. Vor einem einzelnen Gehöft halten wir uns links, passieren eine hübsche kleine Kapelle unter einer hohen Birke und umrunden schließlich auf schmalen Pfaden durch ausgedehnte Feuchtwiesen den Schwaltenweiher auf dessen Südseite. Auf seiner Südostseite stoßen wir schließlich wieder auf eine Autostraße. Ein paar Schritte links/gegenüber führt eine Fahrstraße – kaum Verkehr – an einem Reiterhof vorbei hinauf zum aussichtsreich gelegenen **Café Panorama** ④, 895 m. Wir bleiben noch für ca. 750 m auf der schmalen Straße, die in östlicher Richtung oben auf dem Rücken verläuft und immer wieder prächtige Ausblicke Richtung Süden gewährt. Dann verlassen wir die Straße und folgen links für gut 50 m einem Teerweg hinauf, um sogleich in einen schmalen Pfad einzubiegen, der uns auf die Nordseite des Rückens bringt. Dort rechts und nun – gelegentlich mit freiem Blick Richtung Seeger Seen – ostwärts und schließlich hinein in den Ort Seeg. Auf der ersten Straße (»Nesselwanger Straße«) links und hinab zum Parkplatz.

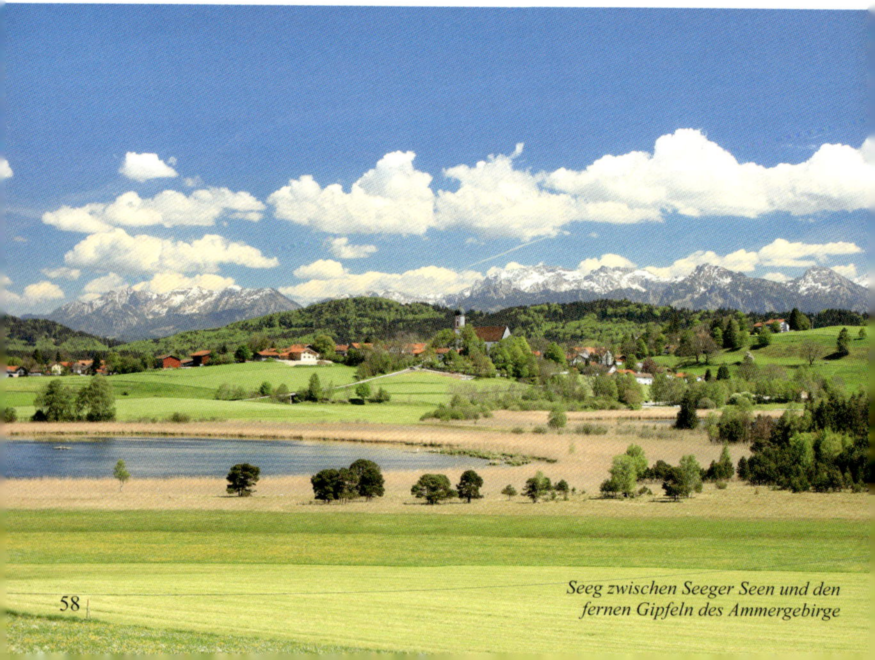

Seeg zwischen Seeger Seen und den fernen Gipfeln des Ammergebirge

Burgruinen und Schlossweiher 17

4 Std. | 250 Hm | 10,2 km

Wanderparkplatz »Burgruinen« an der Straße zwischen Eisenberg und Zell, ca. 4 km nordöstlich von Pfronten, 873 m *(**Navi**: 87637 Eisenberg, Pröbstener Straße)*; Bus von Füssen nach Eisenberg ca. stündlich (von dort etwa 1 km bis zum P); vom Bahnhof »Weizern-Hopferau« ca. 2,5 km bis zum P (Bahnlinie Kaufbeuren–Füssen, ca. stündlich).

Forst- und Wirtschaftswege, teils Waldwege, kurze, kräftige Steigungen.

Schlossbergalpe ②

Eindrucksvolle Burgen und weite Ausblicke

Wenige Kilometer vor dem Alpenrand erhebt sich ein Höhenzug gut 200 Meter aus der voralpinen Moränenlandschaft. Gekrönt werden seine beiden höchsten Gipfel von zwei sehenswerten Burgruinen, die nicht nur mittelalterliches Flair versprühen, sondern von ihren Mauern auch wunderschöne Ausblicke Richtung Alpengipfel gewähren. Ein stiller Weiher und weite Wiesen runden die Tour ab.

Vom **Wanderparkplatz** ①, 873 m, folgen wir der schmalen Teerstraße durch die Wiesen leicht bergauf in südwestlicher Richtung (Zell), ehe wir – nach einer spitzen Rechtskurve – auf dem »Burgweg« (ab und zu Autoverkehr, schmale Straße) etwas steiler zur Schlossbergalpe hinaufsteigen. Zur Rechten öffnet sich uns ein wunderschönes Panorama über das ostallgäuer Alpenvorland. Wenige Schritte hinter der Alphütte zweigt von der Schotterstraße

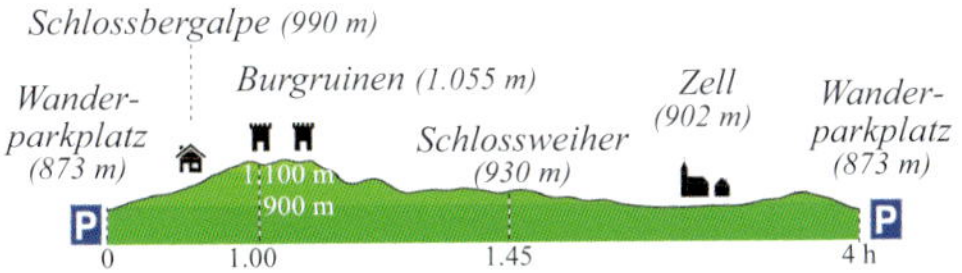

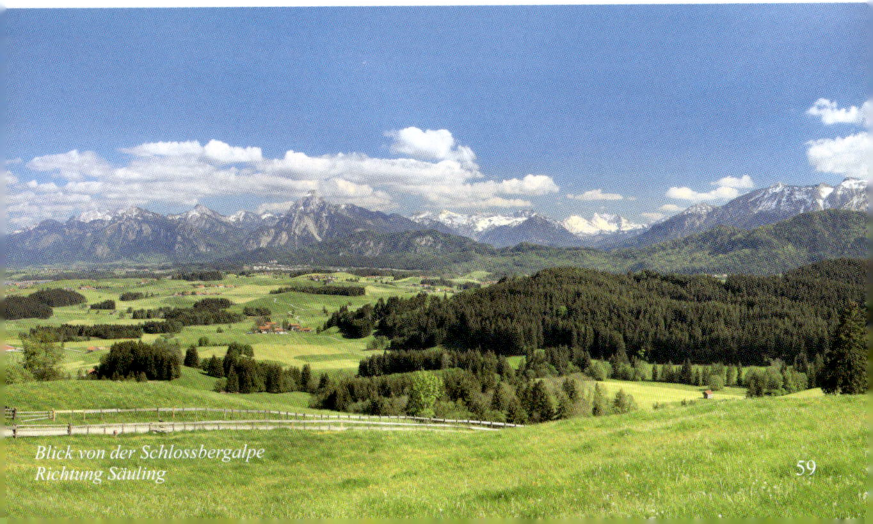

Blick von der Schlossbergalpe Richtung Säuling

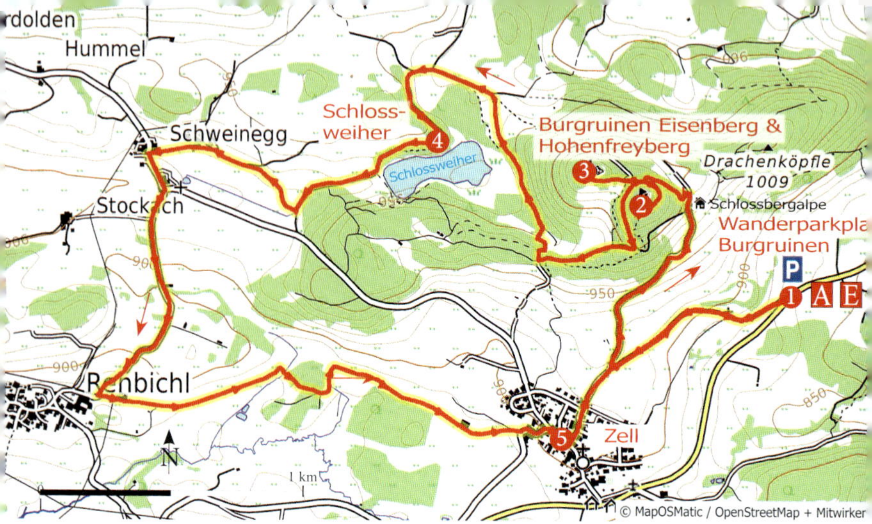

links ein Wanderweg ab, der steil den bewaldeten Hang hinaufführt, um dann in weitem Linksbogen zur **Burgruine Eisenberg** ②, 1055 m, hinüberzuleiten. Von den Mauern der trutzigen Burgruine hat man wunderschöne Ausblicke Richtung Süden über den Ort Zell hinweg zur langen Kette der Alpengipfel. Im Westen erhebt sich auf dem Nachbarhügel unser nächstes Ziel, die Burgruine Hohenfreyberg. Dazu steigen wir für einige Minuten auf dem Herweg ab bis zu einem Sattel zwischen den beiden Burghügeln und drüben wieder bergauf zur **Burgruine Hohenfreyberg** ③, 1041 m, einer fast noch beeindruckenderen Burganlage, deren Erkundung einige Zeit in Anspruch nehmen kann. Schließlich geht es zurück zum Sattel zwischen den beiden Burgen, wo wir uns rechts halten und am Waldrand entlang steil absteigen. Wir errei-

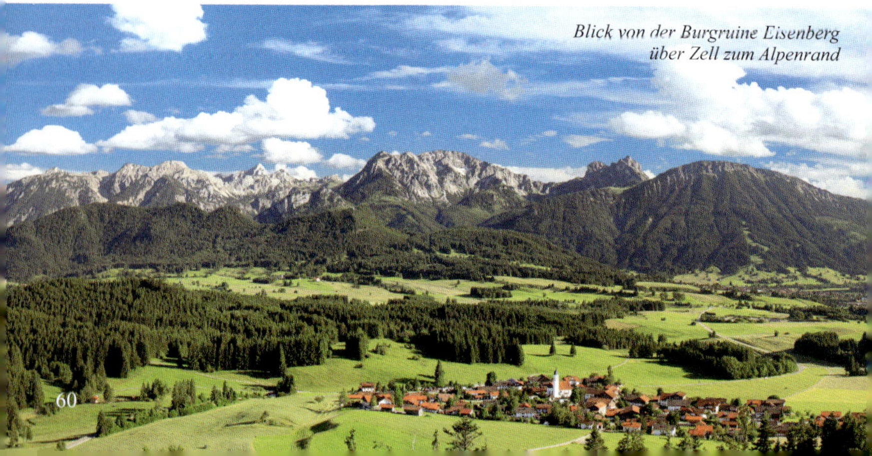

Blick von der Burgruine Eisenberg über Zell zum Alpenrand

Schlossweiher

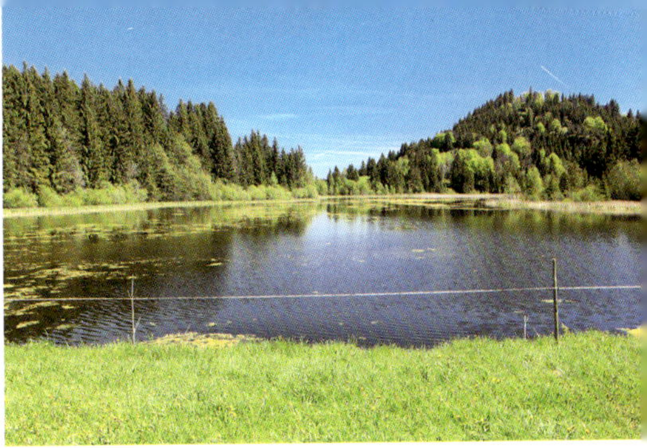

chen einen Querweg, halten uns rechts und knapp 300 m erneut rechts und wandern durch Wald gemächlich abwärts in die Senke des Schlossweihers. Bevor wir den Teich erreichen, müssen wir noch einen kleinen Umweg einlegen: Es geht erst noch an ausgedehnten Verlandungszonen vorbei geradeaus bis zu einer Schotterstraße, in kurzen Abständen dreimal links und schließlich zum verschilften Ufer des **Schlossweihers** ④, 930 m. Kurz darauf nähert sich der Schotterweg einer quer verlaufenden Fahrstraße (auf dieser besteht die Möglichkeit, links nach Zell abzukürzen). Wir nehmen allerdings einen Wirtschaftsweg ca. 80 m VOR der Straße rechts und wandern auf diesem hinüber zum nahen Dorf Schweinegg. In diesem scharf links, aus dem Dorf heraus und auf der – wenig befahrenen Straße – gut 10 min. Richtung Rehbichl. Bevor wir das Dorf erreichen, biegen wir links in einen Wirtschaftsweg, auf dem wir in etwa 30 min. über aussichtsreiche, flache Wiesen nach **Zell** (5), 902 m, spazieren. Dort, mitten im Dorf – kurz vor der Kirche – links in den »Burgweg«, der nach knapp einem Kilometer auf unseren Ausgangspunkt trifft.

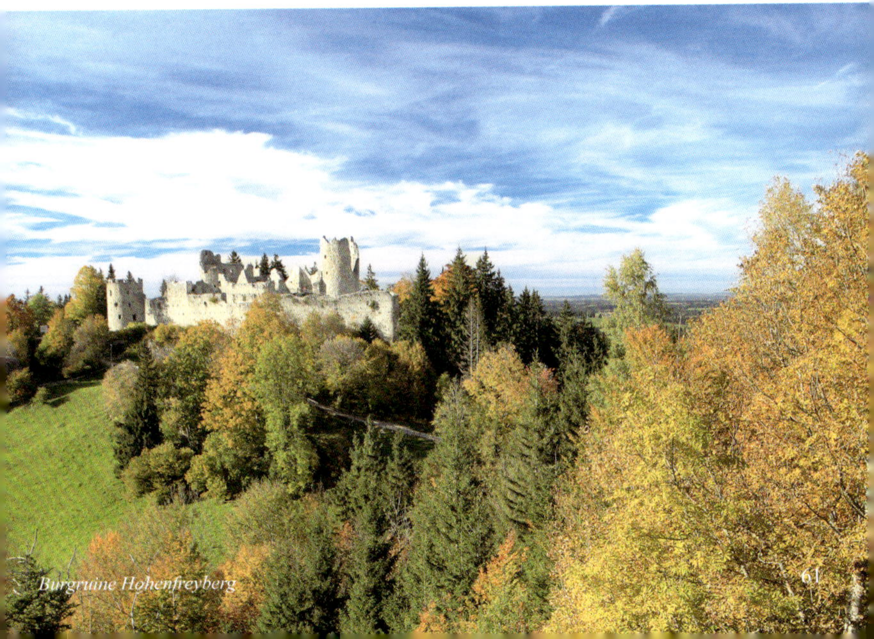

Burgruine Hohenfreyberg

18 Attlesee und Kögelweiher

1.45 Std. | 60 Hm | 5,8 km

Nesselwang-Rindegg; Ab Nesselwang Richtung A7 bzw. Marktoberdorf, beim ersten Kreisel gleich nach dem Ortsende rechts, ca. 1,5 km durch Thal und Rindegg zum Wanderparkplatz »Rindegger Tanne« an einem Straßenknick, 920 m *(**Navi**: 87484 Nesselwang, Rindegg 7)*.
Vom Bahnhof »Nesselwang« ca. 2 km bis zum P (Linie Kempten–Pfronten, ca. stündlich).

Meist Forst- und Wirtschaftswege, leicht.

Ggf. Abstecher zum Kögelhof (plus 45 min. hin und zurück).

Gemütliche Seen-Runde bei Nesselwang

Auf dieser Tour erwartet uns ein gemütlicher Spaziergang durch eine sehr idyllische Voralpenlandschaft. Über aussichtsreiche Wiesen und durch stille Wäldchen wandern wir zum schönen Attlesee sowie zum benachbarten Kögelweiher. Einmal entschleunigen mit Seeblick bitte!

Vom **Parkplatz** ①, 920 m, wandern wir auf einem breiten Schotterweg anfangs in nördlicher Richtung, dann im weiten Rechtsbogen durch die stille Wiesen- und Waldlandschaft hinüber zum kleinen Dorf Attlesee. Unterhalb des Dorfes entlang und dann auf dem sanft abfallenden Weg hinab zum schönen **Attlesee** ②, 874 m, der sich mit seinen Wiesen und Schilfgürteln sehr harmonisch in die Landschaft einfügt; Die Hintergrundkulisse bilden die fernen Tannheimer Berge. An einer Wegkreuzung an der Nordostecke des Sees wählen wir den Weg Richtung Osten, hal-

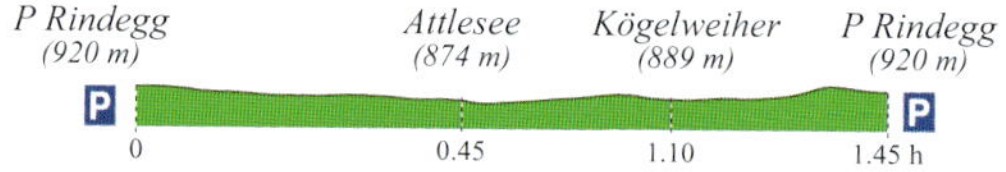

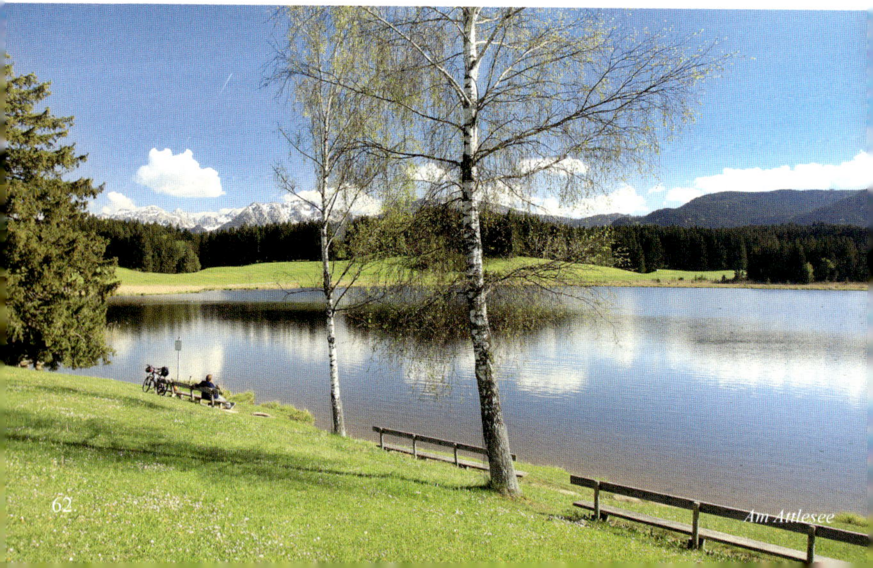

Am Attlesee

ten uns an der nächsten Verzweigung wenige Minuten später rechts und spazieren gemütlich – über eine kleine Wiesenkuppe hinweg – zum **Kögelweiher** ③, 889 m. (Wer auf dieser Tour einkehren möchte, kann von hier einen – etwas längeren – Abstecher zum Gasthaus Kögelhof einlegen: dazu vom Westende des Sees südwärts bis zu einem Teersträßchen, auf diesem ca. 600 m links und anschließend rechts im Bogen in wenigen Minuten zum Gasthaus empor.

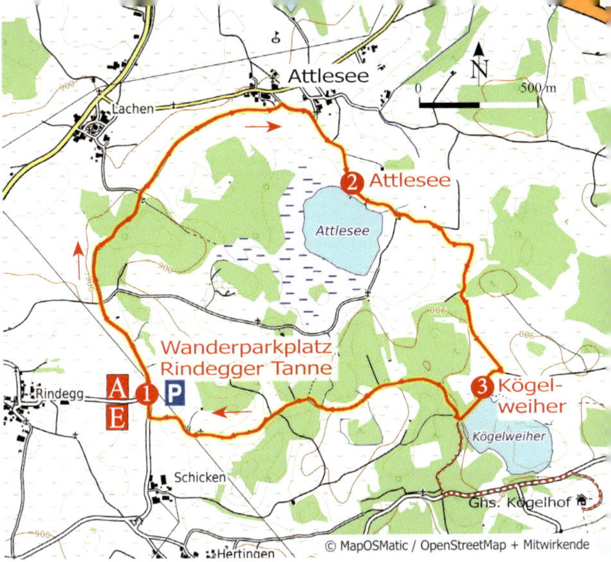

Zurück zum Kögelweiher auf dem gleichen Weg; insgesamt ca. 3 km hin und zurück). Bei einer Kreuzung am westlichen Ufer des Kögelweihers wählen wir einen schmalen Pfad, der rechts in den Wald biegt und anschließend im weiten Linksbogen abwechselnd durch Wald und Wiesen zurück zum Ausgangspunkt führt.

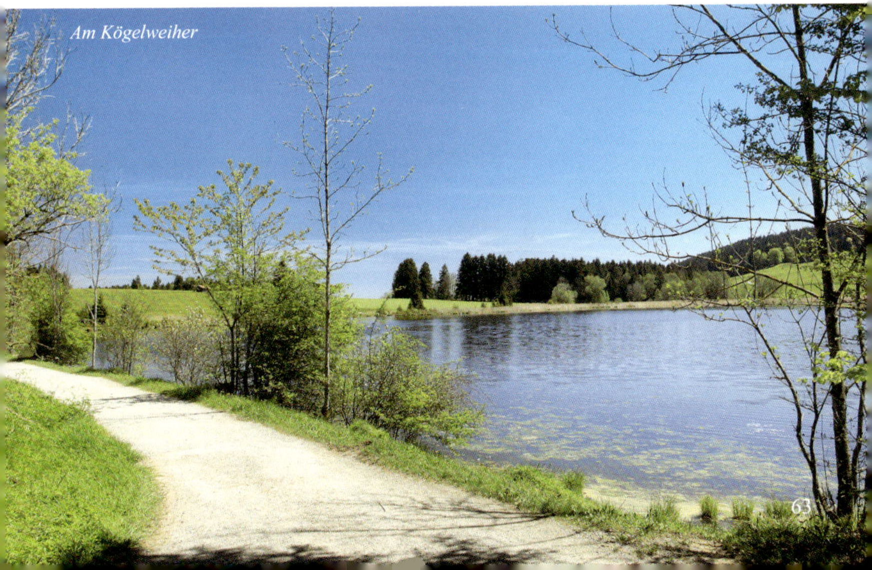

Am Kögelweiher

19 Durchs Wertachtal zum Sticher Weiher

4.30 Std. | 150 Hm | 11,9 km

Maria Rain; kleines Dorf nördlich von Nesselwang an der Wertach. A7 Ausfahrt Oy-Mittelberg, Richtung Nesselwang. Parkplatz im Dorf bei der Kirche, 900 m (***Navi**: 87466 Oy-Mittelberg/ Maria Rain, Kirchweg 3)*; Bahnhof »Maria Rain« ca. 2 km entfernt (Linie Kempten–Pfronten, ca. stündlich).

Leichte Wege, nur wenige Steigungen, meist Schotterbelag, an der Wertach teils schmalere Waldwege.

keine unterwegs

Auf stillen Pfaden zu schönen Mooren und Flüssen

Auf dieser Wanderung nördlich von Nesselwang erkunden wir einen typischen, voralpinen Allgäu-Mix: Es geht durch das tief eingeschnittene Tal der Wertach, wir durchstreifen stille Wiesen und Wäldchen, erkunden ein hübsches Hochmoor sowie einen kleinen See und genießen immer wieder freie Ausblicke Richtung Alpen.

Vom **Parkplatz** ①, 900 m, spazieren wir links an der Kirche vorbei und steigen in wenigen Minuten hinab in den bewaldeten Taleinschnitt der Wertach. Auf einer überdachten **Brücke** ②, 840 m, wechseln wir auf die andere Flussseite, halten uns gleich dahinter links und wandern auf einem hübschen Weg am Ufer entlang talabwärts. Wir unterqueren die sehr hoch über uns aufragende Autobahnbrücke, gelangen zu einer weiteren **Brücke über die Wertach** ③, 827 m, und wechseln aufs linke Ufer. Nachdem wir eine stille Lichtung und zwei Höfe hinter uns gelassen haben, wird das Tal zunehmend enger und der Wanderweg verläuft durch dichten Wald direkt am Fluss entlang. Einen Abzweig, der links nach Bachtel hinaufführt, ignorieren wir, gehen stattdessen noch etwas weiter und queren den kleinen Sennenbach. Direkt dahinter folgen wir einer Forststraße, die links aus dem Taleinschnitt herausführt, während die Wertach ab hier ohne Uferweg still und ungestört

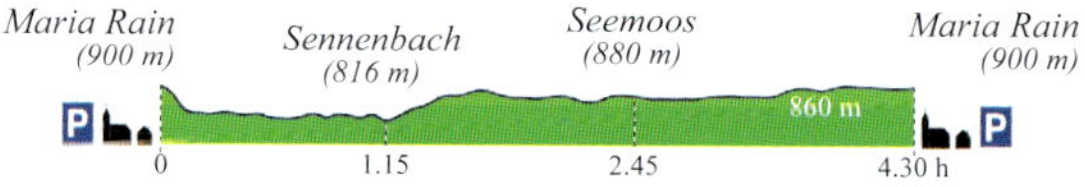

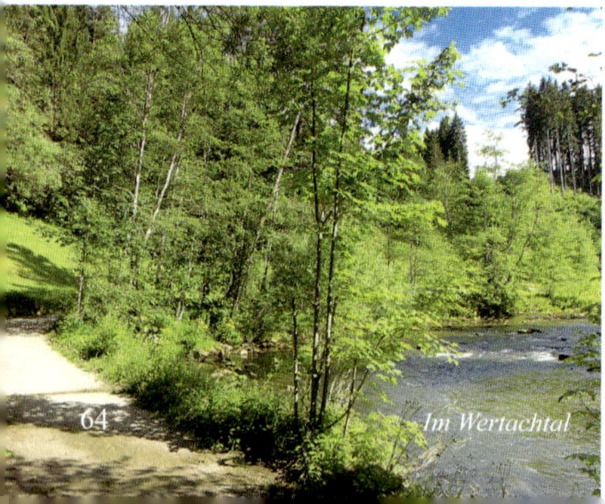
Im Wertachtal

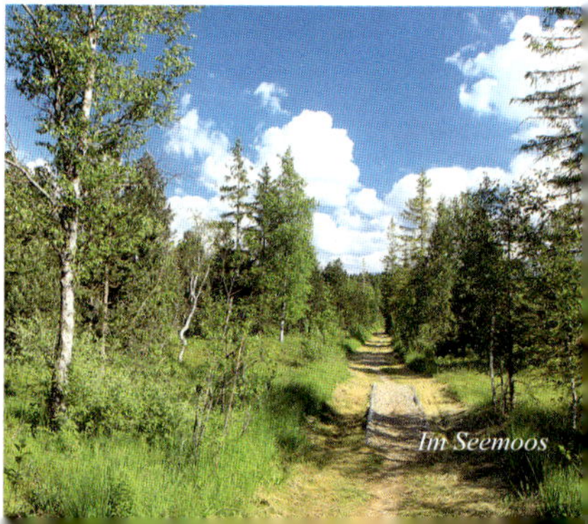
Im Seemoos

weiter nordwärts fließt. Am Ende des Anstiegs an einer größeren Wegkreuzung halten wir uns rechts (Richtung »Wildberg«), wenige Meter später gleich wieder links (keine Beschilderung) und kurz darauf an einer Weggabelung schräg links. Auf diesem Weg erreichen wir eine größere **Wegkreuzung** ④, 891 m, inmitten einer ausgedehnten Wiese und halten uns links (Richtung »Unterschwarzenberg«). Auf einem Schottersträßchen wandern wir gemütlich westwärts durch einen Mix aus Wald und Wiesen, wenden uns beim nächsten Abzweig nach links und gleich darauf nach rechts (Richtung »Seemoos«). Nach ca. 600 m zweigt links ein schmaler Weg von der Schotterstraße ab, der uns in das hübsche **Seemoos** ⑤, 880 m, bringt; das leider viel zu schnell durchquert ist. An seinem Ende bringt uns ein schmaler Waldweg hinunter zu einer hohen Schallschutzwand, die sich alle Mühe gibt, die Geräusche der dahinter verlaufenden Autobahn auszublenden. Auf einem breiten Fahrweg entlang der Autobahn gelangen wir bald darauf zum beschaulichen **Sticher Weiher** ⑥, 879 m, mit Bademöglichkeit an seinem Ostufer. Vom See sind es nur wenige Schritte ins Dörfchen Stich; dort rechts und vor einer kleinen Kapelle links. Über freies Wiesengelände wandern wir in einem Rechtsbogen wieder zur Autobahn, dort links, erneut für einige Minuten entlang der Straße und schließlich zurück zum Ausgangspunkt.

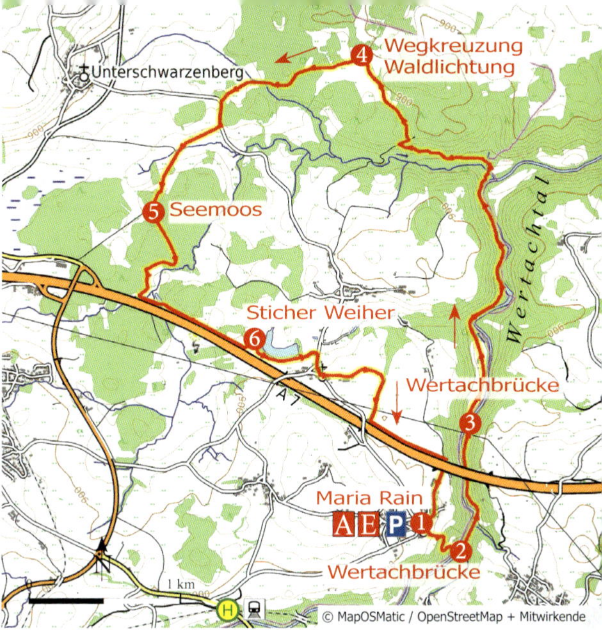

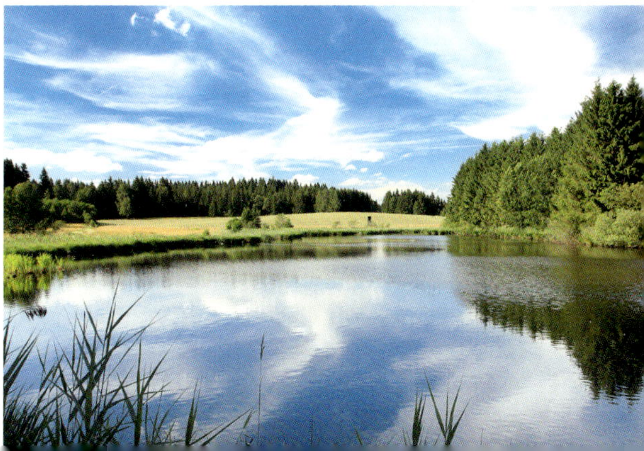

Am Sticher Weiher

20 Grüntensee-Umrundung

2.45 Std. | 50 Hm | 9 km

Großer Parkplatz am Südostufer beim Buron Kinderpark/Buron-Stadl, 893 m, in der Nähe des Campingplatzes »Grüntensee«, auf halber Strecke zwischen Nesselwang und Wertach (***Navi**: 87497 Wertach, Grüntenseestraße 44*); öffentlich am besten per Zug zum Bahnhof Haslach am Ostende des Sees nahe Wegpunkt 3 (Linie Kempten –Füssen, ca. stündlich).

Völlig ebener Rundweg auf meist breiten Schotterwegen.

Buron-Stadl ①; Seehaus beim Kletterwald Grüntensee ②; Restaurants im Ort Haslach (kleiner Abstecher vom Rundweg), Fischerhütte beim Camping Grüntensee

Hübsche Uferwege und stille Flussauen

Ganz am westlichen Rand des Ostallgäus zwischen Nesselwang und Wertach erwartet uns der Grüntensee. Ein Stausee, der abgesehen von der Staumauer allerdings eine sehr natürliche Atmosphäre ausstrahlt mit seinem urtümlichen Auwäldern und ausgedehnten Schilfzonen. Wobei der schöne Rundweg oft direkt am Wasser verläuft.

Vom großen **Parkplatz** gegenüber dem **Buron-Stadl** ①, 893 m, wandern wir auf einem kurzen Stichweg hinab zum See. Dort treffen wir auf den Seerundweg, wenden uns nach rechts und spazieren auf dem breiten Schotterweg – meist direkt am Wasser – in östlicher Richtung bis zur Staumauer. Oben auf dem Damm halten wir uns links und erreichen in wenigen Minuten auf einer Teerstraße den **Kletterwald Grüntensee** ②, 888 m. Direkt dahinter befindet sich linker Hand eine größere Liegewiese mit Kiesstrand und einem schönen Blick über den See mit dem Grünten in der Ferne. Gegenüber dem Kletterwald-Parkplatz zweigt ein schmaler Kiesweg ab, der uns durch offene Wiesen Richtung Haslach bringt. Wir passieren den **Campingplatz Wertacher Hof** ③, 890 m und halten uns an einer Schot-

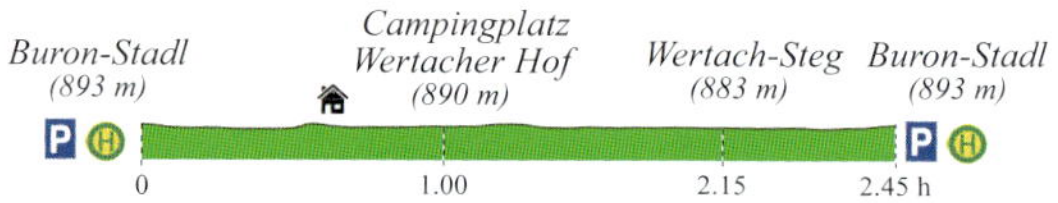

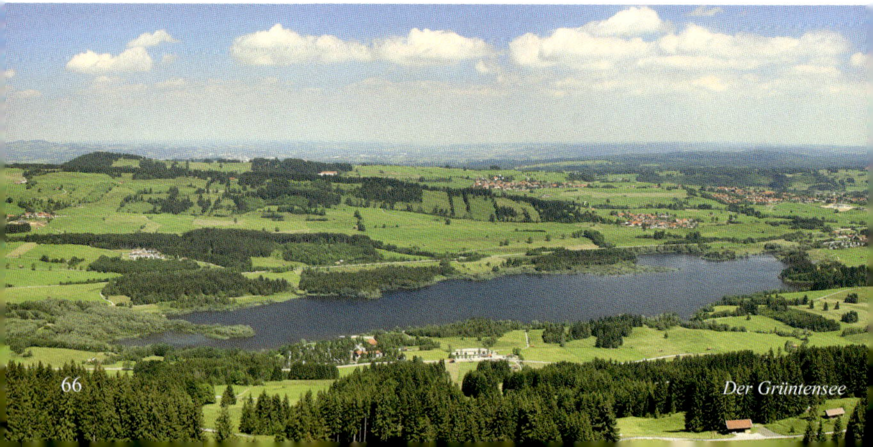

Der Grüntensee

terstraße links. Schnurgerade geht es für ca. 1,5 Kilometer entlang des Nordwestufers des Sees, bis wir – in der Nähe der Bundesstraße und eines kleinen Parkplatzes – links auf einen schmaleren Weg einbiegen, der uns wieder etwas näher ans Seeufer bringt. Auf einem weichen Rindenmulchweg durchqueren wir ein Fichtenwäldchen und biegen am nächsten Abzweig erneut links ab (Wegweiser »Grüntensee-Rundweg«). Vorbei an einem direkt am Ufer gelegenen Jugendzeltplatz nähern wir uns dem Wertach-Zulauf des Sees an dessen Südwestende mit seinen ausgedehnten Feuchtwiesen und naturnahen Auwäldern. Schließlich überqueren wir auf einem schmalen Steg die **Wertach** ④, 883 m, halten uns dann links und spazieren auf einem breiten Schotterweg durch hübschen Erlen-Weiden-Auwald zum **Campingplatz Grüntensee** ⑤, 885 m, wo uns zum Abschluss der Tour eine große Liegewiese mit Kiesstrand und direktem Wasserzugang erwarten. Wenige Minuten hinter dem Strand schließt sich unser Kreis und wir haben den Stichweg zum Parkplatz erreicht.

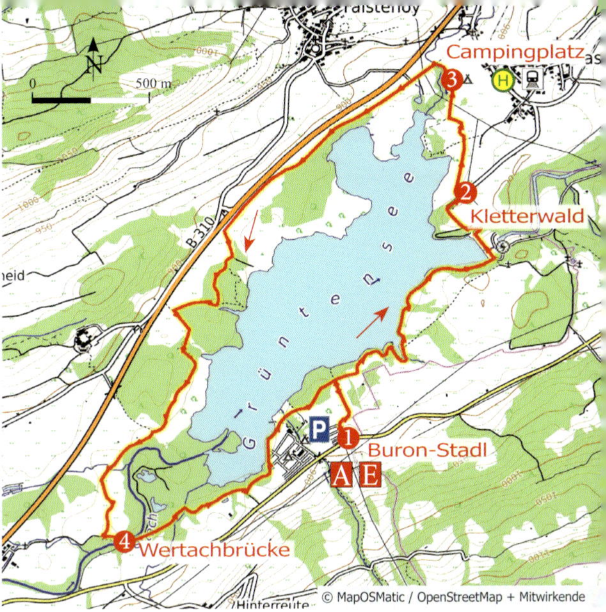

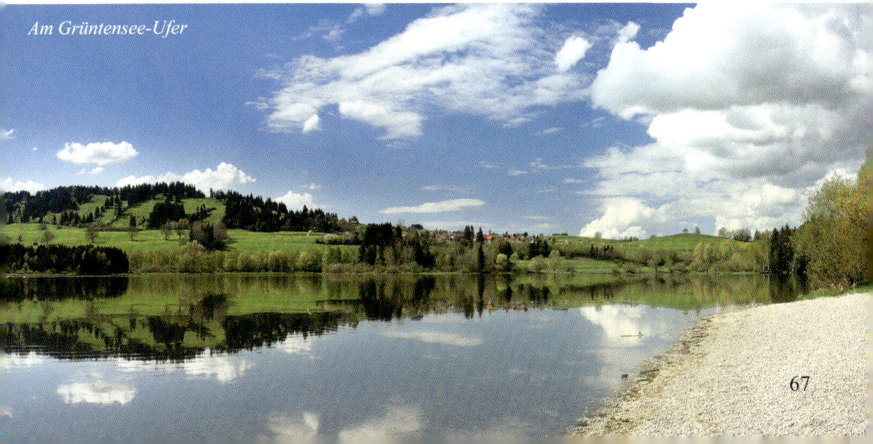
Am Grüntensee-Ufer

21 Burgkranzegger Horn und Elleghöhe

4.30 Std. | 350 Hm | 11,2 km

Mittelberg; der kleine Ort liegt auf einem breiten Bergrücken zwischen Grünten- und Rottachsee. A7-Ausfahrt Oy-Mittelberg, über Oy nach Mittelberg. Im Ort im weiten Rechtsbogen zum Parkplatz oberhalb der Kirche, 1040 m *(**Navi**: 87466 Oy-Mittelberg, Kirchlinde 11)*; Bahnhof »Oy-Mittelberg« ca. 2 Kilometer entfernt (Linie Kempten–Pfronten, ca. stündlich).

Überwiegend leichte Wege, teils Schotter, teils Teer, teils Wiesenpfade (streckenweise matschig nach Regentagen), mäßige Steigungen.

keine unterwegs

Höhenwege zwischen Grünten- und Rottachsee

Die westlichste Tour in diesem Buch liegt bereits knapp im Oberallgäu. Von Mittelberg geht es über aussichtsreiche Höhenzüge zum Burgkranzegger Horn sowie über den Grat der Elleghöhe mit stillen Wiesen und feinen Ausblicken Richtung Alpspitz und Grüntensee. Eine recht einsame, voralpine Tour für Entdecker.

Vom Parkplatz bei der **Mittelberger Kirche** ①, 1040 m, steigen wir den sich oberhalb anschließenden Wiesenhang bergan bis zu einem »Gipfel«-Kreuz, von wo sich – zurückblickend – ein schönes Panorama über den Ort und das sich dahinter ausbreitende Ostallgäu entfaltet. Knapp 150 m weiter über eine Wiese treffen wir auf einen Schotterweg, wo wir uns links halten und auf dem sich vor uns erstreckenden, breiten Kamm in südwestlicher Richtung weiterwandern; genau auf den in der Ferne aufragenden Grünten zu. Der angenehme Weg bleibt im Großen und

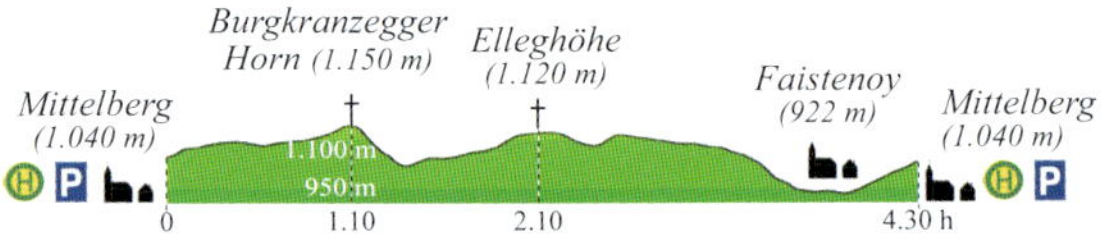

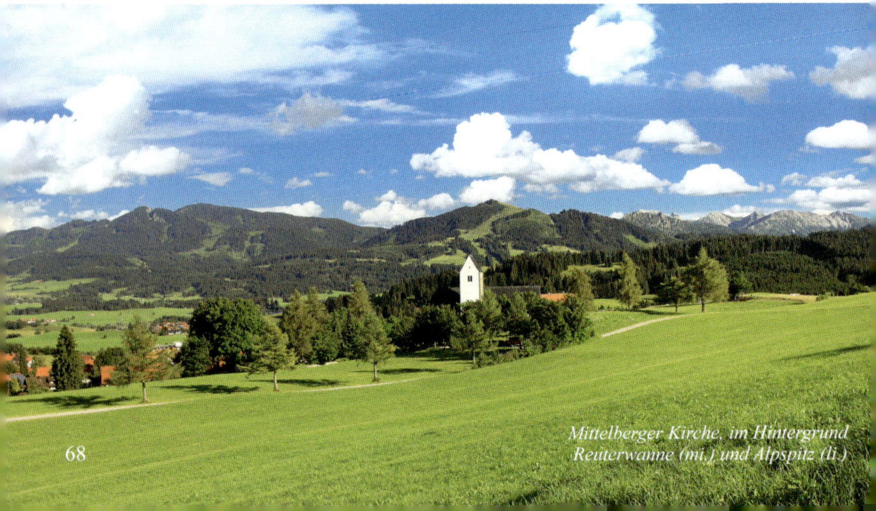

Mittelberger Kirche, im Hintergrund Reuterwanne (mi.) und Alpspitz (li.)

Ganzen immer auf dem breiten Kamm, es geht ohne größere Höhenunterschiede meist über Wiesen, mal kurz durch Wald, und bald kommt rechts in wenigen Kilometern Entfernung der lange Rottachspeicher in Sicht. Schließlich verlassen wir den Schotterweg und steigen über eine Weide hinauf zum **Burgkranzegger Horn** ②, mit 1150 Metern der höchste Punkt der Tour. Trotz Gipfelkreuz hält sich die Aussicht wegen der vielen Bäume allerdings in Grenzen. Der Abstieg erfolgt in westlicher Richtung einen bewaldeten Hang hinab, an dessen Fuß wir auf ein Sträßchen stoßen. Dort links und knapp 500 m an den Ausläufern des Berges entlang. Am nächsten Abzweig rechts, kurz darauf links und auf einer Teerstraße zum kleinen, sehr abgeschieden liegenden Weiler Binzen. Von dort führt die Straße in einer weiten Kehre hinauf zum Kamm der **Elleghöhe** ③, 1120 m.

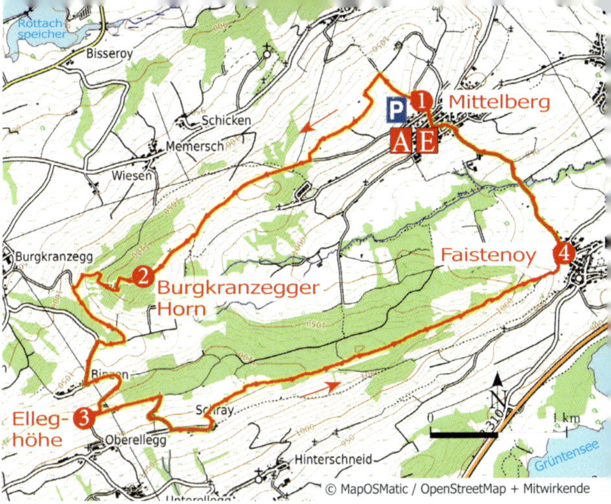

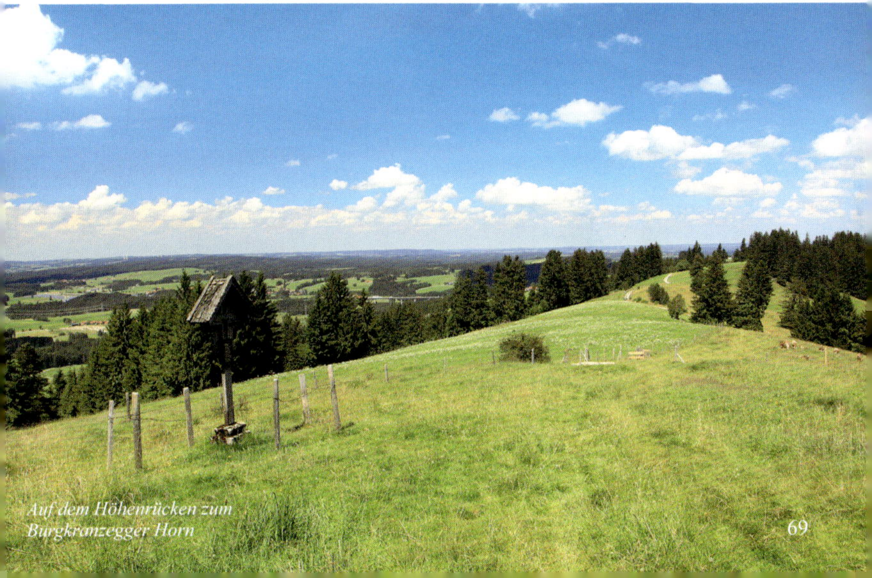

Auf dem Höhenrücken zum Burgkranzegger Horn

Zurückblickend füllen Rottachspeicher und Voralpenland den Horizont, während sich auf der anderen Seite des Kammes ein schönes Panorama von Wertach, Alpspitz und Tannheimer Bergen bis hin zum Grünten entfaltet. Ein Gipfelkreuz darf natürlich nicht fehlen. Wir bleiben oben auf dem Kamm und orientieren uns nach Osten. Links an einer großen Scheune vorbei wandern wir auf dem Wiesenkamm mit schönem Blick Richtung Berge weiter und erreichen nach ca. 500 Metern wieder eine Straße. Dort fehlt leider ein Stück Kammweg (evtl. mag der Grundbesitzer keinen Wanderweg über seine Wiesen…), sodass wir einen kleinen Schlenker einlegen müssen: Dazu folgen wir der Straße rechts hangabwärts, bei der ersten Kreuzung links und hinüber zu einem Bauernhof und dort wieder bergan. Gleich hinter den Gebäuden geht der Fahrweg in einen Trampelpfad über, der parallel zu einer einzelnen Baumreihe über eine aussichtsreiche Wiese führt. Nach ca. 300 Metern zweigt links – sehr versteckt – ein kleiner Weg ab: kurz zwischen der Baumreihe hindurch bis zum eigentlichen Kamm und dort wieder rechts. Ab hier geht es – oft weglos, manchmal auf einem Trampelpfad, aber letztlich nicht zu verfehlen – über stille Lichtungen und Wiesen ostwärts (nach Regentagen streckenweise recht matschig) bis zu einer Scheune. Wir bleiben geradeaus auf dem Kammweg, der nun allmählich an Höhe verliert und meist durch Wald verläuft, aber immer wieder auch über größere, freie Lichtungen, die weite Ausblicke Richtung Grüntensee und Alpspitz zur Rechten gewähren. Ein schöner und sehr stiller Weg. Zum Ende geht es – wieder über freieres Gelände – steiler hinab nach **Faistenoy** ④, 922 m. Dort im Ort links und auf einer kleinen Teerstraße (kaum Verkehr) gemütlich zum Faistenoyer Bach hinab, der das weite Tal durchfließt und auf der anderen Seite wieder hinauf nach Mittelberg sowie zum Parkplatz oberhalb der Kirche.

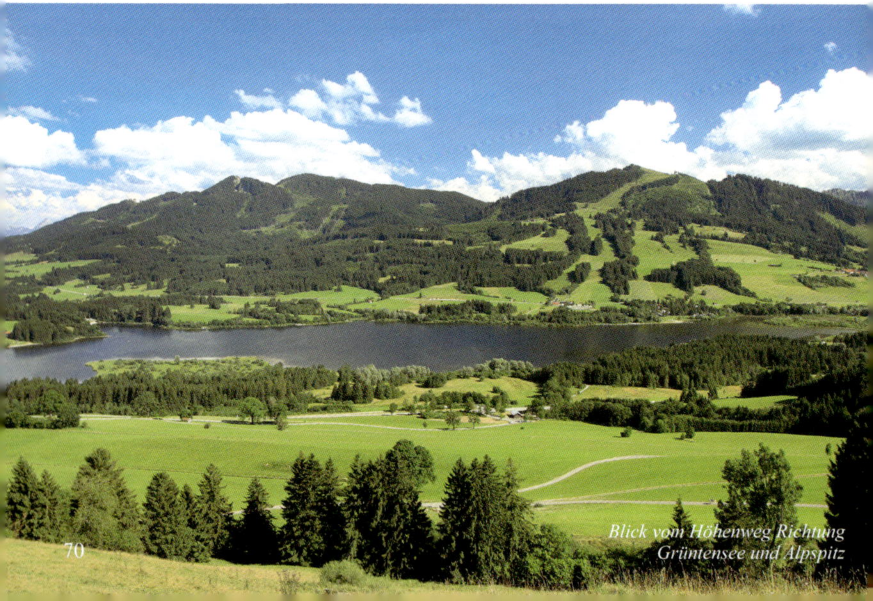

Blick vom Höhenweg Richtung Grüntensee und Alpspitz

Sorgschrofen-Umrundung 22

5 Std. | 370 Hm | 14,2 km

Jungholz, kleine tiroler Enklave südlich von Wertach. Von der B310 Richtung Oberjoch 3 Kilometer lange Stichstraße nach Jungholz; großer Parkplatz in der Dorfmitte, 1058 m *(**Navi**: A-6691 Jungholz, Jungholz 26);*
Bus aus Sonthofen/Oberjoch bzw. Oy mehrmals täglich (unregelmäßig).

Breite Fahr- und Fußwege mit einigen mäßigen Anstiegen.

Kälberhofalpe ③; Gasthäuser in Unterjoch ⑤ und Jungholz ①

Stille Wege durchs Wertach- und Vilstal

Der Sorgschrofen bildet mit seinen 1635 m die nordwestlichste Ecke des Tannheimer Tales und die südwestlichste Ecke des Ostallgäus. Sein markanter Felsgrat erhebt sich einsam aus der Landschaft und bietet sich für eine Umrundung geradezu an. Wir durchstreifen dabei die schönen Täler von Wertach und Vils sowie die Ausläufer der Oberjoch-Hochebene.

Vom großen Parkplatz in **Jungholz** ①, 1058 m, wandern wir auf einem Fußweg entlang des Mühlbaches hinauf in den Ortsteil Langenschwand. Dort weiter in östlicher Richtung auf der Hauptstraße aus dem Ort heraus und in der gleichen Richtung weiter durch die Wiesen, bis schräg rechts ein Schotterweg abzweigt. Auf diesem steuern wir einen nahen Waldrand an und steigen hinab in den bewaldeten Taleinschnitt des Scheidbaches, wo wir auf einen

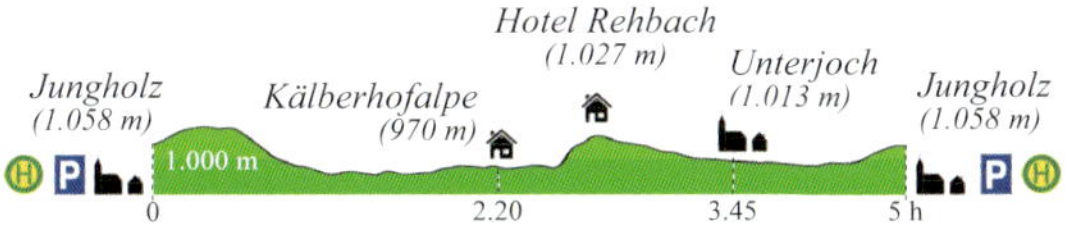

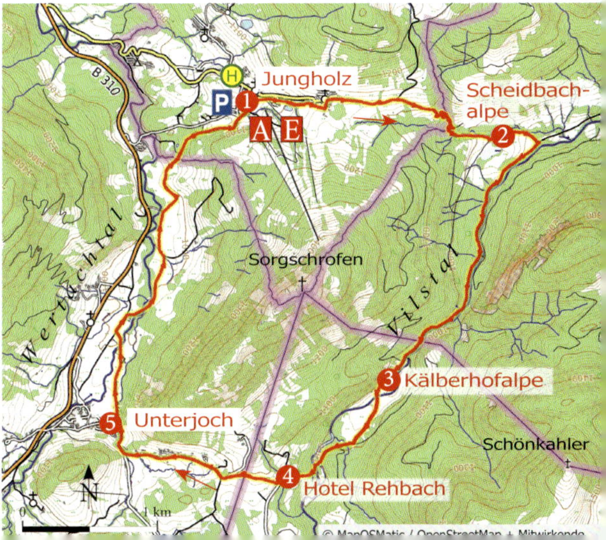

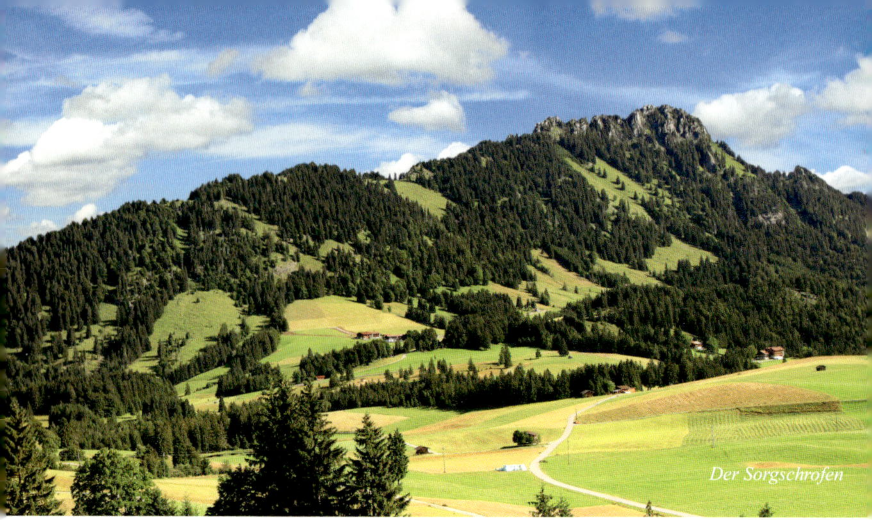

Der Sorgschrofen

Wirtschaftsweg stoßen. Dort rechts, aus dem kleinen Tälchen wieder heraus und hinüber zu den nahen Wiesen der **Scheidbachalpe** ②, 977 m. Von der Hütte sind es nur wenige Schritte hinab zum Talboden des Vilstales und zur Vils. Am Fluss angekommen wenden wir uns nach rechts und wandern auf der Straße talaufwärts. Vor uns liegt ein knapp zwei Kilometer langer enger, bewaldeter Talabschnitt, wobei unser Weg

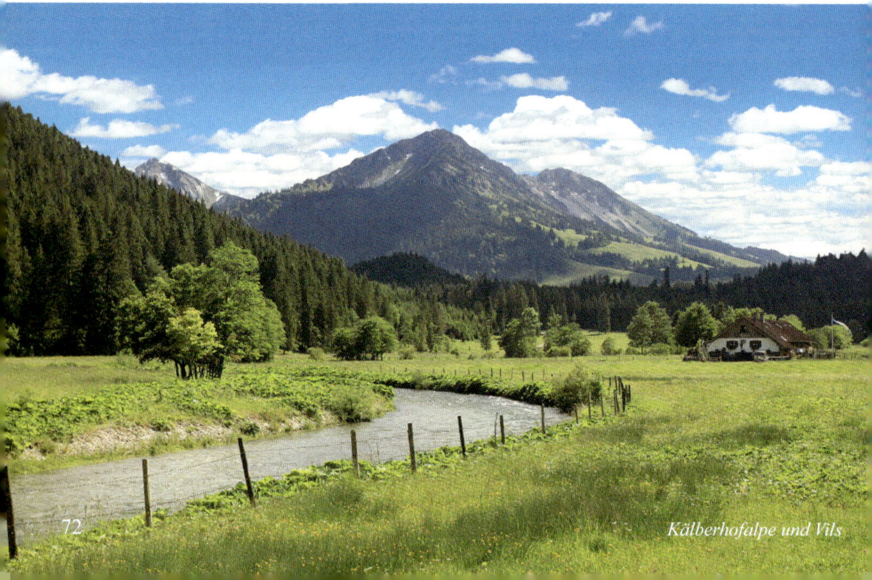

Kälberhofalpe und Vils

immer sehr schön direkt am rauschenden Wasser verläuft. Schließlich öffnet sich das Tal zu einer weiten, sehr idyllischen Almwiesen-Ebene mit der **Kälberhofalpe** ③, 970 m. Rechts und links wird das Hochtal von bewaldeten Hängen eingerahmt, und in der Ferne ist der Iselergrat zu erkennen. Wir wandern auf einem Schotterweg durch die weiten Wiesen südwärts, biegen am ersten Abzweig – am Südende der Wiesen – rechts ab und gelangen wieder zur Vils, die hier von einer ganz urtümlichen Auwald-Landschaft umgeben ist. Wir überqueren den Fluss und steigen am gegenüberliegenden Ufer kurz aber sehr steil hinauf zum **Hotel Rehbach** ④, 1072. Vom Hotel folgen wir der Zufahrtsstraße für wenige Minuten bis zum Waldrand und biegen dann in einen Wanderweg ein, der rechts eine Wiesenkuppe hinaufführt. Auf der anderen Seite des Hügels stoßen wir erneut auf ein Sträßchen, das uns Richtung Unterjoch bringt. Kurz vor dem Ort zweigt – als schönere Alternative zur Straße – links ein schmaler Pfad ab, der uns an einem Bach entlang durch einen kleinen Tobel und den sich anschließenden Kurpark bis zur **Unterjocher Kirche** ⑤, 1013 m, bringt. Für die letzte Etappe durch das Wertachtal halten wir uns unterhalb der Kirche rechts und wandern durch ebene Wiesen nordwärts. Nach knapp einem Kilometer treffen wir auf eine Teerstraße, auf der wir ca. 200 m bleiben, um dann erneut rechts auf einen Schotterweg abzubiegen. Immer mal wieder nah am rechten Wertachufer geht es weiter nordwärts durch die hübsche Wiesenlandschaft bis zur Sorgalpe 1. Durch ein sich anschließendes Waldstück betreten wir wieder die Enklave Jungholz, dort anfangs am Waldrand rechts bis zu einer Querstraße und auf dieser links in den Ort und zum Ausgangspunkt zurück.

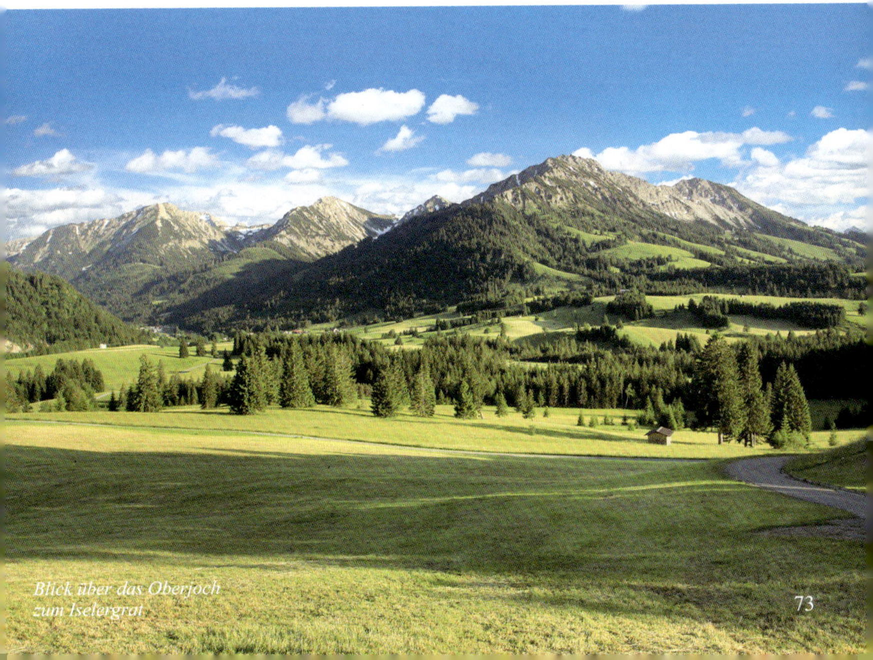

Blick über das Oberjoch zum Iselergrat

23 Über die Oberjoch-Hochebene

2.20 Std. | 165 Hm | 7,3 km

Oberjoch; Parkplatz am östlichen Ortsrand bei der Moorhütte an der Straße Richtung Tannheimer Tal, 1158 m (***Navi**: 87541 Bad Hindelang-Oberjoch, Passstraße 51*); Bus Reutte–Tannheim–Oberjoch ca. alle 60 bis 90 min.; aus Sonthofen/Bad Hindelang1 bis 2 x/Std., Haltestelle »Oberjoch Ort«.

Überwiegend breite, einfache Wege durch Almwiesen, Moore und Wald, mäßige Steigungen.

Moorhütte ①; Untere Schwandalpe ②

Durch weite Wiesen und malerische Tobel

Das Oberjoch ist eine weite, offene Hochebene und bildet den Übergang vom Tannheimer Tal zum Wertachtal bzw. über die Jochpassstraße hinab ins oberallgäuer Ostrachtal. Auf dieser schönen Wanderung durchstreifen wir die stillen Wiesen, wandern durch einen hübschen Tobel, erkunden ein idyllisches Hochmoor und können uns unterwegs immer wieder an der Bergszenerie im weiten Rund erfreuen.

Im kleinen Ort Oberjoch herrscht ganzjährig ein ziemlicher Trubel: Im Winter locken zahlreiche Skipisten am Iseler, der die Hochebene im Süden überragt, und im Sommer bietet die Umgebung eine Vielzahl schönster Tourenmöglichkeiten. Zudem sorgt der rege (touristische) Durchgangsverkehr Richtung Tannheimer Tal für eine gewisse Hektik. Wir starten diese über weite Strecken sehr stille Wanderung am **Parkplatz »Moorhütte«** ①, 1158 m, am östlichen Ortsende. Vorbei an der gleichnamigen Gaststätte

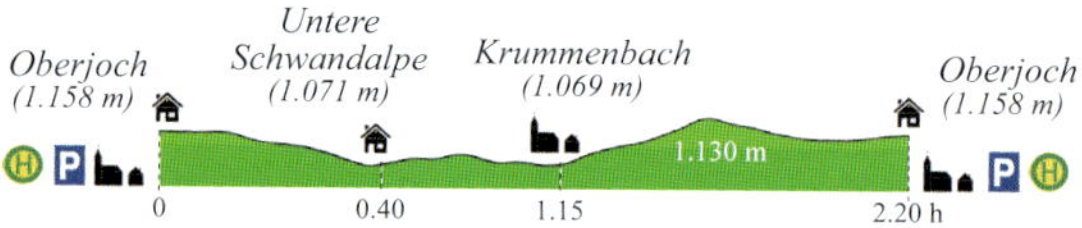

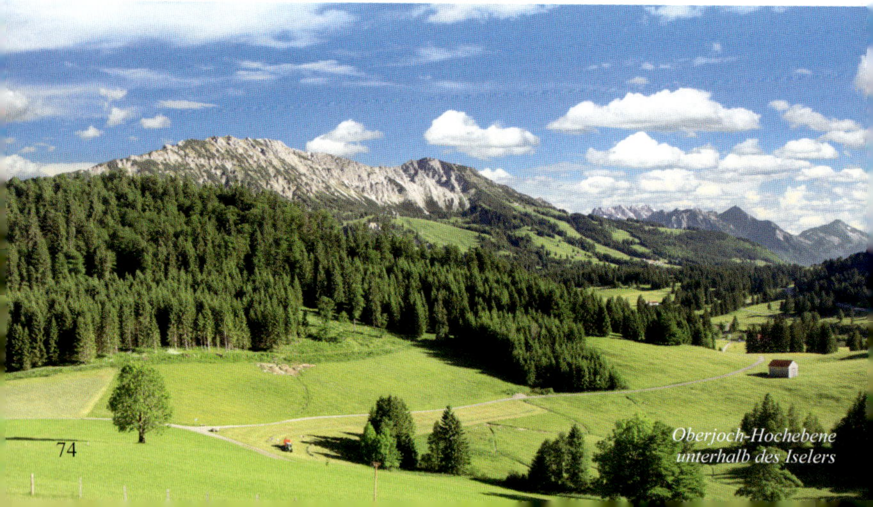
Oberjoch-Hochebene unterhalb des Iselers

und einem kleinen, idyllisch gelegenen Moorbad tauchen wir sogleich ins Kematsrieder Moor ein. Ein ganz malerisches Fleckchen, durch das der schöne Weg hindurchführt, leider nicht besonders groß, sodass wir das Moor schon nach wenigen Minuten durchwandert haben. An seinem Nordende kurz links, hinüber zur Straße und dort gleich wieder rechts Richtung Untere Schwandalpe. Auf einer Schotter-Teer-Straße geht es gemächlich bergab durch eine schöne Almidylle mit

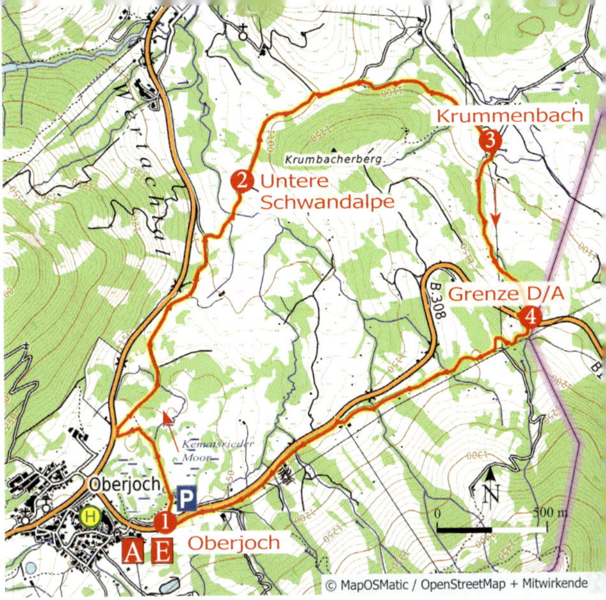

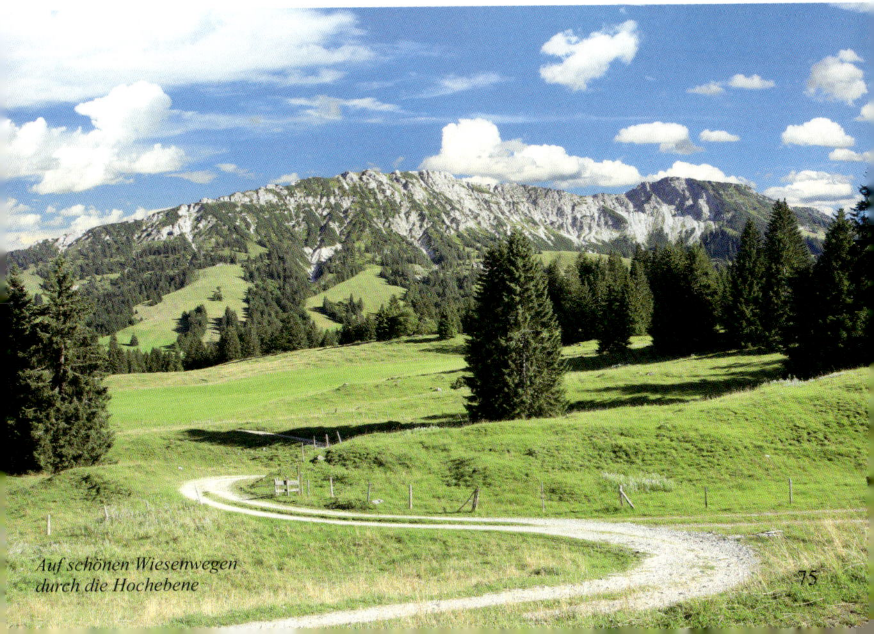

Auf schönen Wiesenwegen durch die Hochebene

offenen Wiesen, kleinen Waldpassagen und einigen kleinen Wiesenbächen. Vor uns erhebt sich der Jochschrofen mit seinem felsigen Doppelgipfel, rechts – bereits im Tannheimer Tal – der einzeln stehende Einstein und hinter uns der langgestreckte Iseler-Grat. Wir erreichen schließlich die **Untere Schwandalpe** ②, 1071 m, folgen danach für einige Minuten noch dem leicht ansteigenden Weg und halten uns an einem breiten Querweg rechts (Wegweiser »Alpsteigtobel«). Wenige Schritte später zweigt rechts ein schmaler Pfad ab, auf dem wir – durch ein kleines Wäldchen hindurch – den kleinen, aus einer Handvoll Häusern bestehenden Weiler **Krummenbach** ③, 1069 m, erreichen. Gleich dahinter erwartet uns der Alpsteigtobel. Anders als der Name vermuten lässt, handelt es sich weniger um einen Tobel als vielmehr um einen hübschen, licht bewaldeten Taleinschnitt mit einem munter dahinplätschernden Bächlein. Nicht spektakulär, aber sehr idyllisch! Auf dem angenehm zu gehenden Weg wandern wir am Bach entlang gemächlich bergauf bis zur Jochstraße (Landstraße Oberjoch-Tannheimer Tal), die wir nahe der deutsch-österreichischen **Staatsgrenze** ④, 1161 m, erreichen. Auf der gegenüberliegenden Seite steigen wir einen schmalen Waldweg hinauf zu einem breiten Schotterweg, der »Alten Salzstraße« (1198 m), über die früher eine der Haupthandelsrouten zwischen Hall in Tirol und Bodensee verlief. Dort wenden wir uns nach rechts und wandern entlang blühender Feuchtwiesen Richtung Oberjoch. Links begleitet uns für die folgenden knapp 40 Minuten die hohe Nordwand des Iselergrates. Ab dem Grenzwieslift verläuft der Weg leider für rund einen Kilometer direkt an der viel befahrenen Straße, was den Wandergenuss etwas beeinträchtigt, dann haben wir die Moorhütte und den Ausgangspunkt erreicht.

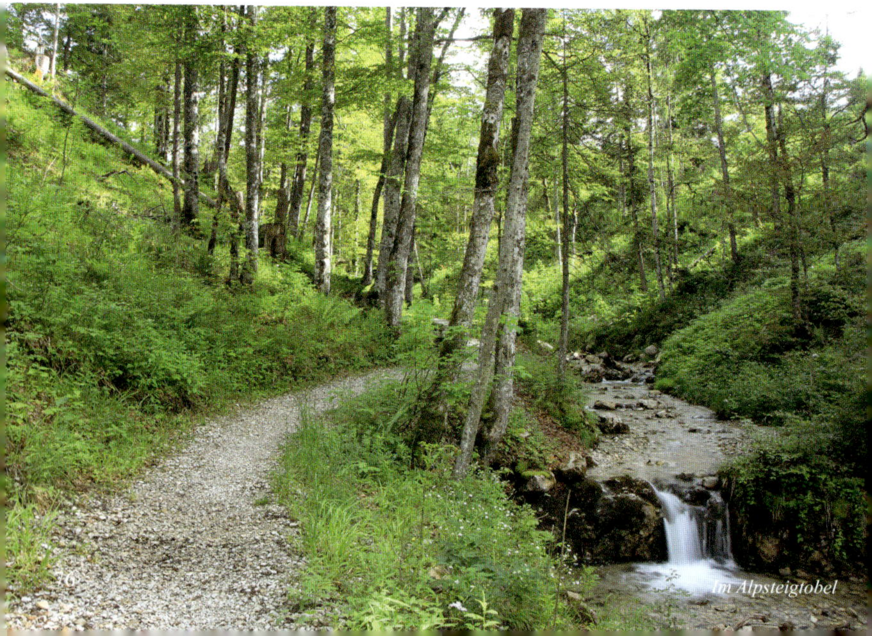

Im Alpsteigtobel

Auf Alpspitz und Edelsberg 24

2 Std. | 250 Hm | 4,7 km

Nesselwang, Alpspitzbahn. Im Ort auf engen Straßen durch Wohngebiet zur Talstation der Seilbahn, 900 m
*(**Navi**: 87484 Nesselwang, An der Ries 40);*
Busse aus Füssen bzw. Kempten ca. alle zwei Stunden.
Züge auf der Linie Kempten–Pfronten ca. stündlich mit Halt in Nesselwang (vom dortigen Bahnhof 1 km).

Alpspitzbahn (8er-Gondeln und 4er-Sessel im Wechsel), Betriebszeiten ca. Anfang Mai bis Anfang November, 9–17 h, Tel. +49 8363 1270, www.alpspitzbahn.de, Talstation 900 m, (Mittelstation 1192 m), Bergstation 1450 m.

Teils breite Wirtschaftswege, im Gipfelbereich teils recht steile Pfade.

Sportheim Böck ②; Dinserhütte ⑤; Enzianstüble (an der Mittelstation), ggf. Kappeler Alp (Abstiegsvariante) ⑥

Variante: statt Seilbahn-Talfahrt zu Fuß via Kappeler Alpe und Wasserfallweg zur Talstation (Details im Tourentext).

Schöne Gipfeltour am Alpenrand

Der Urlaubsort Nesselwang wird oft in einem Atemzug genannt mit seinem Hausberg Alpspitz. Deren Nordhänge sind – aus dem Tal betrachtet – vergleichsweise unspektakulär, sein Gipfel sowie der benachbarte Edelsberg bieten allerdings große Ausblicke ins Voralpenland sowie auf die Alpengipfel im Osten. Schöne, alpine Wiesen, gemütliche Hütten und ein eindrucksvoller Tobel runden einen Alpspitz-Besuch ab.

Die Alpspitzbahn bringt uns gemütlich von **Nesselwang** ①, 900 m, hinauf zur **Bergstation** ②, 1450 m, wo wir bereits einen schönen Blick in Richtung Ostallgäu genießen können. Oben halten wir uns rechts und folgen einem breiten Schotterweg leicht bergauf bis zu einem weiten Wiesensattel. Dort verlassen wir den Weg und steigen rechts über Pfadspuren einen Wiesenhang hinauf. Schräg rechts gelangen wir in wenigen Minuten zu einer lohnenden Aussichtsplattform mit weitem Blick Richtung Osten und von dort weiter über einen schmalen Grat zum **Alpspitz-Gipfel**

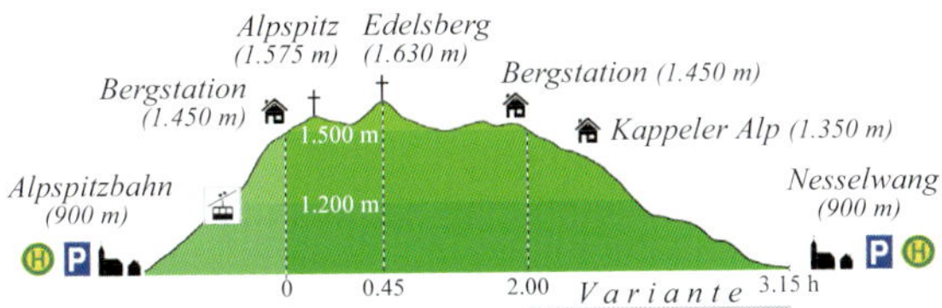

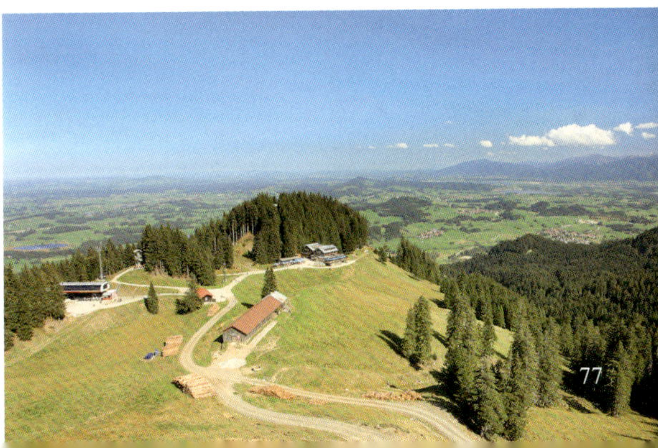

Aussichtsreiche Wiesen rund um die Bergstation

③, 1575 m, mit schönem Tiefblick über das Alpenvorland. Dann gehen wir wieder zurück über die Wiese abwärts in den bekannten Sattel, wenige Meter auf dem Hauptweg südwärts, bis rechts ein Weg Richtung Edelsberg abzweigt. Auf einem streckenweise recht unangenehm steilen Kiesweg steigen wir über seinen Nordhang hinauf zum **Edelsberg** ④, 1630 m, einen etwas behäbigen Gipfel, dessen Rundsicht durch die zahlreichen Bäume allerdings etwas eingeschränkt ist. Vom Gipfelkreuz halten wir uns westwärts und steigen oben auf dem bewaldeten, allmählich an Höhe verlierenden Gipfelgrat über einen etwas holprigen Waldweg ab. Bald erreichen wir einen querverlaufenden Wirtschaftsweg, auf dem wir links in wenigen Schritten zur – am Rande einer steilen Wiese gelegenen – **Dinserhütte** ⑤, 1490 m, gelangen. Wir bleiben für weitere 250 m auf diesem Wirtschaftsweg und folgen beim ersten Abzweig dem linken Weg, der im weiten Linksbogen die Ostflanke des Edelsberges umrundet. Schließlich erreichen wir wieder den vom Hinweg bekannten Wiesensattel und kurz darauf die Bergstation sowie eine Einkehrmöglichkeit auf der Terrasse des Sportheims Böck.

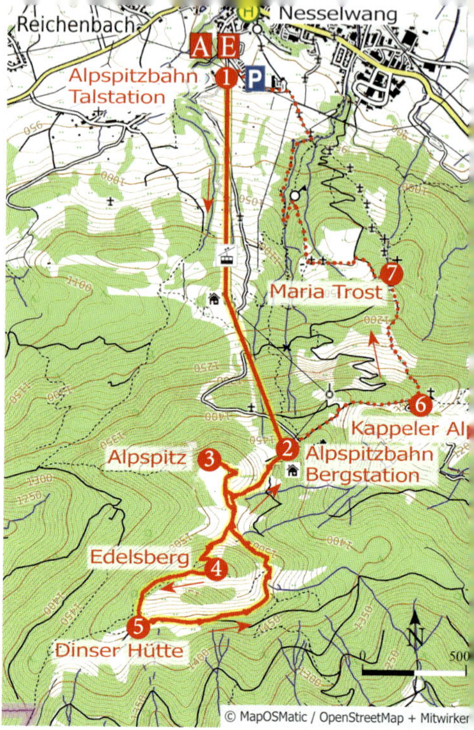

Wer es bei dieser recht kurzen Tour belassen mag, kann von hier wieder mit der Bahn talwärts schweben.

Variante (schwarz): zu Fuß via Kappeler Alp und Wasserfallweg zur Talstation:

Wir lassen die Bergstation hinter uns und folgen wenige Meter weiter einer Forststraße, die den bewaldeten Nordhang schräg rechts hinabführt. Bei der ersten Linkskehre wenden wir uns nach

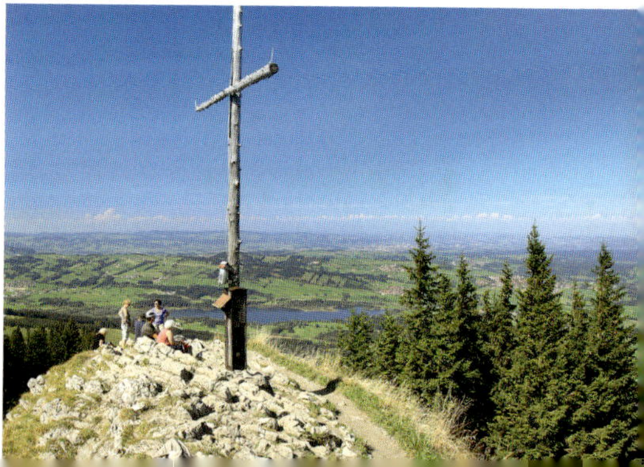

rechts und spazieren hinüber zur nahen **Kappeler Alp** ⑥, 1350 m, die am oberen Rand eines steilen Wiesenhangs liegt und mit prächtiger Aussicht über das Ostallgäu aufwartet. Hinter der Hütte links beginnt ein steiler Abstieg die Nordflanke hinab zur abgeschieden im Wald gelegenen **Wallfahrtskapelle Maria Trost** ⑦, 1122 m, die mit einem eindrucksvollen Inneren überrascht.
Zum weiteren Abstieg folgen wir für ca. 150 Meter der Straße links (»Ruine Nesselburg«), an der ersten Verzweigung rechts und nach 200 Metern wieder links (Wegweiser Richtung »Wasserfall«) und hinüber zur schmucken Unteren Alm. Vor der Hütte halten wir uns rechts und steigen über einen Wiesenweg (Richtung »Ruine Nesselburg«) und dann steil im Wald bergab. Kurz hinter der versteckt im Wald liegenden Ruine der Nesselburg treffen wir auf einen schmalen Weg, auf dem wir – oberhalb des Baches – rechts nach Nesselwang gelangen könnten. Der schönere Weg verläuft allerdings direkt am Wasser – und am Wasserfall – entlang; um diesen zu erreichen, wenden wir uns nach links, gehen wieder etwas bergwärts, stoßen nach 200 Metern auf eine Holzbrücke und wechseln auf die gegenüberliegende Bachseite. Ein hübscher Weg erwartet uns, ganz gemütlich, rechts neben uns plätschert der Bach vor sich hin, bis es unerwartet steil bergab geht und wir neben einem eindrucksvollen Wasserfall über Treppenstufen absteigen. Kurz darauf ist der Tobelweg zu Ende, wir queren noch zweimal das Schlossbächel und wandern schließlich auf einer hübschen Allee zurück zum Parkplatz an der Talstation.

Variante zusätzlich: Gehzeit: 1.15 Std. / Länge: 4,3 km / Höhenunterschied: 550 Hm.

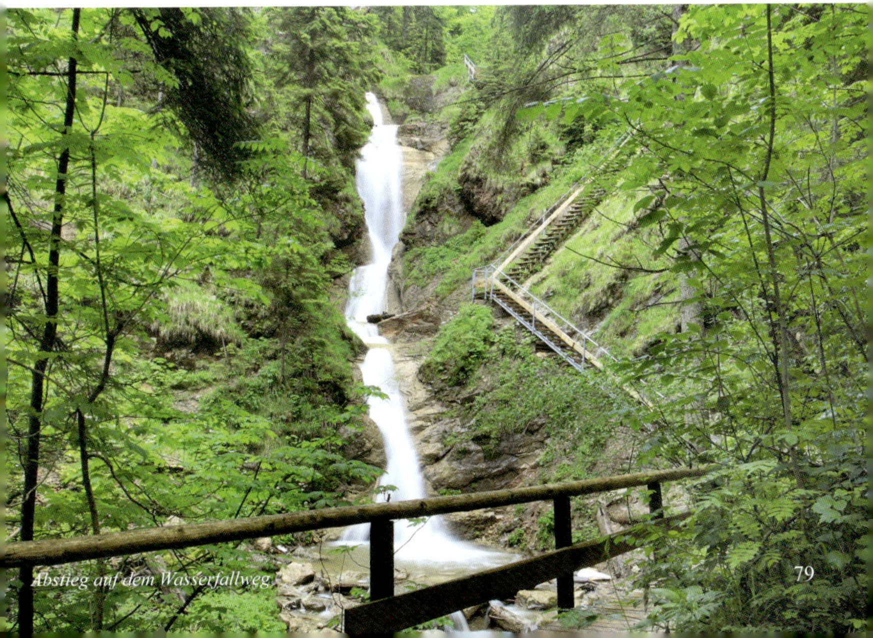

Abstieg auf dem Wasserfallweg

25 Durchs Vilstal zur Kälberhofalpe

3 Std. | 150 Hm | 9,7 km

Pfronten, Wanderparkplatz im Vilstal; 5 km ab Pfronten-Ried ins Vilstal hinein, Parkplatz ca. 250 m hinter dem Gasthaus Vilstalsäge, 907 m *(**Navi**: 87459 Pfronten, Vilstalstraße 93).*

Breite Schotterstraße, mit sehr leichter Steigung an der Vils entlang.

Kälberhofalpe ②

Entlang der rauschenden Vils

Ausgehend vom Vilsalpsee im Tannheimer Tal strömt die Vils im weiten Bogen Richtung Pfronten. Auf dieser gemütlichen Wanderung spazieren wir durch das autofreie Tal entlang des wild rauschenden Flusses hinauf zum stillen Hochtal der Kälberhofalpe.

Vom **Wanderparkplatz** ①, 907 m, folgen wir der – autofreien – Straße, die weiter in das Vilstal hineinführt. Auf den nächsten zwei Kilometern erwartet uns ein freundlicher Mix aus offenen Wiesen und kleinen Waldpassagen. Zur Linken strömt die Vils talwärts, mit steilen, bewaldeten Hängen dahinter, während sich zur Rechten – mit vereinzelten Heustadeln gespickte – Wiesenhänge bergwärts ziehen. Kurz hinter der rechts etwas oberhalb gelegenen Scheidbachalpe wird das Tal enger, die Wiesen machen dichten Wäldern Platz, dafür verläuft die Schotterstraße nun für knapp zwei Kilometer

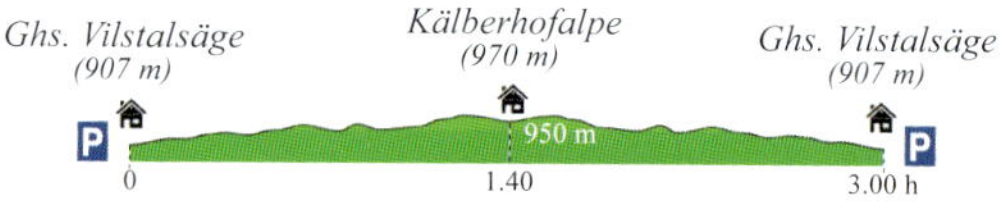

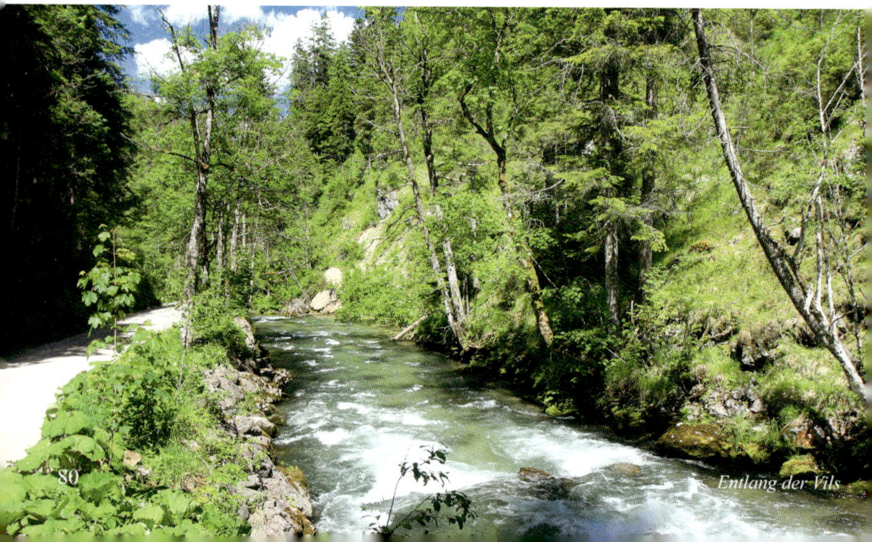

Entlang der Vils

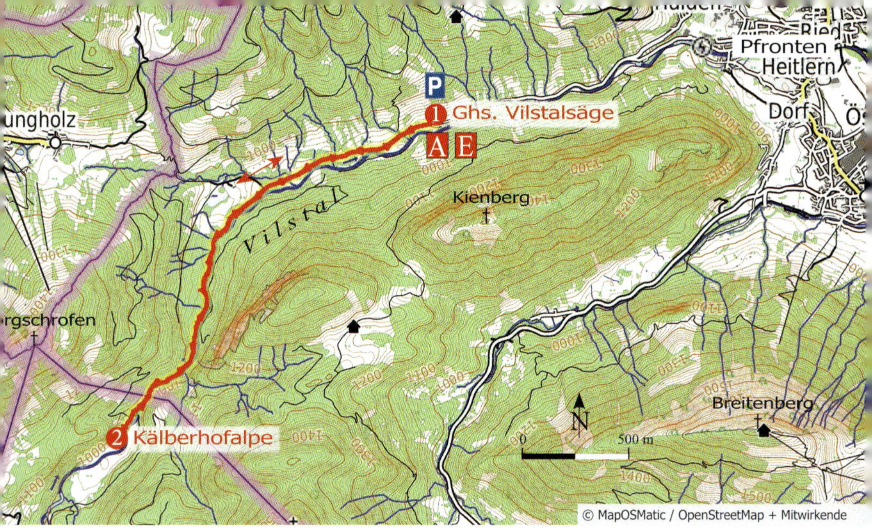

direkt an der rauschenden Vils entlang. Dann queren wir die Grenze zu Österreich und erreichen ein sehr idyllisches Hochtal: Vor uns breitet sich eine weite Wiesenlandschaft aus, ein flacher Talboden von knapp 1000 x 250 m, durch den sich die Vils hindurchschlängelt. Eingerahmt wird das Tal von bewaldeten Bergflanken, den fernen Hintergrund bildet der Iselergrat oberhalb von Oberjoch. Die **Kälberhofalpe** ②, 970 m, liegt gleich am nördlichen Ende der Wiese, aber man kann natürlich noch bis zu ihrem Südende hinüberspazieren. Der Rückweg erfolgt auf dem Hinweg.

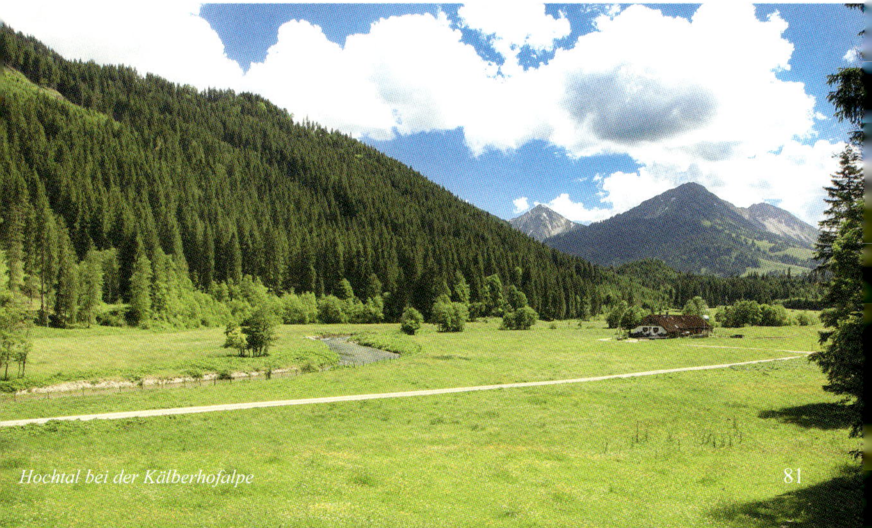

Hochtal bei der Kälberhofalpe

26 Auf den Breitenberg

1.30 Std. | 180 / 350 | 4 km

Pfronten-Steinach, Breitenbergbahn. Durch die vielen ineinandergewachsenen Dörfer Pfrontens hindurch Richtung Vils (Tirol) bis zur Talstation direkt hinter Pfronten-Steinach, 850 m *(**Navi**: 87459 Pfronten, Tiroler Str. 176);* Bus Füssen–Pfronten ca. stündlich, Haltestelle »Breitenbergbahn«. Züge Linie Kempten–Reutte ca. stündlich (Bahnhof »Pfronten-Steinach« genau gegenüber der Talstation).

Breitenbergbahn: Kleinkabinenbahn, Betriebszeiten ca. Anfang Mai bis Anfang November, 9–16:30 h, Tel. +49 8363 5820, www.breitenberg-bahn.de, Talstation 850 m, Bergstation 1509 m. Im Anschluss an die Breitenbergbahn führt die Hochalpbahn als 4er-Sessellift von 1500 m auf 1677 m.

Anstieg zur Ostlerhütte sehr steil und teilweise etwas unangenehm geröllig, ansonsten gute Wanderwege.

Ostlerhütte ⑤; Berghaus Allgäu ②; Hochalphütte ③

Prächtige Höhenwege hoch über Pfronten

Hoch über Pfronten erhebt sich der langgestreckte Grat des Breitenberges. Dank Seilbahn gelangen wir entspannt in alpine Höhen, wandern zur Ostlerhütte auf dem höchsten Punkt des Berges und auf gemütlichen Wegen durch die aussichtsreichen Wiesen und Matten unterhalb des Aggensteins.

Die Seilbahn bringt uns entspannt von **Pfronten-Steinach** ①, 850 m, hinauf zur **Bergstation** auf 1509 Meter ②, direkt an der Abbruchkante liegend, die sich aus dem Tal so deutlich abzeichnet (ein neben der Station und etwas über die Kante hinausragender Steg bietet einen schönen Blick hinunter in die Tiefe). Während das Gelände auf der bewaldeten Nordseite sehr steil ins Vilstal abfällt, breitet sich auf der Südseite eine alpine Landschaft mit offenen Wiesenhängen aus. Eingerahmt werden diese Matten im Hintergrund von den hoch aufragenden Gipfeln des Aggensteins und Brentenjochs. Diese Hänge sind im Winter ein beliebtes Skigebiet, und da einer der Lifte auch im Sommer in Betrieb ist, kommen wir in den Genuss eines weiteren leich-

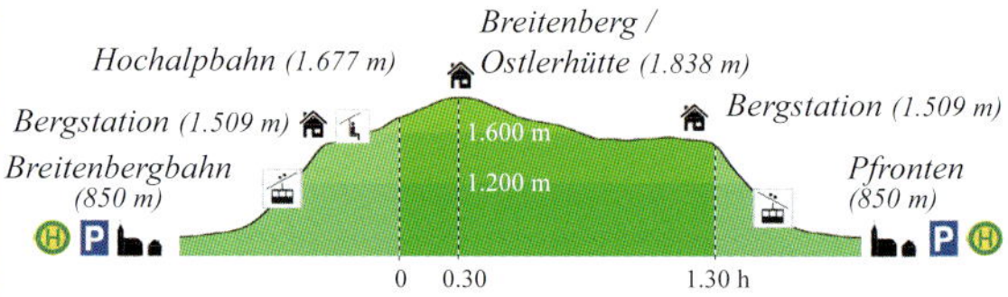

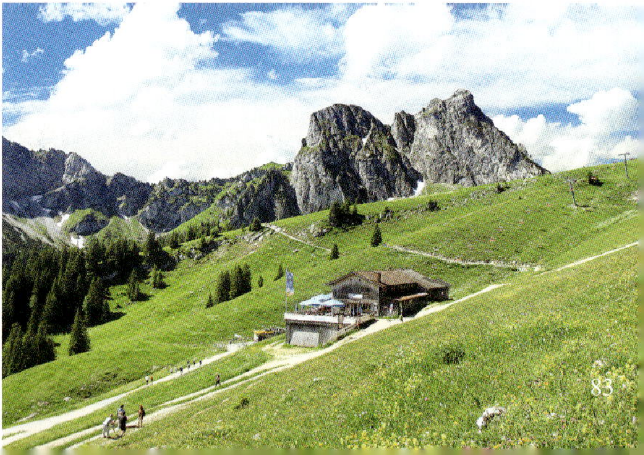

Hochalphütte und Aggenstein

ten Höhengewinns. Von der Breitenberg-Bergstation sind es nur wenige Schritte hinüber zum **Hochalpbahn-Lift** ③, 1500 m, mit dem wir gemütlich über die offenen Wiesenhänge bergwärts schweben. Die **Lift-Bergstation** ④, 1677 m, befindet sich auf einem breiten Kamm, der den Aggenstein (links) mit dem Breitenberg (rechts) verbindet. Vor uns im Südwesten öffnet sich der Blick hinüber ins Tannheimer Tal, und rückblickend haben wir einen weiten Blick über die ausgedehnten Wiesenhänge, das Vilstal tief unten mit dem querverlaufenden Höhenrücken des Zirmgrats sowie das ostallgäuer Alpenvorland im Hintergrund. Nach so viel bequemem Lift-Transport wird es nun Zeit für

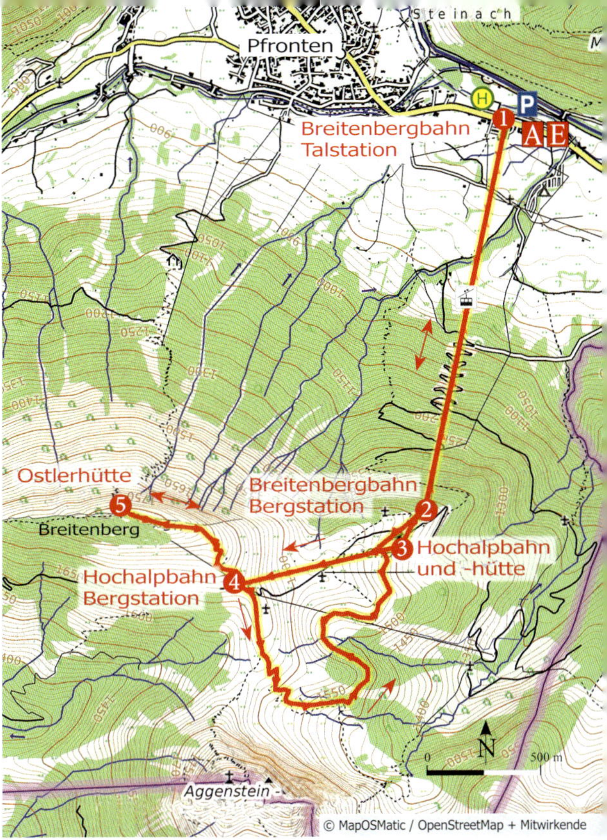

© MapOSMatic / OpenStreetMap + Mitwirkende

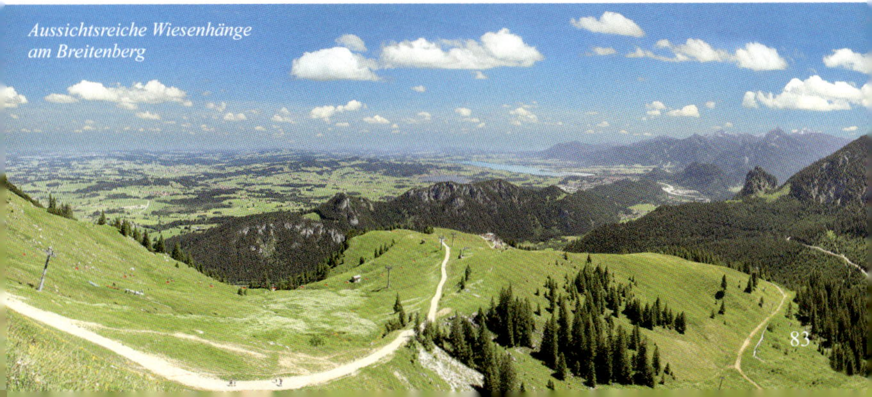
Aussichtsreiche Wiesenhänge am Breitenberg

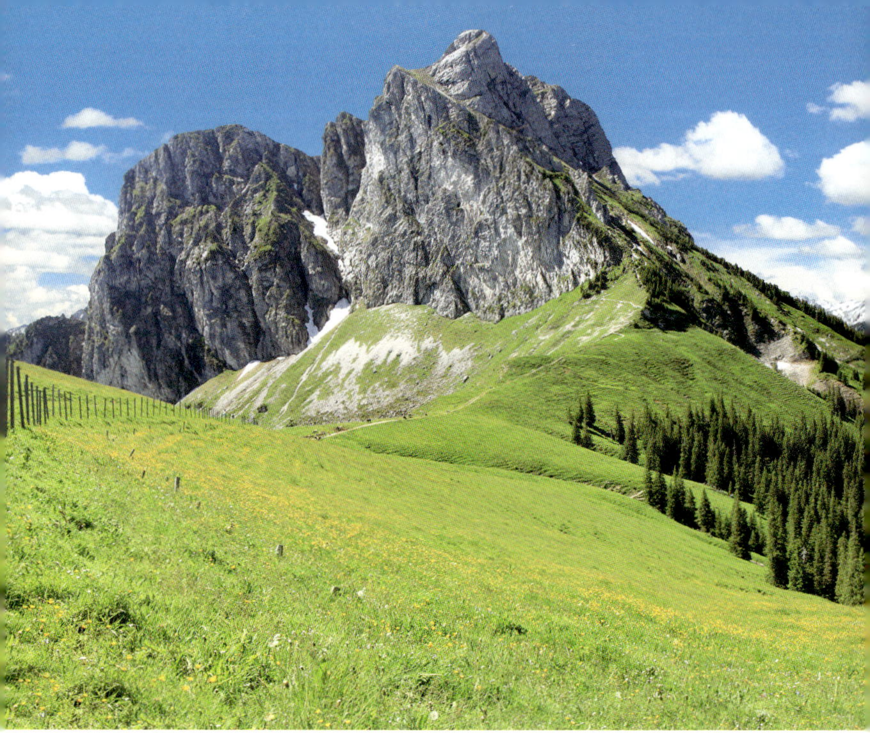

die eigentliche Wanderung. Wir folgen einem breiten, und streckenweise etwas unangenehm grobschotterigen Wanderweg, der sich den steilen Hang, welcher sich im Nordwesten über uns erhebt, hinaufwindet. Zum Ende geht es direkt an der Gratkante zwischen dichten Latschenbeständen hindurch zur **Ostlerhütte** ⑤, 1838 m, die ganz oben auf der höchsten Stelle des langgestreckten Kammes des Breitenberges thront. Die Panoramen hinab in den Talkessel von Pfronten sowie ins Tannheimer Tal im Süden sind phantastisch, während der markante Aggenstein die nahe Szenerie im Südosten beherrscht. Der Abstieg erfolgt auf demselben Weg bis hinab zum Sattel mit der Lift-Bergstation, wo wir auf dem breiten Kamm direkt auf den Aggenstein zuhalten, um nach knapp 300 m links abzubiegen und den Kamm zu verlassen. Wir steigen gemächlich in den weiten Kessel unterhalb der hoch aufragenden Aggenstein-Nordwände ab und treffen bald auf einen Querweg. Dort wenden wir uns nach links und wandern – anfangs durch lichten Wald, anschließend wieder durch offene Wiesen – zurück zur Bergstation der Breitenbergbahn.

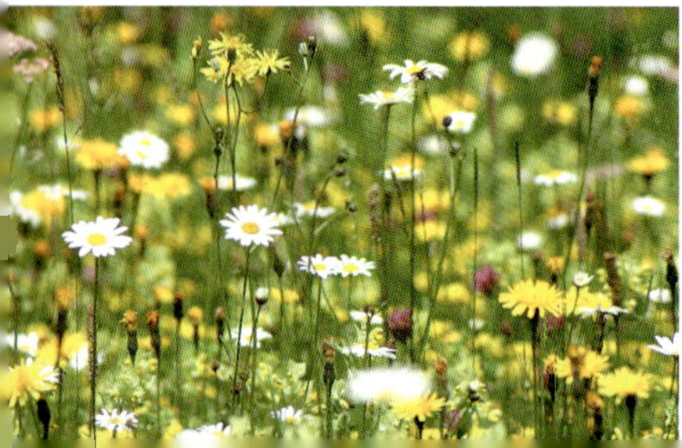

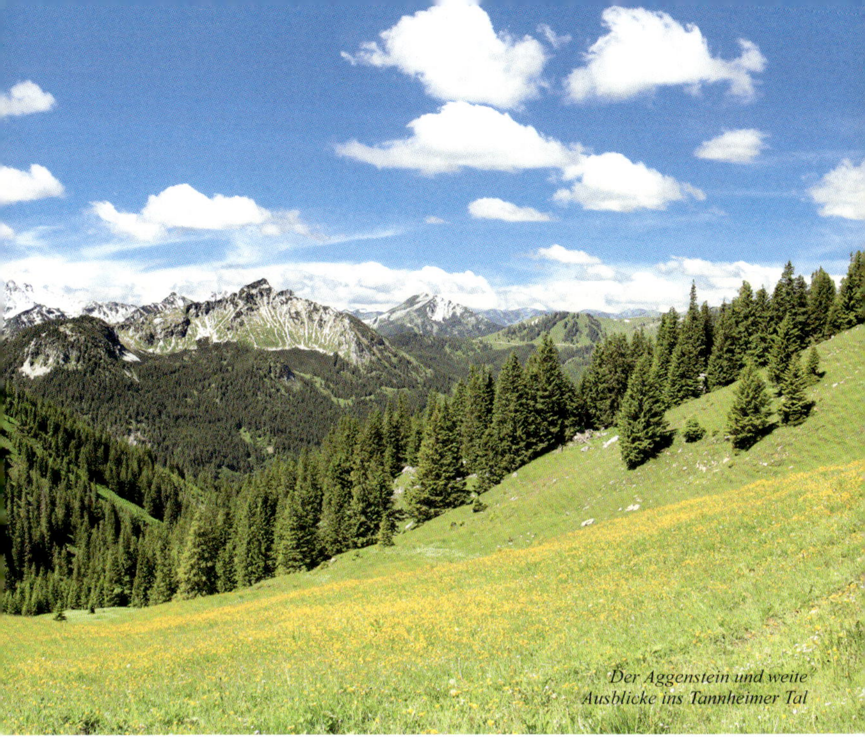

Der Aggenstein und weite Ausblicke ins Tannheimer Tal

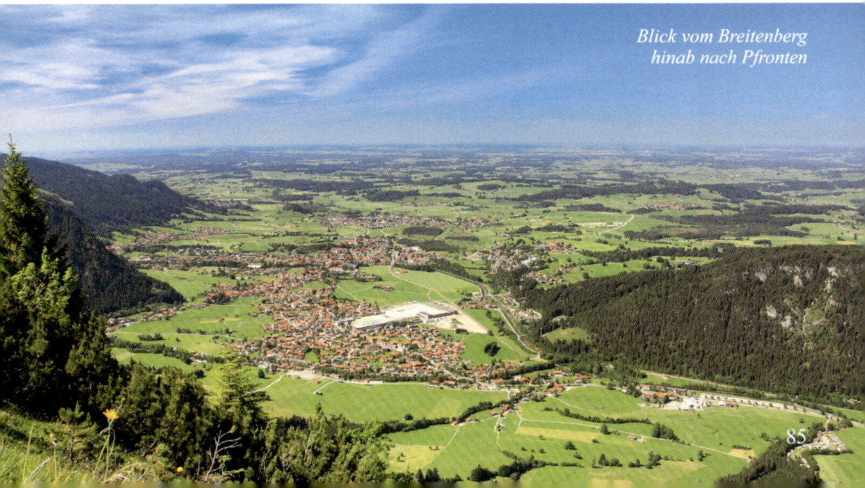

Blick vom Breitenberg hinab nach Pfronten

27 Zur Vilser Alm im Alptal

2.30 Std. | 350 Hm | 6,5 km

Vils im Tiroler Vilstal, Parkplatz beim Steinbruch südlich des Ortes. Vils liegt ca. 7 Kilometer südöstlich von Pfronten-Ried und 7 Kilometer südwestlich von Füssen. A7 Richtung Reutte, erste Ausfahrt gleich hinter dem Grenztunnel und Richtung Vils. Dort am westlichen Ortsende den »Fallweg« ca. 1 Kilometer Richtung Steinbruch bis zum Parkplatz am Bach, 872 m *(**Navi**: A-6682 Vils, Fallweg 20)*;
Züge Kempten–Vils–Reutte ca. stündlich (Bahnhof Vils ca. 2 km entfernt).

Schotterfahrweg, stetig bergan/bergab, mäßige Steigungen.

Vilser Alm ③

Schönes Hochtal unterhalb der Großen Schlicke

Südlich von Vils schiebt sich das Alptal in Richtung Tannheimer Berge. Auf gemütlichen Wegen steigen wir hinauf in ein idyllisches Hochtal mit der einladenden Vilser Alm, während im weiten Rund mächtige Felsgipfel in den Himmel ragen. Unterwegs sorgt der hübsche Alpstrudelfall für Abwechslung.

Der **Parkplatz** ①, 872 m, befindet sich direkt neben dem aus dem Alptal herabrauschenden Kühbach, den wir auf einer breiten Schotterstraße queren, um danach unseren Anstieg in Angriff zu nehmen. Die Straße führt in weiten Kehren und mit mäßiger Steigung einen dicht bewaldeten Hang auf der Westseite des Taleinschnittes hinauf. Die gegenüberliegende Talseite wird von einem gewaltigen Steinbruch dominiert, auf den wir immer wieder einen kurzen Blick durch die Bäume hindurch erhaschen können. Es geht stetig bergauf, bis wir nach einer knappen

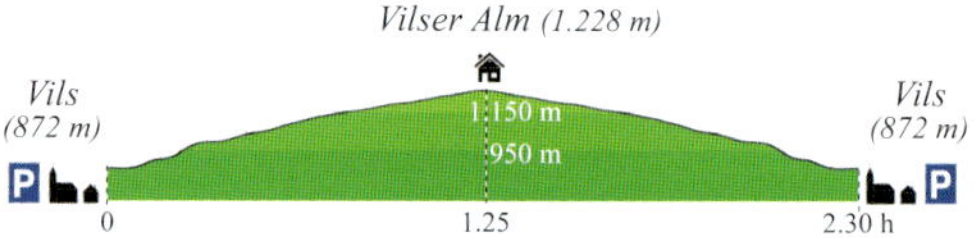

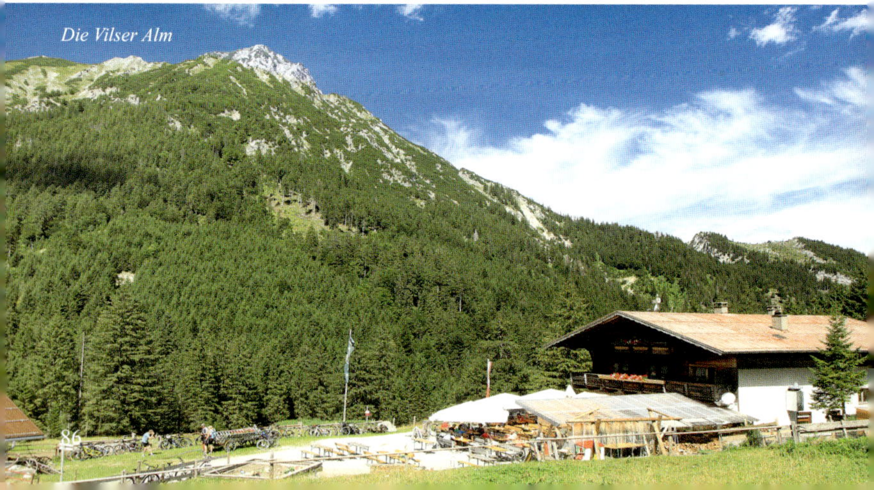

Die Vilser Alm

Stunde oberhalb des hohen **Alpstrudelfalles** ②, 1106 m, erneut den Bach überqueren und auf die östliche Talseite hinüberwechseln. Kurz darauf öffnet sich das Tal und der dichte Wald weicht einer weiten Wiese, im fernen Hintergrund überragt von den eindrucksvollen, hellen Felswänden der Großen Schlicke. Durch diese Wiesen spazieren wir genüsslich zur nahen Hütte der **Vilser Alm** ③, 1228 m. Jenseits der Hütte führt die Schotterstraße noch etwas weiter durch den flachen Talboden, ehe es zu allen Seiten steil hinaufgeht. Im weiten Rund ragen die Gipfel von Brentenjoch, Sebenkopf, Großer Schlicke und Vilser Kegel in die Höhe: eine hübsche Kulisse für eine gemütliche Einkehr auf der sonnigen Hüttenterrasse. Der Rückweg erfolgt auf dem Hinweg.

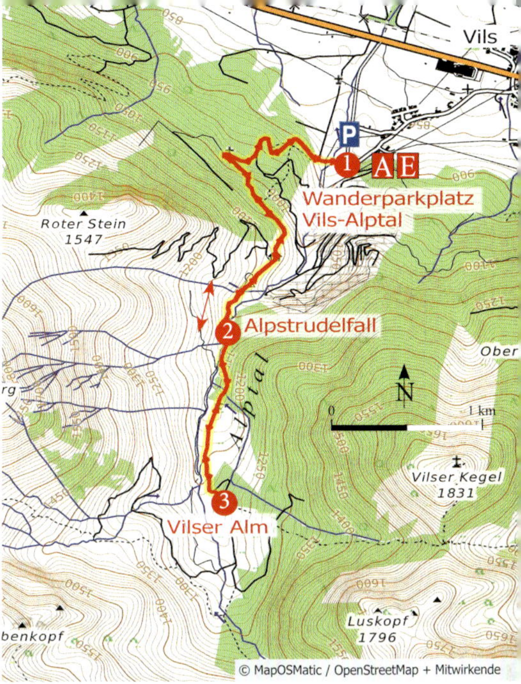

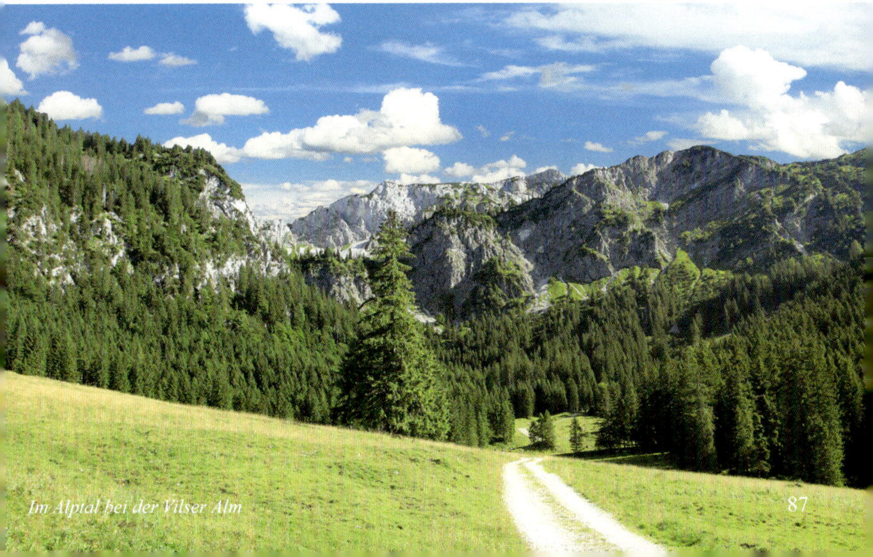

Im Alptal bei der Vilser Alm

28 Zur Bärenmoosalpe

3 Std. | 350 Hm | 7,6 km

Wanderparkplatz im Achtal zwischen Pfronten und Tannheimer Tal. Ca. 5 km ab Pfronten-Steinach ins Achtal Richtung Tannheimer Tal, kleiner Parkplatz westlich der Straße, 1000 m (ca. 1,5 km vor der Staatsgrenze) *(**Navi**: 87459 Pfronten, Achtalstraße)*; (Ggf. fährt wieder der Tälerbus Pfronten–Tannheim, Haltestelle »Pfronten Saras« ca. 700 m südlich des Parkplatzes weiter Richtung Tannheimer Tal.)

Bergauf auf Wirtschaftsweg, bergab auf teils grobschotterigem Wanderweg

Bärenmoosalpe ②

Stilles Almidyll im Achtal

Das Achtal/Engetal verbindet Pfronten mit dem Tannheimer Tal und wird oft nur als Durchgangsstation wahrgenommen. Auf halber Strecke führt ein Weg hinauf zur Bärenmoosalpe inmitten einer sehr stillen und abgeschieden wirkenden Wiesen- und Waldlandschaft. Aufmerksame Kartenleser können dort oben die Flurbezeichnung »Himmelreich« entdecken...wen das nicht lockt!

Direkt beim kleinen **Parkplatz** ①, 1000 m, beginnt ein Wirtschaftsweg, dem wir den Hang hinauf folgen. Während es anfangs noch kurz durch offene Wiesen aufwärts geht, tauchen wir bald in dichten Wald ein, der uns für eine gute halbe Stunde begleiten wird. Die Schotterstraße zieht sich mit stetiger Steigung an den steilen Westflanken des Achtals bergwärts, erreicht schließlich eine Geländeschulter und kurz darauf offenes Gelände. Vor uns breitet sich eine sehr idyllische, stille Wiesenlandschaft aus, flankiert von bewaldeten Hängen. Mittendrin liegt die Hütte der **Bärenmoosalpe** ②, 1260 m, zu der wir in wenigen

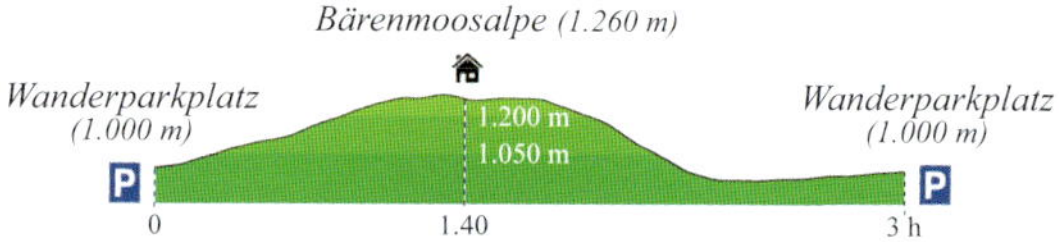

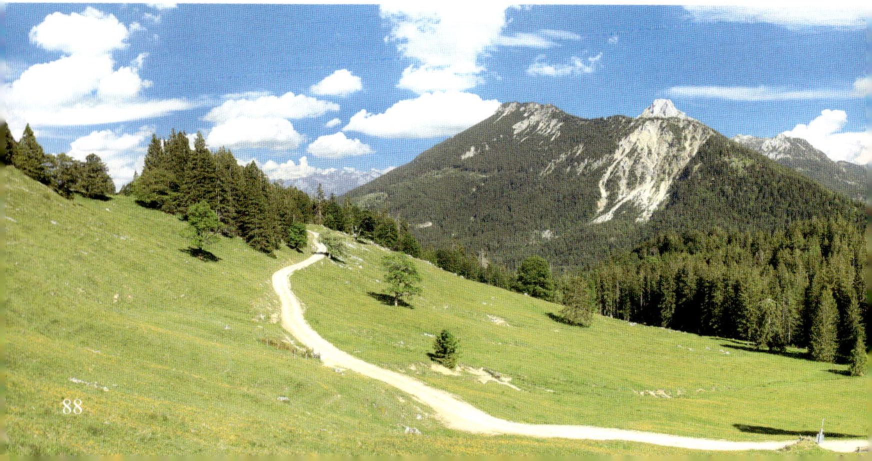

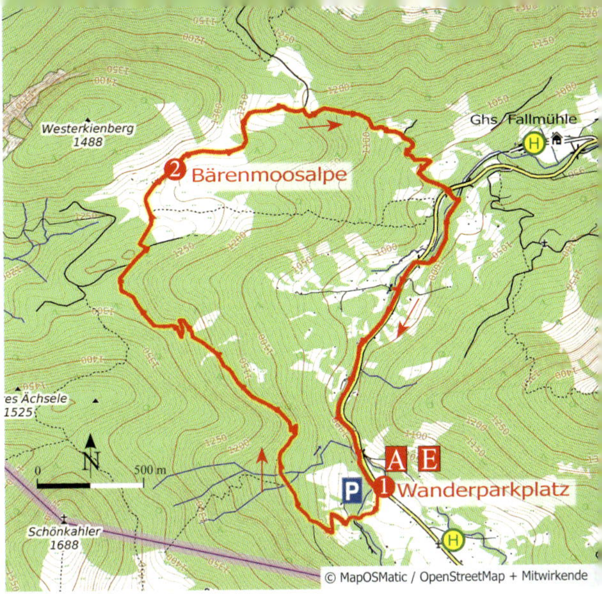

Minuten hinüberspazieren. Dort öffnet sich nun auch ein schöner, weiter Blick Richtung Südosten über das Tal, eingerahmt von den Gipfeln des Einsteins, Aggensteins und Breitenbergs. Ein hübsches Plätzchen mit ganz ungewöhnlichen Ausblicken. Von der Hütte folgen wir einem breiten Schotterweg nordostwärts, der sich durch die Almwiesen zieht und allmählich an Höhe verliert. Knapp 15 min. später halten wir uns an einem Abzweig rechts, verlassen die Hochwiesen und beginnen unseren Abstieg. Auf einem recht steilen und streckenweise etwas grobschotterigen Weg geht es hinab ins Achtal, dessen Talsohle wir in der Nähe des Gasthofes Fallmühle erreichen (ca. 10 min. talauswärts). Wir unterqueren die Autostraße, überqueren den Steinacher Achen und wenden uns gleich dahinter nach rechts. Am bewaldeten Bachufer geht es talaufwärts, kurz darauf – dem Uferweg folgend – erneut unter der Straße hindurch. Nun wartet noch ein knapp halbstündiger Fußmarsch auf dem zwischen Straße und Bach verlaufenden Wanderweg zurück zum Ausgangspunkt auf uns.

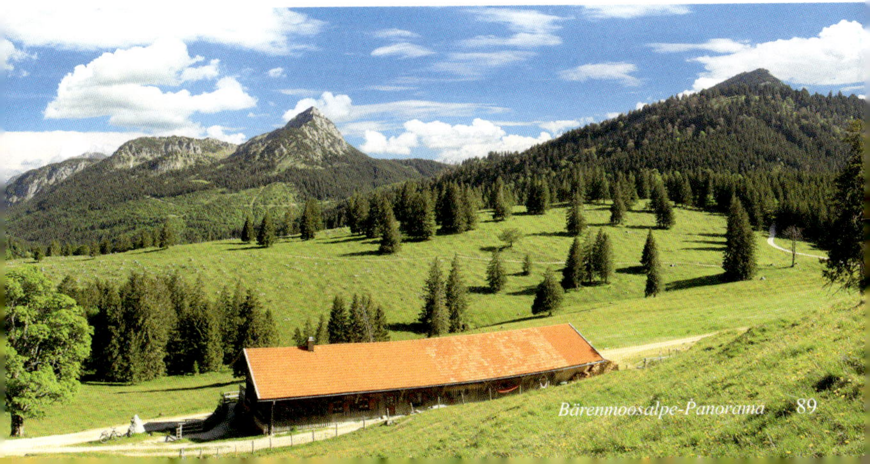
Bärenmoosalpe-Panorama

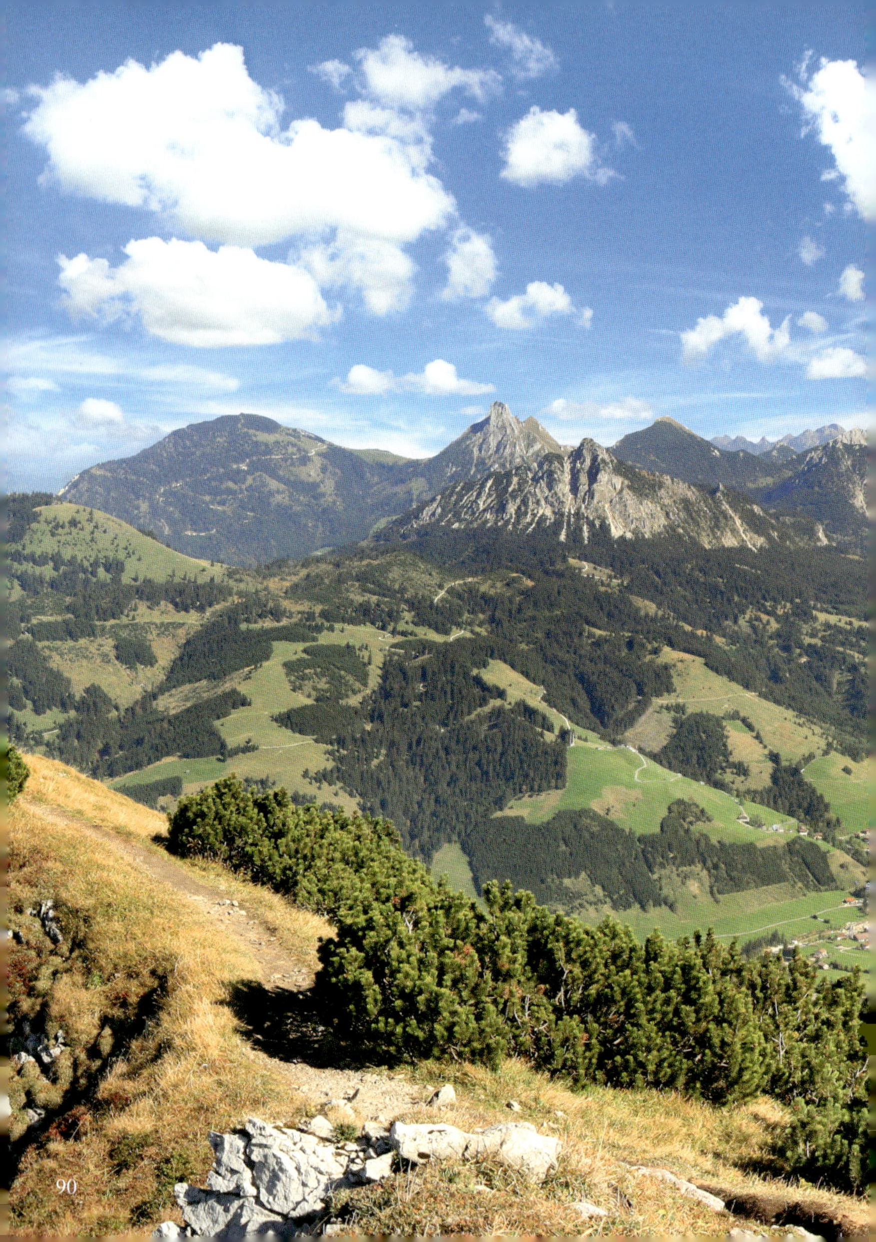

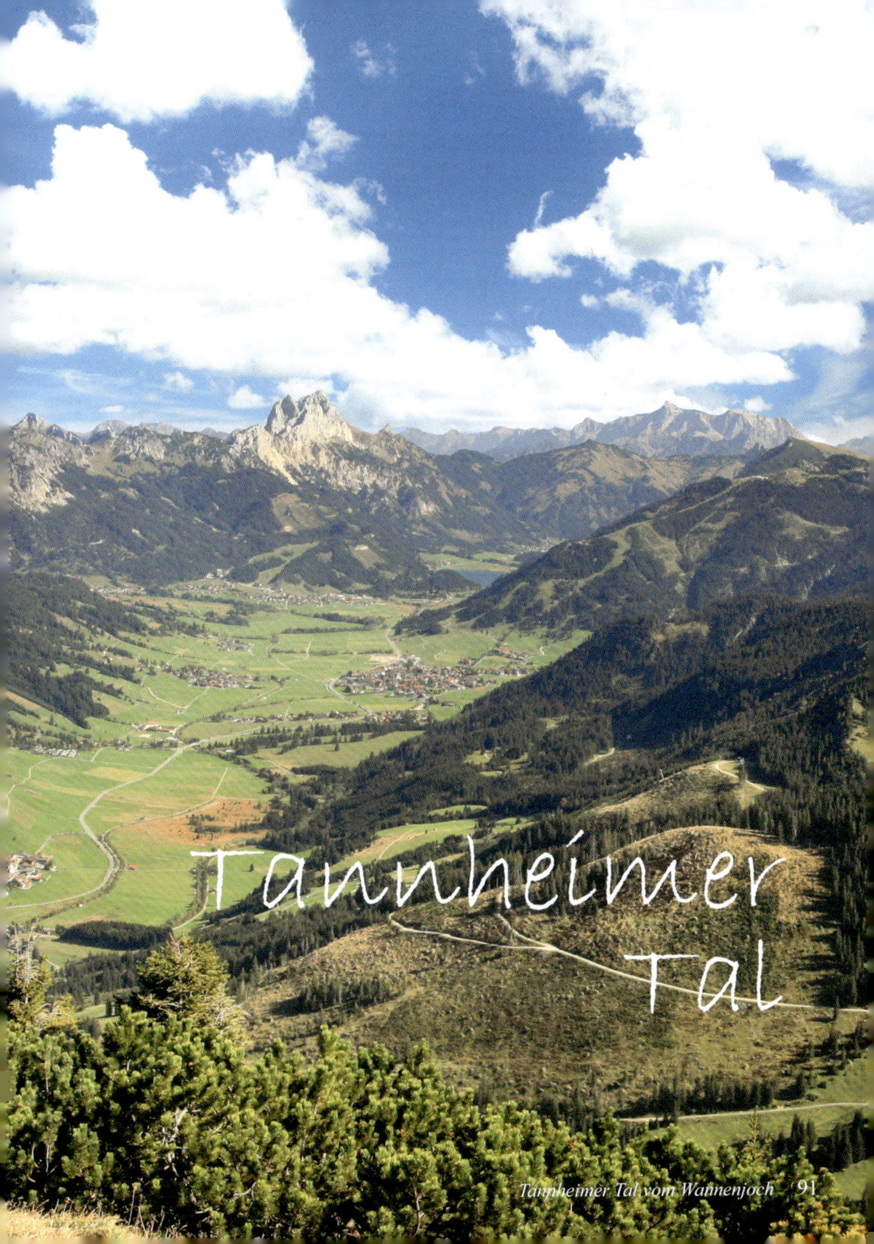

Tannheimer Tal vom Wannenjoch

29 Zum Älpele

2.30 Std. | 430 Hm | 6,6 km

Tannheim »Parkplatz West« , Umgehungsstraße Ausfahrt Kienzen, 1097 m *(**Navi**: A-6675 Tannheim, Unterhöfen 106)*; Bus Reutte–Tannheim–Oberjoch ca. alle 60 bis 90 min., Haltestelle »Tannheim Neu Kienzen«.

Breiter Schotterweg, auf Abkürzern schmale Pfade; im Grunde eine rote Tour, aber langer Anstieg.

Älpele ②

Idyllisches Hochtal oberhalb von Tannheim

Das Älpeletal gehört im Tannheimer Tal zu den stilleren Ecken. Auf breiten Wegen steigen wir durch dichte Wälder hinauf in ein wunderschönes Hochtal. Eingerahmt von Rohnenspitze und Schnurschrofen lädt dort die urige Älpelehütte zur Einkehr.

Am Südrand des **Parkplatzes** ①, 1097 m, verläuft ein kleiner Weg, dem wir gut 600 m in westlicher Richtung am Fuß des Berghangs entlang folgen. Dann stoßen wir auf eine Schotterstraße, halten uns links und beginnen unseren Anstieg. Die Straße führt – stetig ansteigend – in weiten Kehren hangaufwärts und in das Älpeletal hinein, mit dem tiefen Einschnitt des Älpelebaches rechts unter uns. Auf der Straße ist die Steigung recht gemächlich,

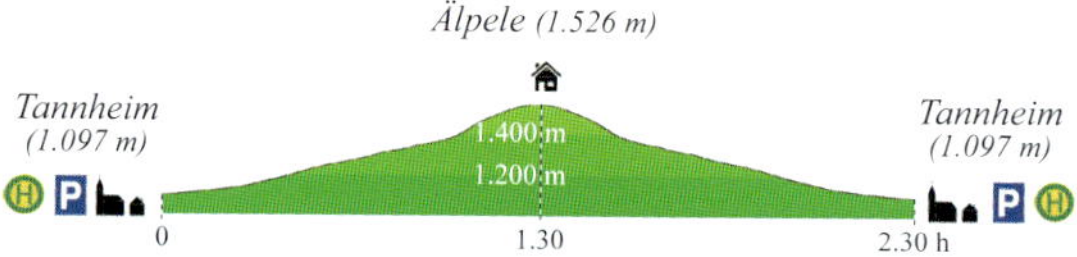

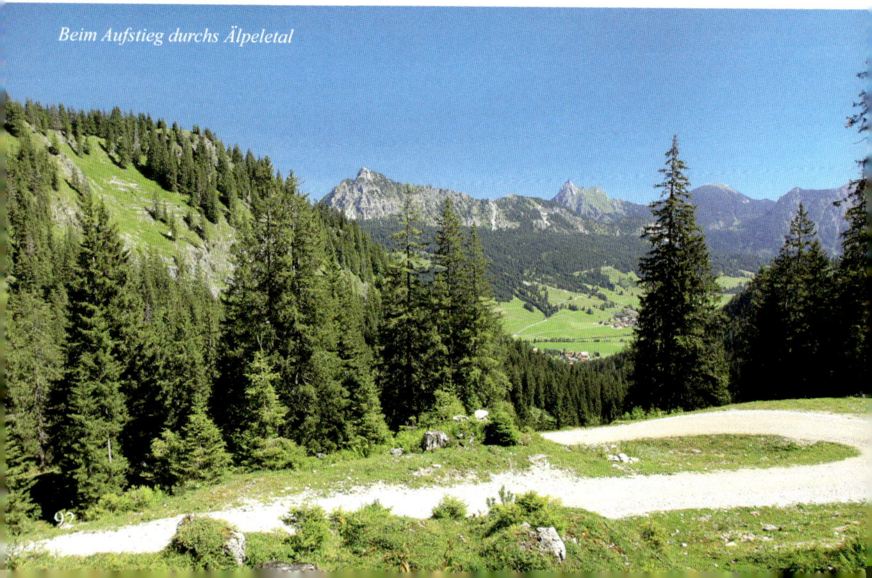

Beim Aufstieg durchs Älpeletal

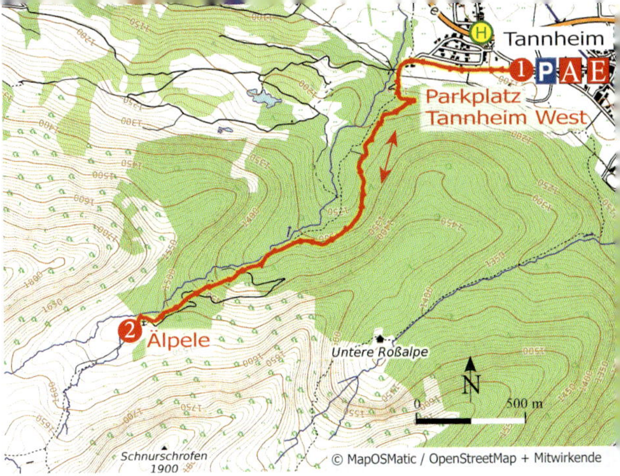

ab und zu lassen sich weite Schlenker aber auch mittels etwas steilerer – beschilderter – Pfade durch Wald und Lichtungen abkürzen. Gelegentlich haben wir durch die Bäume einen Blick zurück ins Tannheimer Tal. Schließlich haben wir den Anstieg hinter uns, links neben der Straße erhebt sich ein Gipfelkreuz, und vor uns öffnet sich ein wunderschönes Hochtal mit der **Älpelehütte** ②, 1526 m. Die weite, idyllische Wiesenlandschaft wird von hoch aufragenden Berghängen eingerahmt: rechts die Rohnenspitze, vor uns der Grat zwischen Zirleseck und Zerrerköpfle, links der Schnurschrofen. Wer noch etwas das Hochtal erkunden möchte: Ein breiter Wanderweg führt etwa 300 m weiter ins Tal hinein, geht dann aber in einen Trampelpfad über, der zunehmend steil bergwärts zieht. Der Rückweg erfolgt schließlich wieder auf dem Hinweg.

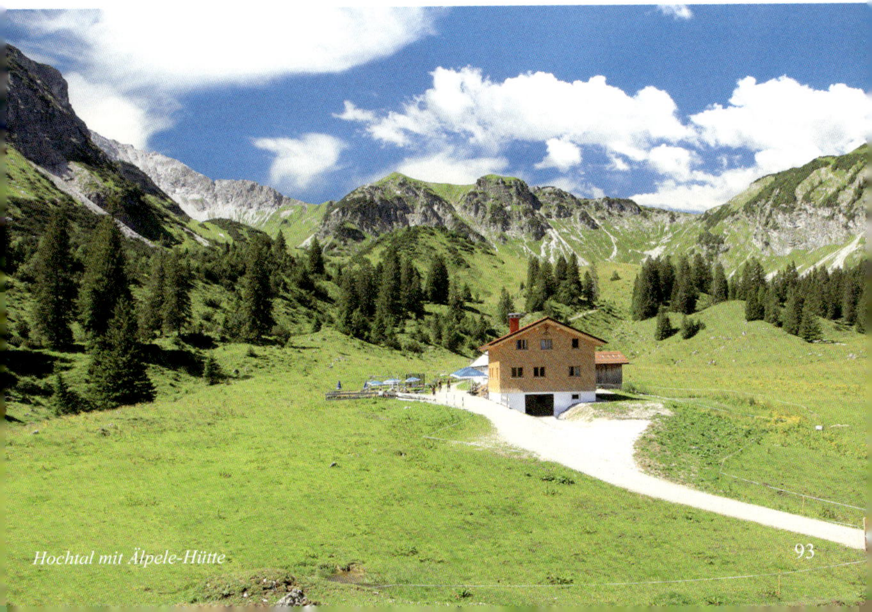
Hochtal mit Älpele-Hütte

30 Auf den Schönkahler

3 Std. | 480 Hm | 8,8 km

Zöblen am westlichen Ende des Tannheimer Tales, Parkplatz beim Berghotel Zugspitzblick oberhalb des Ortes, 1290 m (von Zöblen führt eine steile, 2 km lange Serpentinenstraße hinauf zum Berghotel) *(**Navi**: A-6677 Zöblen, Zöblen 42a)*;
Bus Reutte–Tannheim–Oberjoch ca. alle 60 bis 90 min., Haltestelle »Zöblen Gemeindeamt« (unten im Ort, zum Startpunkt über die Zufahrtstraße plus 200 Hm, 4 km hin und zurück).

Im unteren Bereich breite Forstwege, sonst überwiegend schmale Trampelpfade über offene Wiesen; im Grunde eine rote Tour, aber langer Anstieg

Berghotel Zugspitzblick ①

Aussichtsreicher Wiesengipfel im Tannheimer Tal

Eigentlich sollte es gar nicht nötig sein, eine Tour auf einen Gipfel mit dem Namen »Schönkahler» schmackhaft zu machen. Der Berg hat es allerdings in der Wahrnehmung recht schwer, da seine behäbige, etwas konturlose Gestalt angesichts der vielen eindrucksvollen Berge im Talrund kaum auffällt. Dabei locken oben ausgedehnte, stille Wiesen und herrliche Ausblicke über das gesamte Tal. Wie der Name schon andeutet...

Vor der eigentlichen Wanderung lohnt es sich, kurz zur kleinen Kapelle oberhalb des **Gasthauses Zugspitzblick** ①, 1290 m, hinaufzusteigen, von wo sich ein schöner Blick über das Tannheimer Tal in seiner ganzen Länge sowie die Gipfel von Ponten und Bschießer gegenüber bietet. Die Tour beginnt in Gestalt eines breiten Schotterweges, der sich schräg einen Wiesenhang – oberhalb des Steinebachtales – bergwärts zieht. Nach einer weiten Kehre durch ein Waldstück erreichen wir eine Geländeschulter und einen querverlaufenden Wirtschaftsweg. Auf diesem

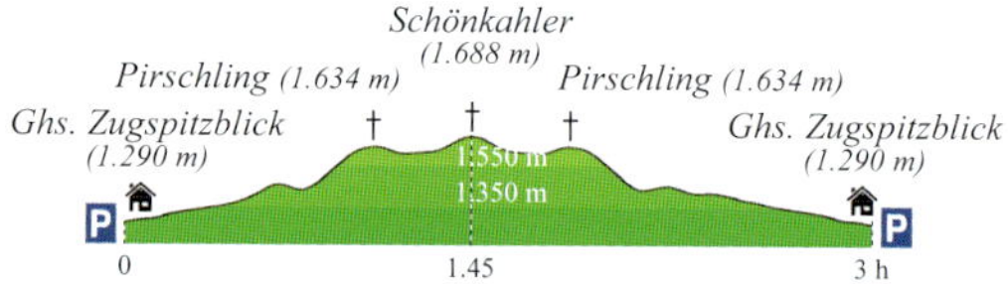

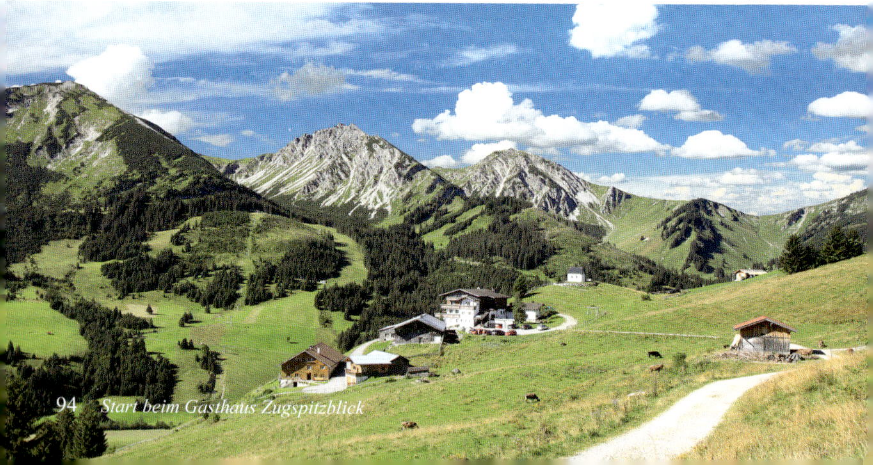

Start beim Gasthaus Zugspitzblick

halten wir uns rechts, biegen knapp 100 m weiter links auf einen etwas unscheinbaren Trampelpfad ein und steigen einen locker bewaldeten Wiesenhang Richtung Norden hinauf. Es geht über eine kleine Erhebung und auf der anderen Seite gleich wieder hinunter. Vor uns breitet sich eine idyllische Moor-und Wiesenlandschaft aus mit einem langgestreckten Wiesenrücken direkt gegenüber. Der Pfad quert eine Schotterstraße und zieht sich dann durch die Wiesen hinauf bis auf den Gipfel des **Pirschlings** ②, 1634 m. Die schöne Aussicht von dort reicht vom auffälligen Felsgipfel des Aggenstein über den Einstein bis zur Gipfelkette von Rohnenspitze, Ponten und Bschießer in unserem Rücken. Im Westen erstreckt sich der lange Grat zwischen Wertacher Hörnle und Hirschberg mit dem Illertal ganz in der Ferne. Vor uns verläuft ein breiter Wiesenrücken, auf dem wir genüsslich hinüber zum Gipfel des **Schönkahlers** ③, 1688 m, wandern. Ein hübsches Plätzchen, meist recht einsam und mit einem herrlichen Panorama, das bis weit über die Ostallgäuer Seenplatte reicht. Der Rückweg ist fast identisch mit dem Hinweg, mit einem kleinen (alternativen) Schlenker: Nach dem langen Abstieg vom Pirschling (und bevor es den kleinen Hügel vom Hinweg hinaufgeht) halten wir uns an der tiefsten Stelle der Wiese rechts und folgen einem Trampelpfad, der sich einen Hang hoch und dann durch ein hübsches Hochmoor windet. Nach wenigen Minuten treffen wir auf einen Forstweg, wo wir uns links halten und bald auf den vom Hinweg bekannten Schotterweg treffen. Auf diesem wandern wir gemütlich bergab zum Gasthof Zugspitzblick.

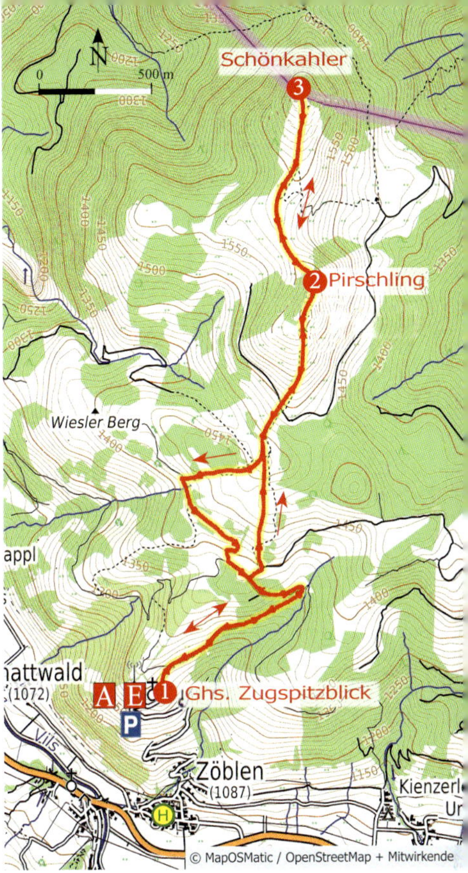

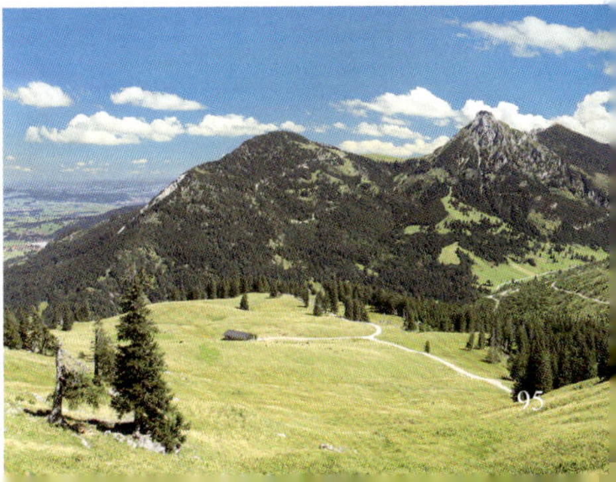

Blick vom Pirschling Richtung Aggenstein

31 Tannheimer Tal-Runde West

4 Std. | 200 Hm | 11 km

Tannheim »Parkplatz West« am westlichen Ortsrand, Umgehungsstraße Ausfahrt Kienzen, 1097 m *(**Navi**: A-6675 Tannheim, Unterhöfen 106)*; Bus Reutte–Tannheim–Oberjoch ca. alle 60 bis 90 min., Haltestelle »Tannheim Neu Kienzen«.

Breite Wege, teils Schotter, teils Teer; zu Beginn ein etwas steilerer Anstieg.

keine unterwegs

Weite Wiesen und ein versteckter Bergsee

Eine gemütliche Tour durch die untere Etage des westlichen Tannheimer Tales. Wir wandern hinauf zum stillen Höfersee oberhalb von Tannheim, spazieren entlang der klaren Vils und bummeln genüsslich durch die weiten Wiesen des Talbodens mit freien Ausblicken auf die umgebenden Berggipfel.

Hinter dem **Parkplatz** ①, 1097 m, verläuft ein Weg, dem wir in westlicher Richtung am Rand der Häuser von Kienzen entlang folgen. Wir stoßen auf eine Schotterstraße, halten uns geradeaus und queren den Älpelebach. Gleich dahinter beginnt ein etwas steilerer Anstieg einen bewaldeten Hang hinauf, bis wir nach knapp 15 min. eine kleine Lichtung erreichen. Dort führt links ein Stichweg zum stillen und etwas versteckt im dichten Wald gelegenen **Höfersee** ②, 1200 m. Zurück auf dem Hauptweg erwartet uns noch ein leichter Anstieg, dann verläuft der Weg als schöner Höhenweg durch einen Mix aus Wald und freien Wiesen weiter in westlicher Richtung. Rechts hinter uns haben wir einen schönen Blick auf den Einstein auf der gegen-

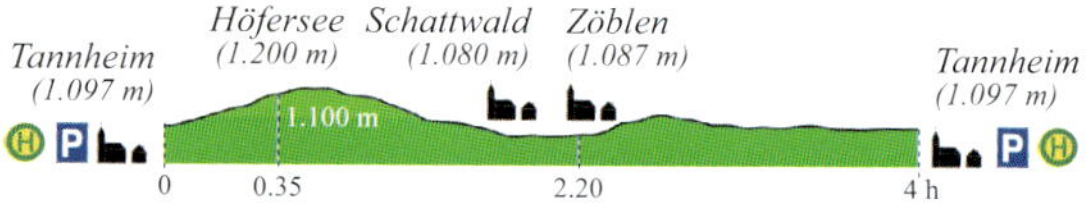

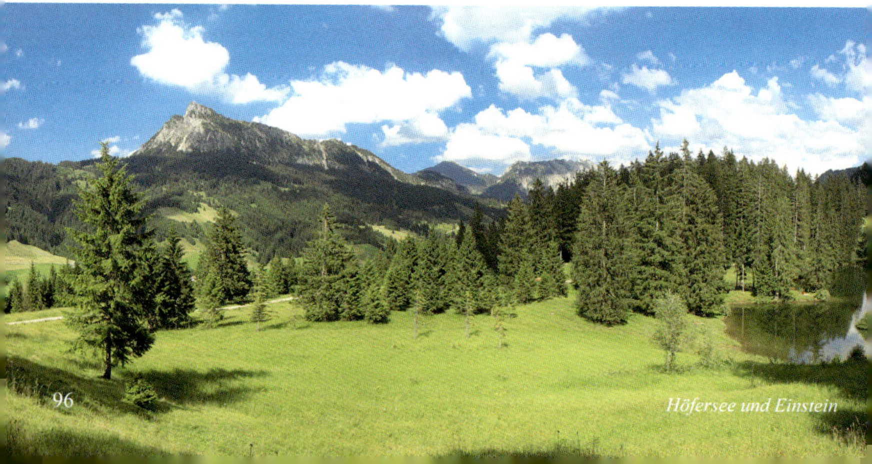

Höfersee und Einstein

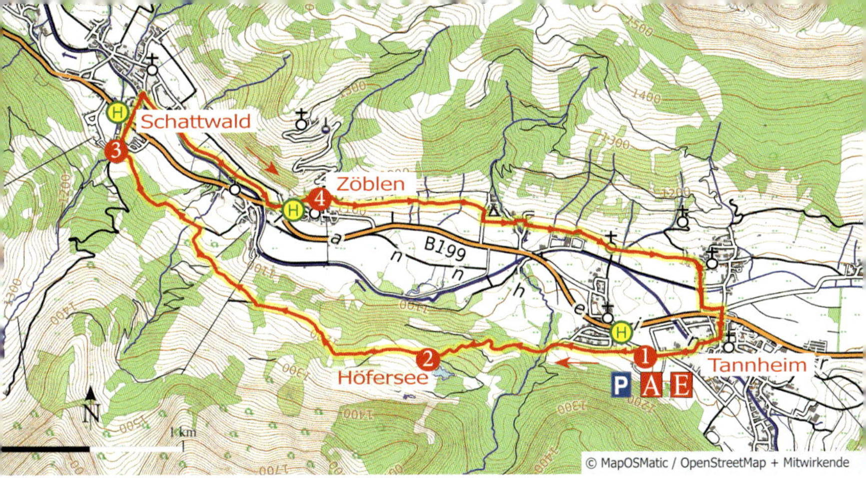

überliegenden Talseite. Allmählich verliert der Weg wieder an Höhe und nähert sich schließlich **Schattwald** ③, 1080 m. Kurz vor dem Parkplatz des Wannenjoch-Sesselliftes steigen wir rechts hinab in den Ort, queren die Hauptstraße und gehen noch wenige Minuten weiter bis zur Vils, die wir ebenfalls überqueren. Dahinter gleich rechts und entlang des Flusses auf einem – autofreien – Sträßchen flussaufwärts. Nach etwas mehr als einem Kilometer erreichen wir so **Zöblen** ④, 1087 m. Dort biegen wir – gleich hinter dem Parkplatz am Ortsbeginn – links in die Straße Richtung Gasthaus Zugspitzblick ein, steigen für ca. 300 m bergan und biegen dann rechts in einen schmalen Teerweg ein. Dieser führt als hübscher Fußweg quer durch freie Wiesenhänge in knapp 15 min. hinüber zu einem Campingplatz. Dort rechts, gleich wieder links und erneut in östlicher Richtung weiter durch die Wiesen. Wir passieren die kleine Kirche St. Leonhard und gelangen kurz darauf zum kleinen Ort Berg. Wir folgen der 1. Ortstraße rechts, queren die Vils und gelangen zu einer Autostraße. Davor kurz links, sofort wieder rechts und im Anschluss durch den Ort Tannheim auf der Hauptstraße in westlicher Richtung zurück zum »Parkplatz West«.

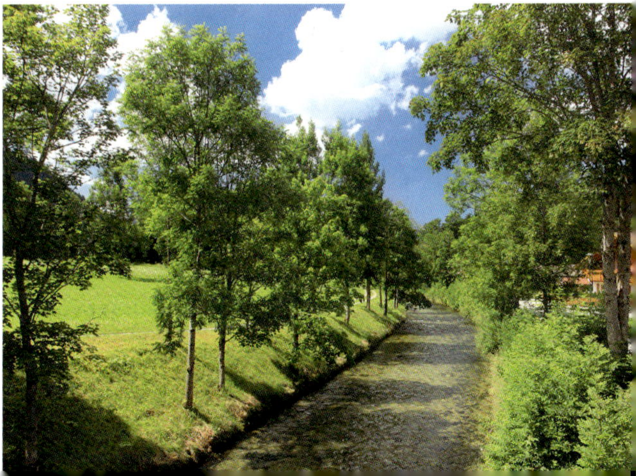

Entlang der Vils

32 Vilsalpsee-Runde

2.20 Std. | 100 Hm | 7 km

Tannheim, Parkplatz und Bushaltestelle beim Kreisverkehr direkt an der Umgehungsstraße bei der Neunerköpflebahn-Talstation *(**Navi**: A-6675 Tannheim, Bergbahnweg 12)*
Hinweis: Die Zufahrtstraße zum Vilsalpsee ist von 10–17 Uhr für den privaten Autoverkehr gesperrt. Deshalb wählen wir als Ausgangspunkt den Parkplatz der Neunerköpflebahn. Von dort Bus-Pendelverkehr zum Vilsalpsee (zu »Stoßzeiten« vormittags und nachmittags 3 x/Std., sonst stündlich; zusätzlich verkehrt ein kleines Touristenbähnle); Bus Reutte–Tannheim–Oberjoch ca. alle 60 bis 90 min., Haltestelle »Tannheim Kreisverkehr«.

Um den See herum breite, ebene, angenehme Wege. Südlich der Vilsalpe grobe Schotterpfade, alpiner und holpriger. Am Talende muss ein Bach durchwatet werden (sofern man nicht auf dem gleichen Weg zurückkehren will). Dort halten sich Schneereste bis weit in den Frühsommer hinein.

Gasthof Vilsalpsee u. Fischerhütte ①; Vilsalpe ②

Malerischer Bergsee, eindrucksvoller Wasserfall

Der Vilsalpsee ist unbestreitbar eines der Highlights im Tannheimer Tal. Und entsprechend gut besucht. Ein wunderschöner Bergsee mit einer eindrucksvollen Bergkulisse und einer ganz entspannten Atmosphäre. Teil 2 dieser Tour lässt die idyllischen Seeufer hinter sich und führt in den überraschend wilden Talschluss mit dem hohen Bärgaicht-Wasserfall.

Für die vier Kilometer, die den Parkplatz in **Tannheim** ①, 1100 m, vom See trennen, gibt es mehrere Varianten: Wer vor 10 Uhr anreist, kann mit dem Auto bis zum Parkplatz am nördlichen Seeufer fahren, ab 10 Uhr gibt es die Optionen Pendelbus, Touristenbähnle, Fahrrad oder zu Fuß. Welchen Weg man auch immer wählt, man ist in guter Gesellschaft, denn der See ist ein sehr beliebtes Ziel, sei es zum Baden, zum Wandern oder einfach nur um die Szenerie zu genießen. Am Nordufer des **Vilsalpsee** ②, 1167 m, herrscht jedenfalls immer etwas Trubel mit den beiden Gasthäusern, Kiosk und Bootsverleih. Sehr verständlich angesichts des schönen Panoramas mit dem tiefblauen Wasser und den hoch aufragenden Bergen im weiten Rund. Hinweis: Ein gewaltiger Bergrutsch auf der östlichen Tal-

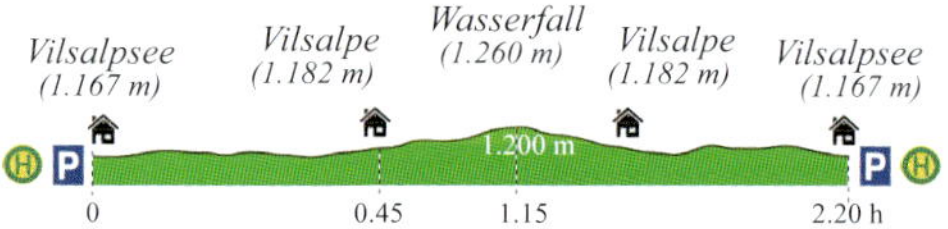

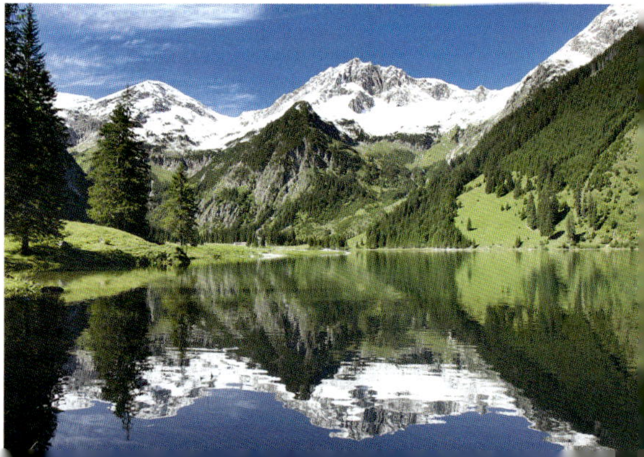

Der Vilsalpsee

seite hat eine etwas unsichere Situation geschaffen, so dass es vor Ort immer wieder Umleitungen geben kann bzw. das Ostufer komplett gesperrt ist. Sollte es keine Einschränkungen geben, beginnen wir unsere Wanderung linksherum um den See, spazieren durch eine weite Wiesenebene auf seiner Nordseite und weiter auf einem breiten Schotterweg meist recht ufernah taleinwärts. Am südwestlichen Ende des Sees breitet sich eine weite Schwemmebene aus mit den Weideflächen der hübschen **Vilsalpe** ③, 1182 m, die von den mächtigen Felswänden des Rauhhorns überragt wird. Im Süden bildet der imposante Talschluss den Hintergrund. Bei der Vilsalpe beginnt der Rundweg zum Wasserfall, und die Szenerie ändert sich komplett. Das recht liebliche Almidyll, das uns hier umgibt, weicht fast schlagartig einer wilden, alpinen Landschaft. Knapp 200 m hinter der Hütte gabelt sich der Weg, wir halten uns rechts und durchqueren eine recht urtümliche Landschaft mit durcheinandergewürfelt liegenden dicken Felsbrocken. Kleine Bäche schlängeln sich durch dieses Gewirr, der ganze Weg ist etwas holprig. Schon bald öffnet sich der Wald und gibt den Blick frei auf den steilen Felsschluss des Tales sowie einen hohen Wasserfall. Der Weg wird schmaler und zieht sich durch das Gelände, dem man ansieht, dass es alljährlich von Lawinenabgängen und dem über die Ufer tretenden Bach umgestaltet wird. Der schmaler werdende Pfad windet sich einen Hang hinauf, wo wir einen kleinen, vom **Bärgaicht-Wasserfall** gespeisten **Bach** ④, 1260 m, queren (sollte wegen fehlendem Steg und zu hohem Wasserstand eine Querung nicht möglich sein, geht es auf dem gleichen Weg wieder zurück). Auf der gegenüberliegenden Bachseite stoßen wir auf einen breiten Schotterweg, der uns durch einen Kiefernwald absteigend wieder zurück zur Vilsalpe bringt. Kurz hinter der Hütte halten wir uns diesmal links und folgen dem schönen (fahrradfreien) Weg am westlichen Ufer des Sees, immer direkt am glasklaren Wasser entlang, zurück zum Nordufer beim Gasthof Vilsalpsee.

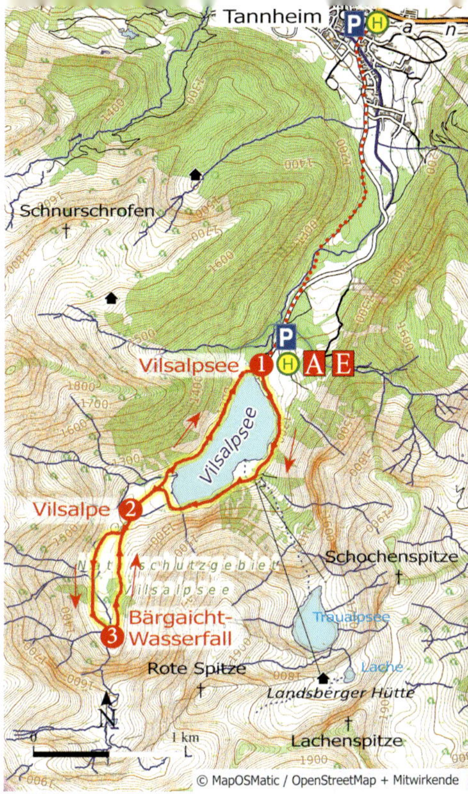

Variante: Zu Fuß zurück nach Tannheim: vier Kilometer, immer leicht bergab, größtenteils auf der Straße (kaum Verkehr, allerdings viele Radfahrer), zwischendurch auf einem Wanderweg mehr oder weniger parallel zur Straße durch Wald und Wiesen.

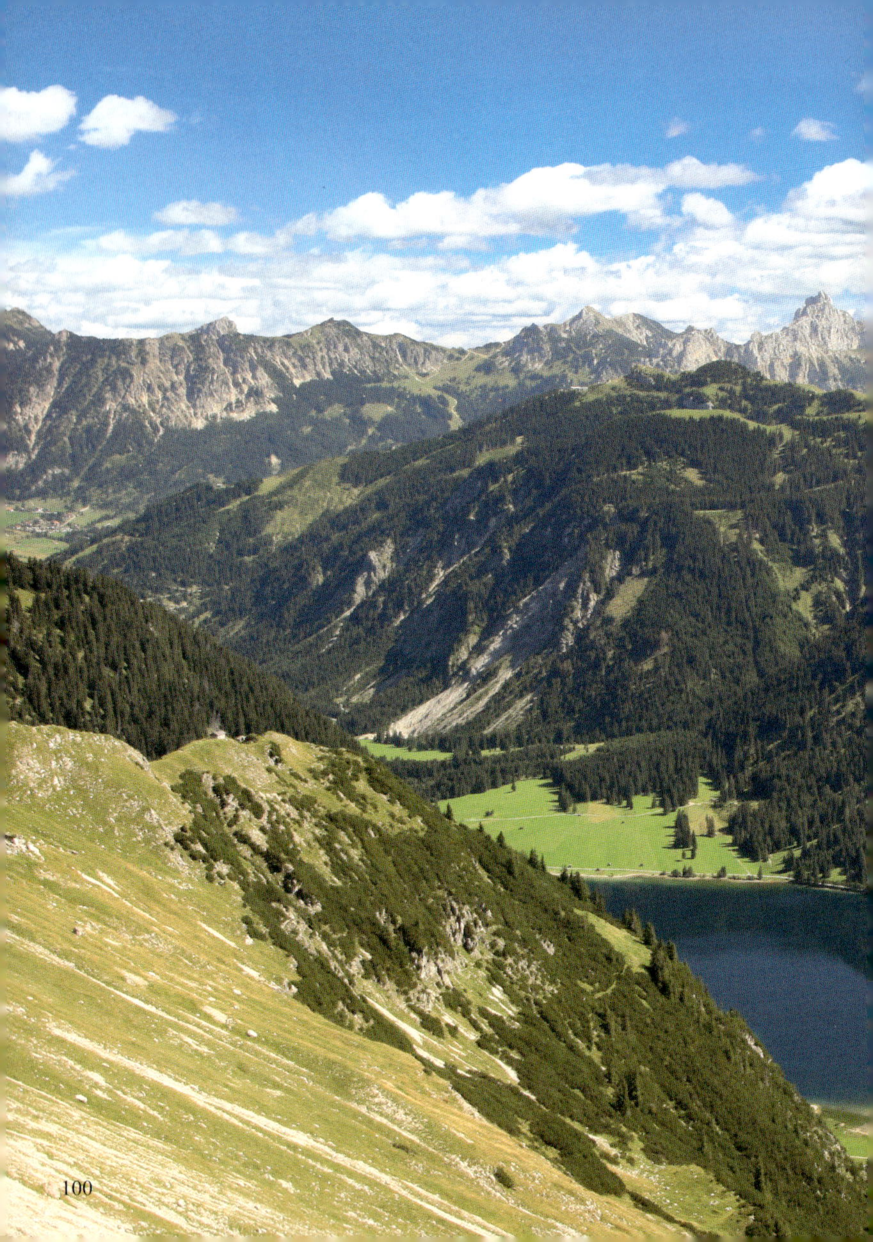

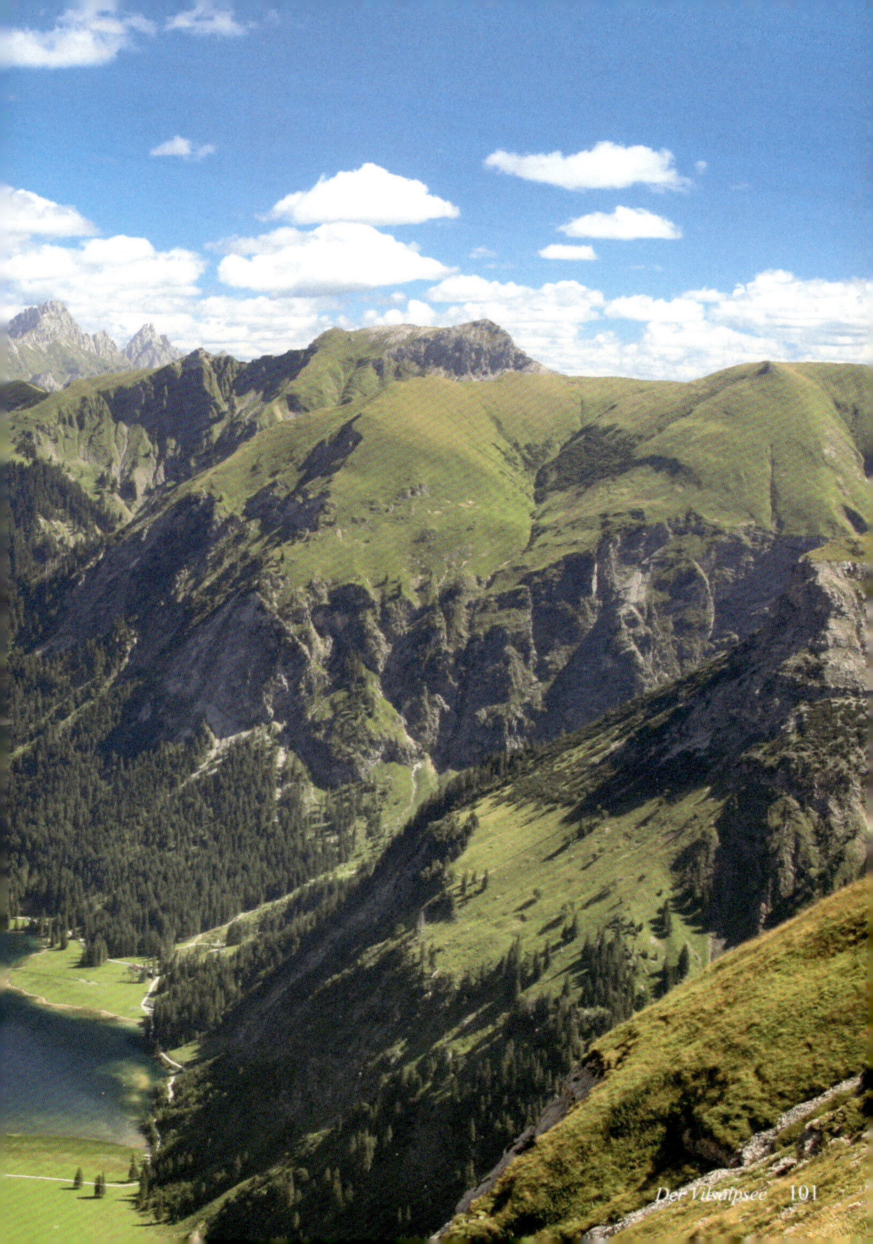

33 Höhenweg zur Gappenfeldalm

3.30 Std. | 400 Hm | 9,6 km

Tannheim, Neunerköpflebahn am östlichen Ortsrand, 1109 m *(**Navi**: A-6675 Tannheim, Bergbahnweg 12)*; Bus Reutte–Tannheim–Oberjoch ca. alle 60 bis 90 min., Haltestelle »Tannheim Kreisverkehr«.

Neunerköpflebahn: Kleinkabinenbahn, Betriebszeiten ca. Anfang Mai–Anfang November, 8:45–16:15 h, Tel. +43 5675 6260, www.tannheimer-bergbahnen.at, Talstation 1109 m, Bergstation 1791 m.

Überwiegend gute Wege (nach Regen teils etwas matschig) und Schotterstraße.

Gundhütte ②; Gappenfeldalm ④; Obere Strindenalpe ⑤

Variante 1: Gipfelbesteigung Sulzspitze plus 200 Hm und 1 Stunde h+z. Mäßig steiler, schmaler Pfad, der im Bogen hinauf auf den breiten Gipfel führt. Vom Abzweig zur Sulzspitze bis zur Gappenfeldalm knapp 15 min.

Variante 2: Zur Schochenspitze ab Abzweig Gappenfeldalm: plus 200 Hm und 1 Stunde h+z; mäßig steiler, etwas steiniger Wanderweg, zum Ende steiler Anstieg zum ausgesetzten Gipfel.

Prächtiger Höhenweg unterhalb der Sulzspitze

Der Saalfelder Höhenweg ist eine der beliebtesten Wanderungen im Tannheimer Tal. Die Seilbahn bringt uns gemütlich in alpine Höhen, wo wir auf aussichtsreichen Pfaden hinüber zur Gappenfeldalm wandern, der höchstgelegenen Alphütte der Region in über 1800 m Meereshöhe. Konditionsstarken Gipfelsammlern bieten sich unterwegs mit Sulzspitze und Schochenspitze zwei zusätzliche Höhepunkte.

Die Seilbahn trägt uns zügig von **Tannheim** ①, 1109 m, hinauf zur **Bergstation** ②, 1791 m, auf einem breiten Wiesenabsatz unterhalb des Neunerköpfles. Eine Kehre weiter auf einem breiten Schotterweg bringt uns zu einem steilen, meist von unzähligen Gleitschirmfliegern bevölkerten Wiesenhang. Hier gabelt sich der Weg: Geradeaus kann man den Gipfel umgehen; wir wenden uns allerdings nach links und steigen in einigen steilen Serpentinen hinauf zum **Neunerköpfle** ③, 1822 m, das mit einem großartigen Panorama aufwartet: im Osten der Haldensee, überragt von den Tannheimer Bergen, Richtung Westen

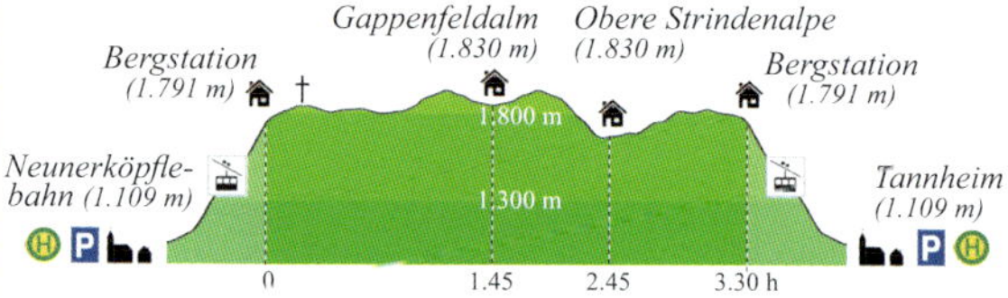

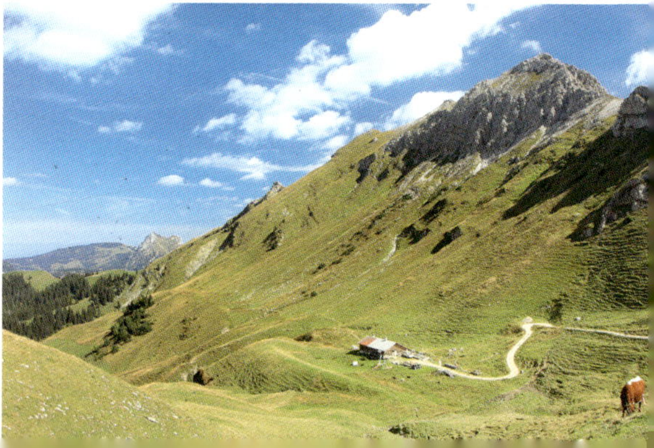

Gappenfeldalm und Sulzspitze

das langgestreckte Tannheimer Tal und – jenseits des Vilstales – die klobigen Gipfel von Gaishorn und Rauhhorn. Vom Gipfel steigen wir wieder leicht ab und stoßen – in südlicher Richtung über einen breiten Kamm wandernd – nach gut 500 m mit dem Gipfel-Umgehungs-Hauptweg zusammen. Kurz darauf biegt der Weg nach Osten ab, verlässt den Kamm und führt hinab zur Oberen Strindenalpe. Da dieser Abstieg – und späterer Aufstieg – bei den Wanderern auf dem Höhenweg auf wenig Gegenliebe gestoßen ist, hat sich im Laufe der Zeit ein Pfad gebildet, der ohne diesen Höhenverlust zur Strindenscharte hinüberführt. Der streckenweise etwas matschige Wanderweg zieht sich quer über die steilen Wiesenhänge, die von der Sulzspitze hinab ins Strindental abfallen und trifft kurz vor der Strindenscharte auf die breite Schotterstraße, die von der Oberen Strindenalpe heraufkommt. Nach einigen letzten Kehren haben wir schließlich die Scharte erreicht (1870 m). Auf der gegenüberliegenden Seite öffnet sich das Weißenbachtal, im Hintergrund überragt von der Leilachspitze. Der schöne Höhenweg verläuft im weiten Rechtsbogen um die südlichen Ausläufer der Sulzspitze und erreicht schließlich die Gappenfeldscharte. Von dort sind es nur wenige Schritte zur **Gappenfeldalm** ④, 1830 m, hübsch gelegen inmitten weiter Almwiesen unterhalb der Sulzspitze und die höchste Almhütte im Tannheimer Tal.

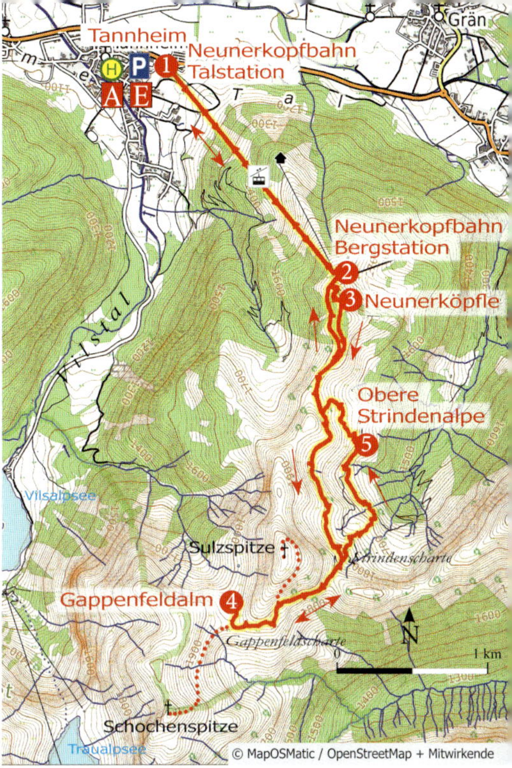

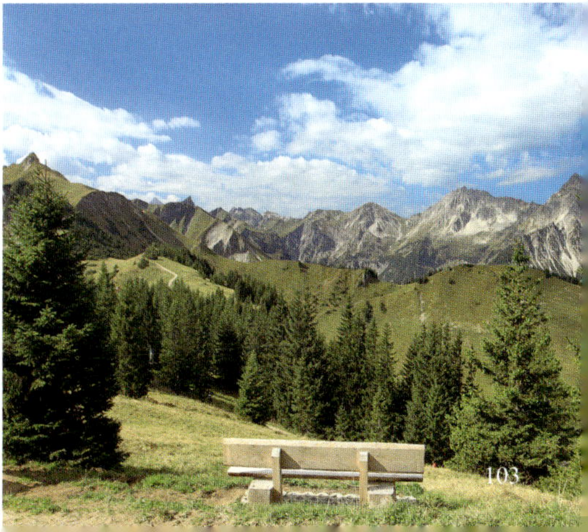

Rast am Neunerköpfle

Der Rückweg erfolgt wie der Hinweg, allerdings können wir unterwegs alternativ den Schlenker über die Obere Strindenalpe einfügen (das sind zusätzlich ca. 100 Hm und 10 min., dafür ist der breite Weg angenehmer zu gehen). Dazu wandern wir zurück zur Strindenscharte und dann auf der Schotterstraße in weiten Kehren hinab zur **Obere Strindenalpe** ⑤, 1680 m. Hinter der Hütte bringt uns ein breiter Schotterweg wieder hinauf zum Grat. Nach gut 300 m auf diesem Kammweg verzweigt sich der Weg: rechts der vom Hinweg bekannte Wanderweg über den Neunerköpfle-Gipfel, links der direktere Weg, der bei angenehmem Gefälle – und die westlichen Hänge des Neunerköpfle-Gipfelgrates querend – zurück zur Bergstation führt.

Wer dieser Tour noch ein besonderes Gipfel-Erlebnis hinzufügen möchte, hat zwei schöne Ziele zur Auswahl:

1) Sulzspitze (2084 m): Etwa auf halbem Weg zwischen Strinden- und Gappenfeldscharte zweigt ein schmaler Pfad ab, der sich mit stetiger, aber erträglicher Steigung die Ostflanke der Sulzspitze hinaufzieht. Zum Ende geht es im weiten Linksbogen auf den breiten, etwas behäbigen Gipfel mit tollem Rundblick *(plus 200 Hm, ca. 1 Stunde hin und zurück).*

2) Schochenspitze (2069m): Von der Gappenfeldscharte führt ein – streckenweise etwas steinig-holpriger – Wanderweg mit stetiger, mäßiger Steigung quer über einen steilen Wiesenhang südwärts. Zum Schluss geht es in einigen sehr steilen, engen Serpentinen zur exponierten Schochenspitze hinauf. Im Gipfelbereich sehr ausgesetzt und nur für schwindelfreie Wanderer geeignet, aber mit einem sensationellen Panorama ausgestattet *(plus 200 Hm, ca. 1 Stunde hin und zurück).*

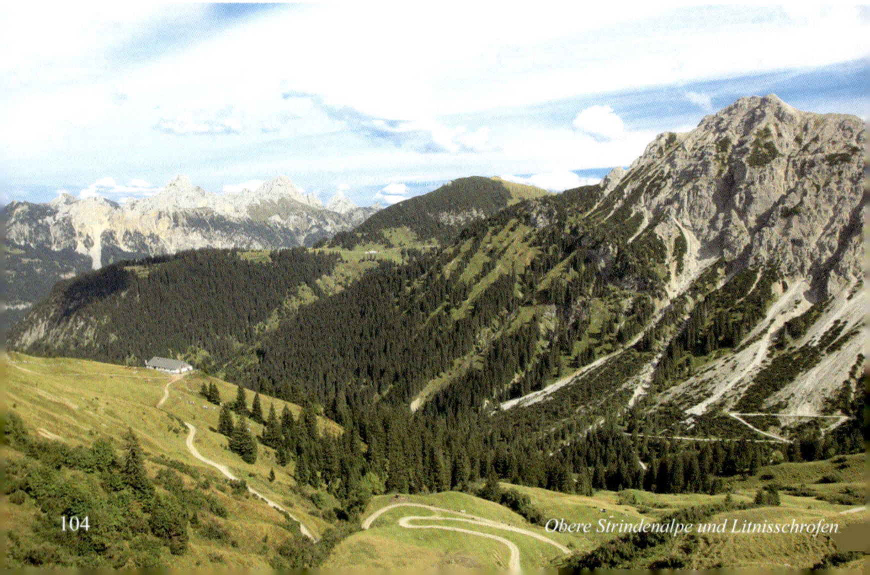

Obere Strindenalpe und Litnisschrofen

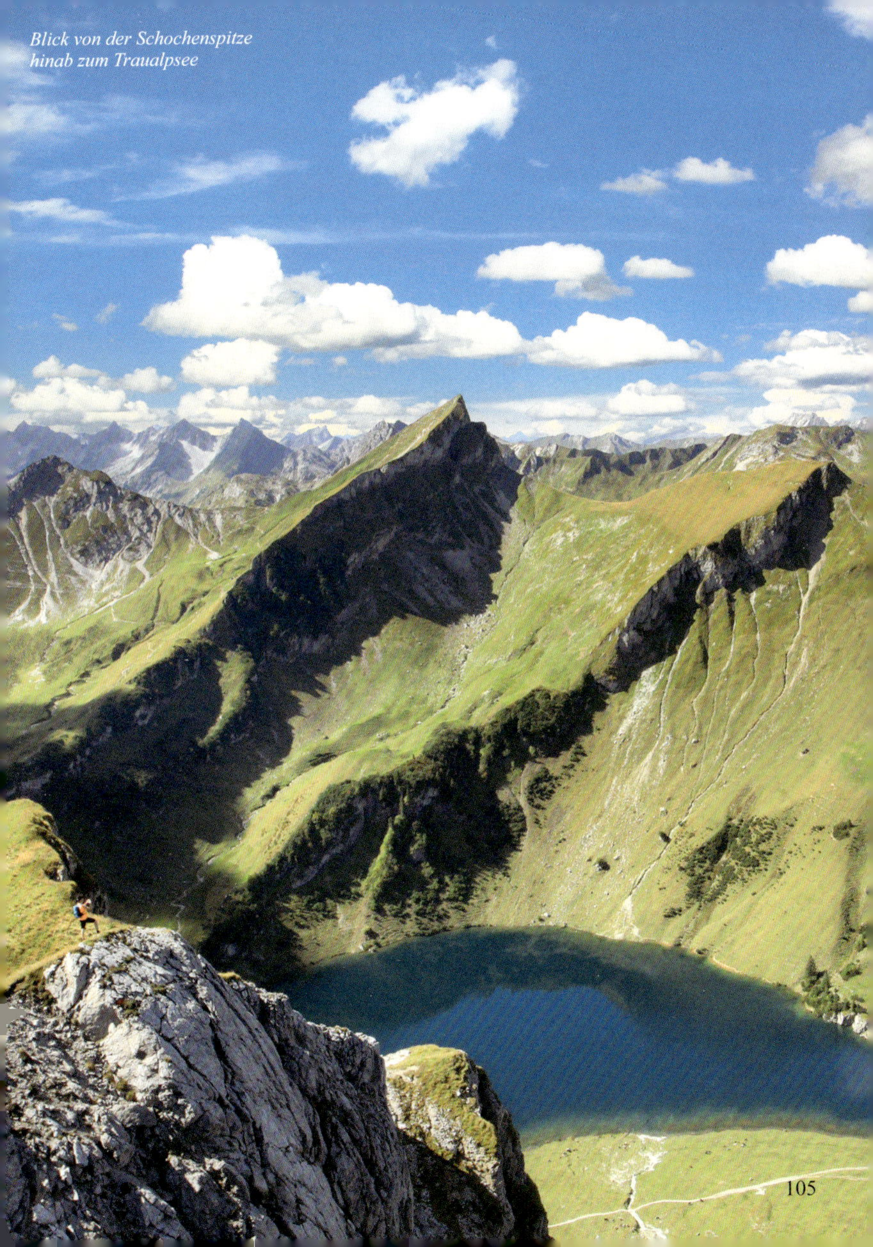

Blick von der Schochenspitze hinab zum Traualpsee

34 Auf den Schartschrofen

2.30 Std. | 250 Hm | 3,5 km

Grän, Füssener Jöchlebahn, 1205 m; Grän liegt 3 km östlich von Tannheim, die Seilbahn-Talstation östlich des Ortes, Zufahrt via Umgehungsstraße (***Navi***: *A-6673 Grän-Haldensee, Füssener Jöchle Str. 8)*; Bus Reutte–Tannheim–Oberjoch ca. alle 60 bis 90 min., Haltestelle »Grän Liftanlagen«.

Füssener Jöchlebahn: Kleinkabinenbahn, Betriebszeiten ca. Anfang Juni–Anfang November, 9–16:30 h, Tel. +43 5675 6363, www.lifte-graen.com, Talstation 1205 m, Bergstation 1821 m.

Alpines Gelände, ungefährlich, aber teils schmale, durch Latschenwurzeln und Felsen etwas holprige Pfade. Einige etwas steilere Passagen, nach Regentagen streckenweise sehr rutschig und matschig.

Sonnenalm ②

Phantastische Aussichtskanzel überm Haldensee

Der Schartschrofen hoch über dem Haldensee ist sicherlich eine der eindrucksvollsten Aussichtskanzeln im Tannheimer Tal. Den größten Teil des Aufstiegs nimmt uns die Seilbahn ab, bevor wir auf schmalen Pfaden zum nahen Schartschrofen-Gipfel hinüberwandern. Ständige Begleiter sind dabei die hohen Felsgipfel der Tannheimer Berge.

Die Wanderung hinüber zum Schartschrofen ist zwar recht kurz, dank der ständig wechselnden Szenerie aber trotzdem eine der schönsten Touren im Tannheimer Tal. Die Seilbahn bringt uns zügig und in der Regel ohne Wartezeit von **Grän** ①, 1205 m, hinauf zum **Füssener Jöchle** ②, 1821 m. Kaum der Gondel entstiegen, können wir ein herrliches Panorama genießen: Vor uns breitet sich ein weiter Kessel aus, der sich zum fernen Ostallgäu hin öffnet und überragt wird von den hellen Kalk-Felswänden von Hahnenkopf und Großer Schlicke. Wir wandern am rechten Hang dieses weiten Rundes leicht ansteigend zu einer nahen Scharte, dem Übergang zum Raintal, das als tiefer Einschnitt Richtung Osten zum Lechtal hinabführt. Seine gesamte Südseite wird von der imposanten Felslandschaft der Tannheimer Berge eingenommen, die vor uns Spalier

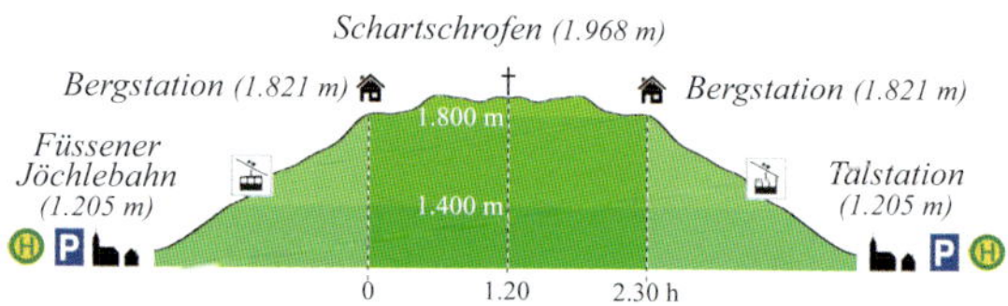

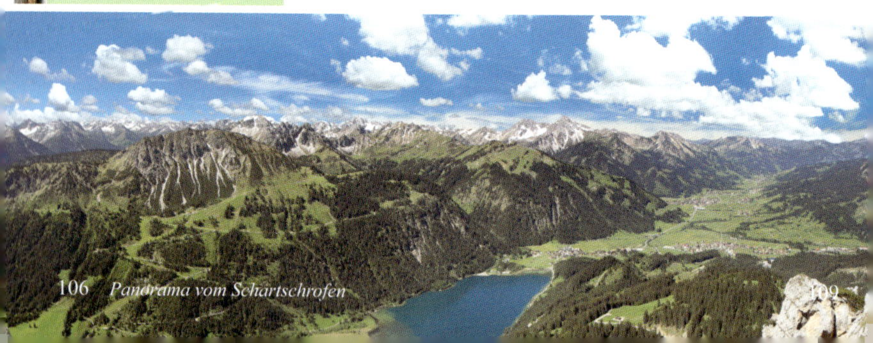

Panorama vom Schartschrofen

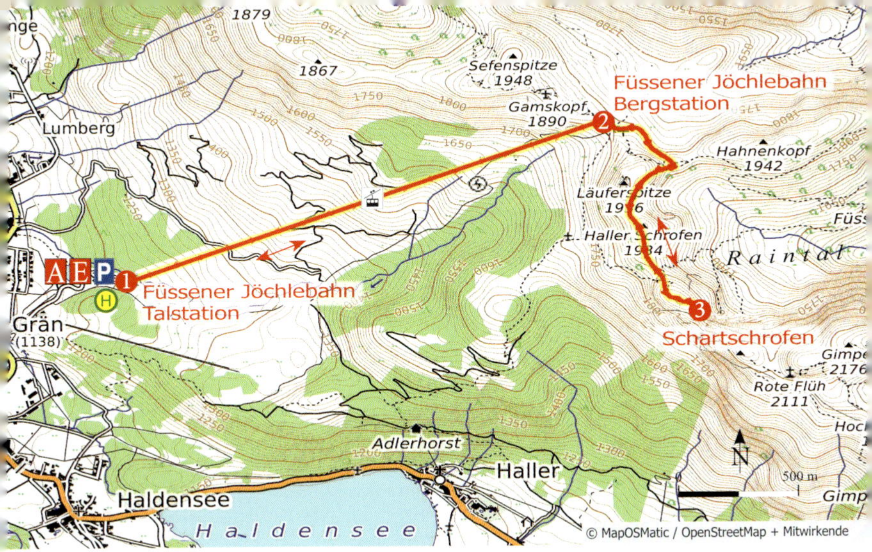

zu stehen scheinen: Rote Flüh, Gimpel, Köllenspitze und Gehrenspitze – beeindruckende Giganten aus hellem Wettersteinkalk, die das Herz jedes Kletterers höher schlagen lassen. Mit diesem Panorama vor Augen wenden wir uns nach rechts, queren im weiten Bogen einen steilen Hang unterhalb der Läuferspitze und kommen zu einer weiteren kleinen Scharte. Dort wechseln wir auf die gegenüberliegende Seite des Grates, wo sich ein schöner Blick in Richtung Westen über das Tannheimer Tal öffnet. Der streckenweise etwas holprige Pfad windet sich durch dichtes Latschengestrüpp hinab zu einer dritten Scharte (1851 m), ehe uns ein letzter, steiler Gegenanstieg erwartet. In engen Kehren durch Fels- und Latschen-durchsetztes Gelände steigen wir zum nahen Gipfel des **Schartschrofen** ③, 1968 m, auf. Der Gipfel gehört sicherlich zu den eindrucksvollsten Aussichtskanzeln der Region: Zum Greifen nah recken sich Rote Flüh und Gimpel vor uns in den Himmel, im Südwesten schweift der Blick über das weite Tannheimer Tal und die Allgäuer Alpen. Und tief unter uns schimmert das Wasser des Haldensees, überragt von den dunklen Felswänden der Krinnenspitze. Ein Traum! Der Rückweg erfolgt auf dem Hinweg.

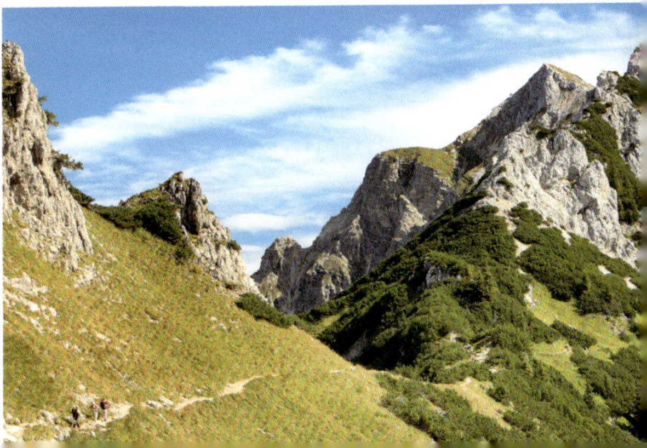

Höhenweg zum Schartschrofen

35 Auf die Große Schlicke

2.30 Std. | 350 Hm | 5,7 km

Grän, Füssener Jöchlebahn, 1205 m; Grän liegt 3 km östlich von Tannheim, die Seilbahn-Talstation östlich des Ortes, Zufahrt via Umgehungsstraße (***Navi***: *A-6673 Grän-Haldensee, Füssener Jöchle Str. 8)*; Bus Reutte–Tannheim–Oberjoch ca. alle 60 bis 90 min., Haltestelle »Grän Liftanlagen«.

Füssener Jöchlebahn: Kleinkabinenbahn, Betriebszeiten ca. Anfang Juni–Anfang November, 9–16:30 h, Tel. +43 5675 6363, www.lifte-graen.com, Talstation 1205 m, Bergstation 1821 m.

Alpines Gelände, schmale, aber ordentliche Wege. Im Gipfelbereich der Großen Schlicke etwas bröselig und schrofig und recht steil (Teleskopstöcke ratsam).

Sonnenalm ②

Herrlicher Höhenweg vor den Tannheimer Bergen

Die Große Schlicke ist ein gewaltiger Berggipfel zwischen Vils- und Raintal. Nach der gemütlichen Seilbahnfahrt zum Füssener Jöchle führt die aussichtsreiche Wanderung über seine steile Südflanke hinauf zum Gipfelkreuz. Das Panorama oben reicht bis weit ins ostallgäuer Voralpenland, während im Süden die hoch aufragenden Felswände der Tannheimer Berge mächtig Eindruck schinden.

Die Seilbahn bringt uns bequem von **Grän** ①, 1205 m, hinauf zur **Bergstation** ②, 1821 m, die auf einem aussichtsreichen Sattel thront. Rückblickend haben wir einen schönen Blick über das Tannheimer Tal, während sich vor uns der obere Talschluss des Alptales öffnet, ein weiter Wiesenkessel mit dem ostallgäuer Voralpenland in der Ferne. Als südliche Begrenzung dieses weiten Rundes erheben sich – schräg vor uns – steile, hoch aufragende, helle Felswände, darunter unser heutiges Ziel, die Große Schlicke. Wobei wir den Gipfel über seine harmlosere Südseite erklimmen werden. Dazu halten wir uns rechts, queren die oberen Ausläufer dieses weiten Kessels und gelangen zu einer kleinen Scharte, die den Übergang zum Raintal bildet. Ein prächtiger Aus-

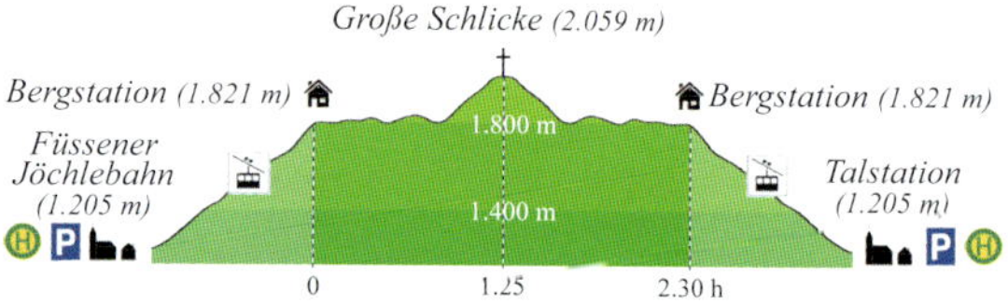

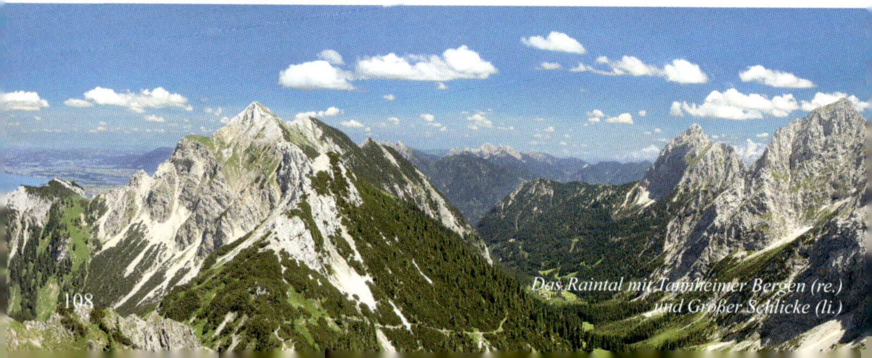

Das Raintal mit Tannheimer Bergen (re.) und Großer Schlicke (li.)

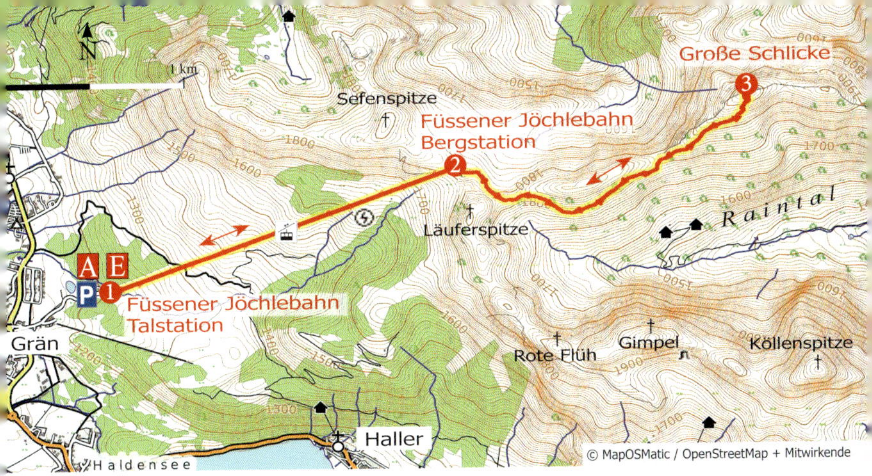

blick erwartet uns: Genau gegenüber reihen sich die mächtigen Gipfel der Tannheimer Berge aneinander, prächtige Kletterziele wie Gehrenspitze, Köllenspitze, Gimpel und Rote Flüh. Deren uns zugewandte steile, schattige Nordseiten machen allerdings einen recht abweisenden Eindruck. Wir halten uns hier links und queren – mit diesem eindrucksvollen Panorama vor Augen – einen mit Latschen bestandenen Steilhang auf der linken Talseite, wobei wir leicht an Höhe verlieren. Am tiefsten Punkt des Weges zweigt rechts ein Pfad hinab ins Raintal ab, während für uns an dieser Stelle der Aufstieg hinauf zur Großen Schlicke beginnt. Es geht stetig bergan in Richtung des langgestreckten Gipfelgrates, wobei wir unterwegs die Vilser Scharte passieren, auf deren Nordseite ein sehr steiler Serpentinenweg durch den Kalkschutt hinab Richtung Vils führt. Bald haben wir die letzten Latschen hinter uns gelassen und steigen zum Schluss in engen, steilen Kehren durch den schrofigen Hang zum Gipfel der **Großen Schlicke** ③, 2059 m, hinauf. Während die felsige Nordseite jäh in die Tiefe abfällt, wird der Südhang des Berges durch einen zwar kaum weniger steilen, aber locker mit Gras bedeckten Hang gebildet, auf dem sich gemütlich rasten lässt. Zumal das Panorama atemberaubend ist: genau gegenüber die mächtigen Tannheimer Gipfel, während Richtung Norden der Blick weit übers Ostallgäuer Seenland streift. Der Rückweg erfolgt auf dem gleichen Weg.

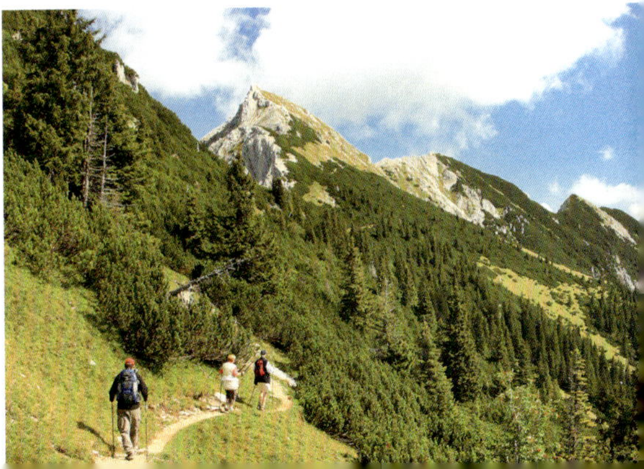

Aufstieg zur Großen Schlicke

36 Adlerhorst und Haldensee

3 Std. | 300 Hm | 8,7 km

Grän, kleines Dorf ca. 3 km östlich von Tannheim; Parken am unteren Ende der Straße zur Jöchlebahn-Talstation, direkte Zufahrt von der Umgehungsstraße, 1138 m *(**Navi**: A-6673 Grän, Füssener Jöchle Straße 3)*; Bus Reutte–Tannheim–Oberjoch Reutte–Oberjoch ca. alle 60 bis 90 min., Haltestelle »Grän Kohlbichl Mitte«.

Zum Adlerhorst steiler Anstieg, sonst bequeme Wanderwege.

Berghütte Adlerhorst ②; Tauschers Alm

Malerischer Bergsee und steile Wände

Der Haldensee ist ein wahres Juwel des Tannheimer Tales. Fast die gesamte Talbreite füllend wird er auf fotogene Weise eingerahmt von den Tannheimer Felsgipfeln, der Krinnenspitze sowie dem Hahnenkamm. Auf dieser Tour verbinden wir eine See-Umrundung mit einem Anstieg zum Adlerhorst hoch oberhalb des Sees mit eindrucksvollem Tiefblick.

Direkt hinter dem **Parkplatz** ①, 1138 m, erhebt sich ein niedriger Wiesenrücken, auf dessen Kamm unsere Wanderung beginnt. Ein breiter Weg zieht sich den ansteigenden Grat hinauf, wobei sich rückblickend ein schöner Blick über das Tal im Westen öffnet. Beim Aufstieg wechseln sich lichte Waldpassagen und kleine Lichtungen ab, die immer wieder schöne Ausblicke gewähren. Schließlich

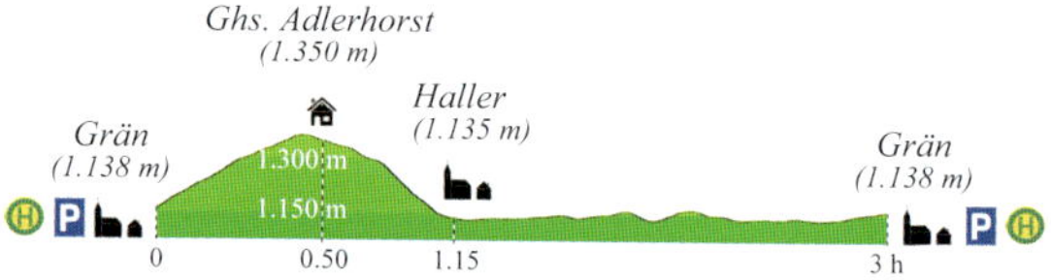

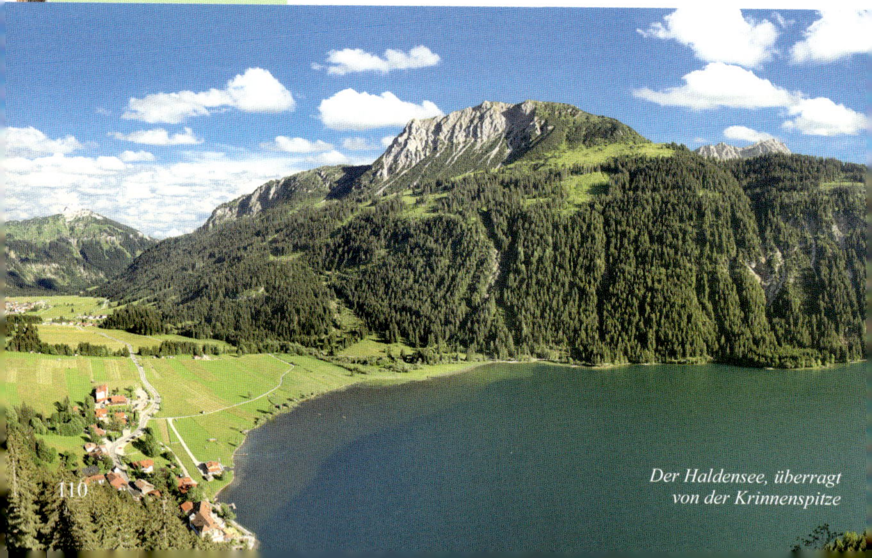

Der Haldensee, überragt von der Krinnenspitze

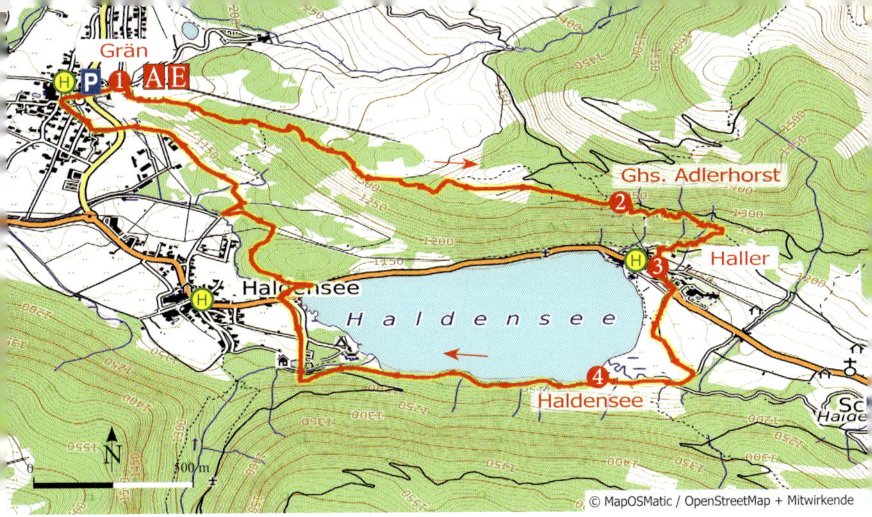

stoßen wir auf eine Schotterstraße, steigen noch etwas weiter auf bis etwas unterhalb des höchsten Punktes dieses Rückens (1411 m), der den Haldensee auf seiner Nordseite überragt. Die Straße verliert nun wieder allmählich an Höhe und bringt uns zur **Berghütte Adlerhorst** ②, 1350 m, mit einer zum Namen passenden exponierten Lage direkt am hohen Steilhang mit schönem Tiefblick hinunter zum See und zur Krinnenspitze im Hintergrund. Wir bleiben noch ein Stück auf der Schotterstraße und biegen dann rechts in einen Wanderweg ein, der uns steil hinab nach **Haller** ③, 1135 m, bringt (wer es etwas kniefreundlicher und weniger steil bevorzugt, kann auch auf der Schotterstraße bleiben und in einer weiten Kehre absteigen). In Haller ein paar Schritte ostwärts entlang der Hauptstraße, dann rechts und über offene Wiesen entlang des Ostufers des Haldensees. Schließlich erneut rechts und auf einem schönen Uferweg meist direkt am Wasser an der Südseite des Sees entlang. An seinem Südwestzipfel queren wir den Strindenbach und wandern – vorbei am Strandbad – zur Nordwestecke des **Haldensees** ④, 1124 m, wo wir noch einen letzten Blick über die Wasserfläche zu den hoch aufragenden Felsgipfeln der Tannheimer Berge werfen können. Auf der gegenüberliegenden Seite der Straße beginnt ein Wanderweg, der eine niedrige, bewaldete Erhebung hinaufführt und auf dessen anderer Seite wieder hinab. Dort stoßen wir auf einen breiten Fahrweg, der uns über Wiesen nach Grän bringt und zurück zum Ausgangspunkt.

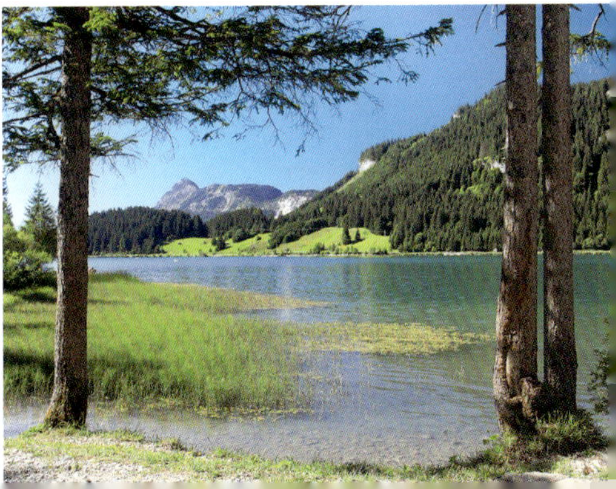

Am Haldensee-Ufer

37 Zur Gräner Ödenalpe

3.30 Std. | 250 / 630 | 9,8 km

Nesselwängle, Krinnenalplift, 1127 m; die Lift-Talstation liegt ca. einen Kilometer westlich von Nesselwängle (*Navi*: *A-6672 Nesselwängle, Nesselwängle 90)*; Bus Reutte–Tannheim–Oberjoch ca. alle 60 bis 90 min., Haltestelle »Nesselwängle West« (ca. 300 m zu Fuß) oder »Krinnenalplift« (seltener).

Krinnenalpbahn: Sessellift, Betriebszeiten ca. Ende Mai–Ende Oktober, nicht bei Regen, 9–16:30 h, Tel. +43 5675 8250, www.lifte-nessel-waengle.at, Talstation 1127 m, Bergstation 1506 m.

Mäßige Anstiege auf meist breiten Wegen, beim Abstieg teils schmale Wanderwege.

Krinnenalpe ③; Nesselwängler Edenalpe ④; Gräner Ödenalpe ⑤

Höhenwege zwischen Krinnenspitze + Litnisschrofen

Aus dem Tal gesehen machen die Nordabstürze der Krinnenspitze einen recht abweisenden Eindruck. Dabei wartet oben ein wunderschönes Wandergebiet. Der Sessellift bringt uns gemütlich hinauf zur Krinnenalpe, wo uns großartige Ausblicke auf die Tannheimer Felsberge auf der gegenüberliegenden Talseite erwarten. Anschließend wandern wir auf schönen Wegen auf die sonnige Südseite der Krinnenspitze und schließlich durchs Strindental hinab zum Haldensee und zurück zur Talstation.

Mit dem Sessellift geht es gemütlich von der **Talstation des Krinnenalpliftes** ①, 1127 m, hinauf zur **Bergstation** ②, 1510 m, die am Hang unterhalb der hoch aufragenden Nordwand der Krinnenspitze liegt. Dort wenden wir uns nach rechts und wandern auf einem angenehmen Weg zur nahen **Krinnenalpe** ③, 1527 m, und weiter auf dem »Alpenrosensteig« allmählich aufwärts. Rechts hinter uns haben wir einen schönen Blick auf die hellen Kalkgipfel der Tannheimer Berge auf der gegenüberliegenden Talseite. Der Weg quert die steil abfallenden Ausläufer des Krinnenspitze-Grates, biegt schließlich an dessen Ende links ab

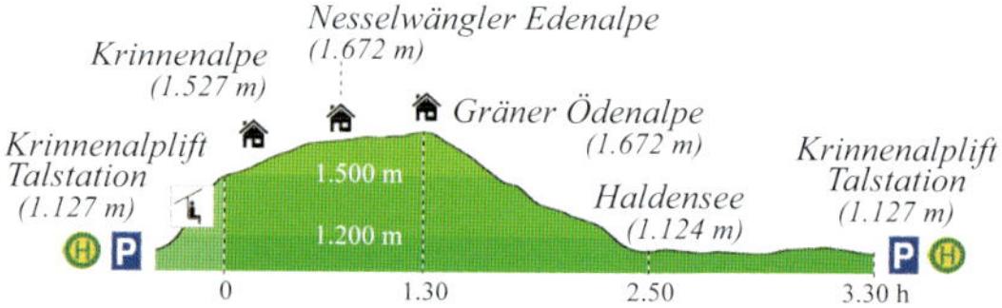

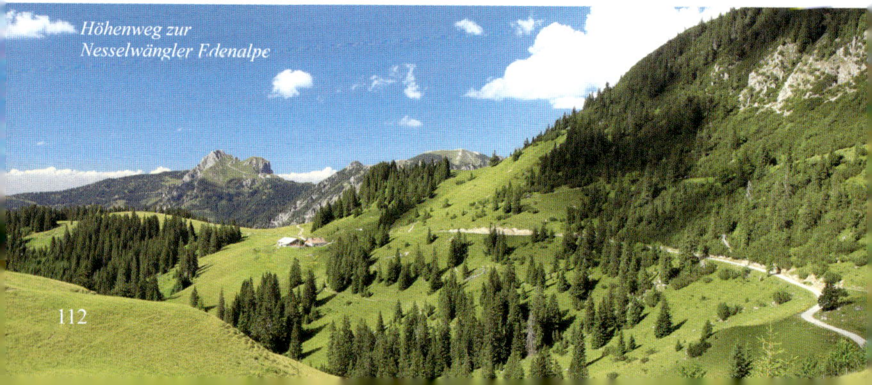
Höhenweg zur Nesselwängler Edenalpe

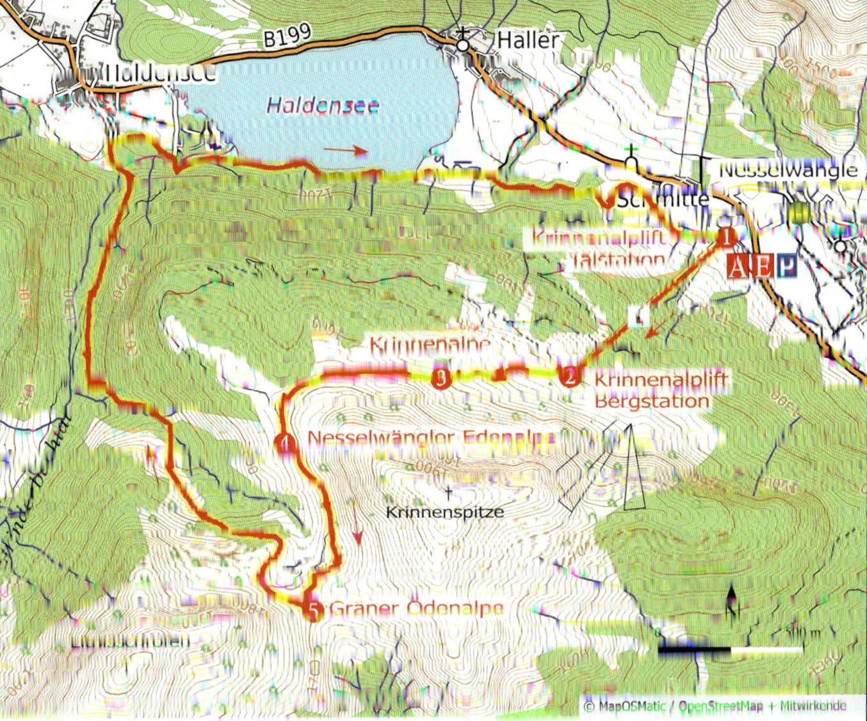

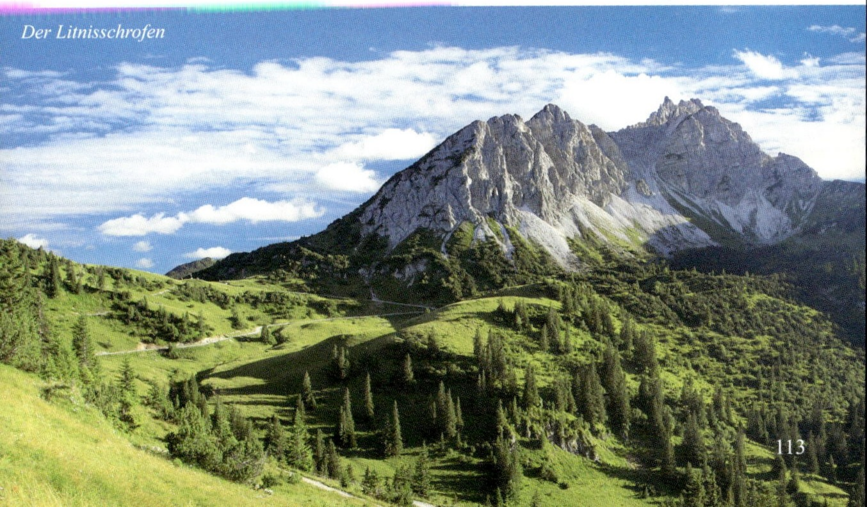

Der Litnisschrofen

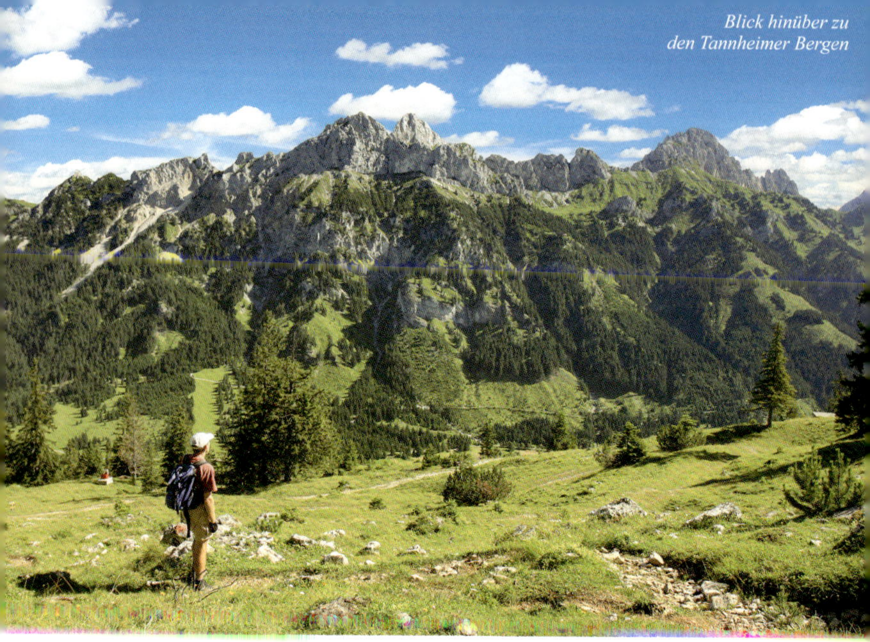

Blick hinüber zu den Tannheimer Bergen

und erreicht eine Geländeschulter mit der **Nesselwängler Edenalpe** ④, 1672 m. Hier öffnet sich auch der Blick Richtung Süden, hinüber über das Strindental zum Neunerköpfle und zur Sulzspitze. Blickfang sind allerdings die spektakulären, felsigen Nordabstürze des Litnisschrofens direkt vor uns. Wir folgen einer Schotterstraße, die sich am linken Hang südwärts zieht und biegen nach ca. 500 m in einen Trampelpfad ab, der eine weite Straßen-Kehre abkürzt. Auf diesem Weg steigen wir durch weitgehend offenes Gelände zur nahen **Gräner Ödenalpe** ⑤, 1714 m, hinauf. Die Hütte thront auf einem breiten Sattel, der den Übergang zum Birkental bildet. Links steigt das Gelände in Gestalt steiler Wiesen zur Krinnenspitze an, rechts geht es hinauf zum felsigen Litnisschrofen.

Für den Rückweg folgen wir für ca. 350 m der Schotterstraße abwärts und verlassen diese in der ersten, scharfen Kehre links. Auf einem angenehmen Weg wandern wir in einem locker bewaldeten Tal abwärts. Gegen Ende geht der Wanderweg wieder in eine breitere Forststraße über, die uns – nun in nördlicher Richtung – oberhalb des Strindenbaches talauswärts führt. Kurz vor dem Talausgang verlassen wir die Straße und wandern schräg links auf einem schmalen Pfad weiter abwärts, queren den Strindenbach und haben den Talboden des Tannheimer Tales erreicht. Noch vor den ersten Häusern des Ortes Haldensee rechts, wieder am Strindenbach entlang und – vorbei am Freibad – zum **Haldensee** ⑥, 1124 m. Direkt an dessen Südufer spazieren wir auf einem schönen Weg ostwärts, und gelangen schließlich durch die locker bewaldeten, unteren Ausläufer der Krinnenspitze zur Talstation.

4 Std. | 280 / 225 | 12,5 km

Zöblen am westlichen Ende des Tannheimer Tales, Parkplatz und Bushaltestelle am westlichen Ortsrand, 1179 m *(**Navi**: A-6671 Zöblen, Zöblen 30);* Bus Reutte–Tannheim–Oberjoch ca. alle 60 bis 90 min., Bushaltestelle »Zöblen Gemeindeamt«.

Endpunkt: Haller am Ostufer des Haldensees, Bushaltestelle »Nesselwängle Haller«, Rückfahrt zum Ausgangspunkt mit Bus Reutte–Oberjoch ca. alle 60 bis 90 min.

Breite, einfache Wege, überwiegend geteert, teils Schotter. Ein etwas steilerer Anstieg.

Schäferhütte ②; Gasthäuser in Haldensee ④

Variante: Da der Bus von Haller zurück nach Zöblen auch durch Grän und den Ort Haldensee fährt, lässt sich die Tour problemlos verkürzen.

Durch aussichtsreiche Wiesen zum Haldensee

Angesichts der hohen Gipfel im weiten Rund ist es oft überraschend, dass der Boden des Tannheimer Tales weitgehend tischeben in einer Meereshöhe von gut 1100 m verläuft. Wie geschaffen für eine gemütliche Talwanderung. Durch offene Wiesen wandern wir von Zöblen im Westen des Tales ostwärts bis zum Haldensee unterhalb der Felsgipfel der Tannheimer Berge. Retour geht es per Bus.

Vom Parkplatz am westlichen Ortsanfang von **Zöblen** ①, 1179 m, folgen wir der direkt gegenüber abzweigenden Straße, die Richtung Gasthof Zugspitzblick hinaufführt. Nach ca. 300 Metern biegen wir rechts ab (Wegweiser »Rundwanderweg«) und lassen auf einem schmalen Teerweg Zöblen hinter uns. Der Weg verläuft entlang eines steilen Wiesenhanges, der sich links hinaufzieht, knapp 50 Höhenmeter über dem Talboden, gerade weit genug entfernt, um den meist recht starken Verkehr nicht mehr als störend zu empfinden. Vor uns erstreckt sich das schöne Tannheimer Tal in fast seiner gesamten Länge mit den markanten Kalkgipfeln von Gimpel und Co. im fernen Hintergrund. Wir erreichen den Campingplatz Kienzerle, biegen links ab (NICHT nach rechts, auch wenn der

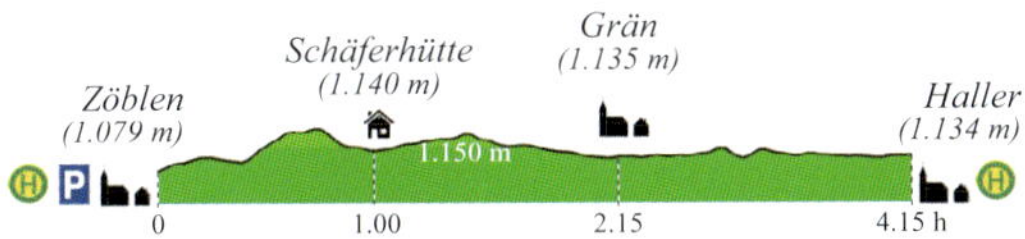

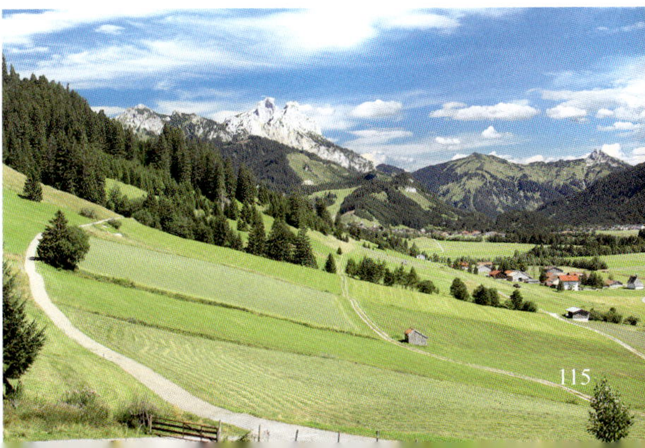

Schöne Wiesenwege führen durchs Tannheimer Tal

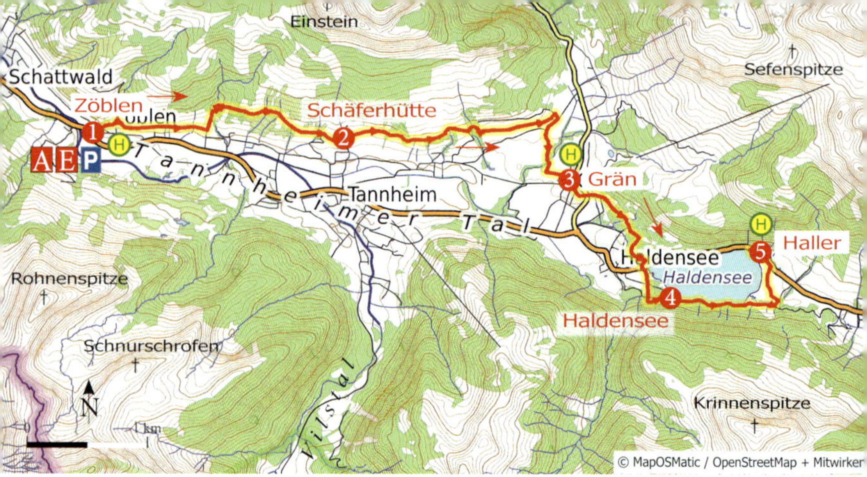

»Rundwanderweg«-Wegweiser das andeutet…) und steigen anfangs an einem Bach entlang, dann in vielen Serpentinen durch Wald rund 100 Höhenmeter hangaufwärts. Oben angekommen genießen wir ein schönes Panorama auf die gegenüberliegenden Berge, ehe uns ein breiter, angenehmer Weg aussichtsreich durch Wiesen und lichten Wald ostwärts leitet. Wir queren eine Teerstraße (wo es links zum Einstein hinaufgeht) und gelangen zur **Schäferhütte** ②, 1140 m, oberhalb des kleinen Ortes Berg. Hier biegen wir schräg links in den »Höhenweg Grän« ein, der wunderschön oberhalb des

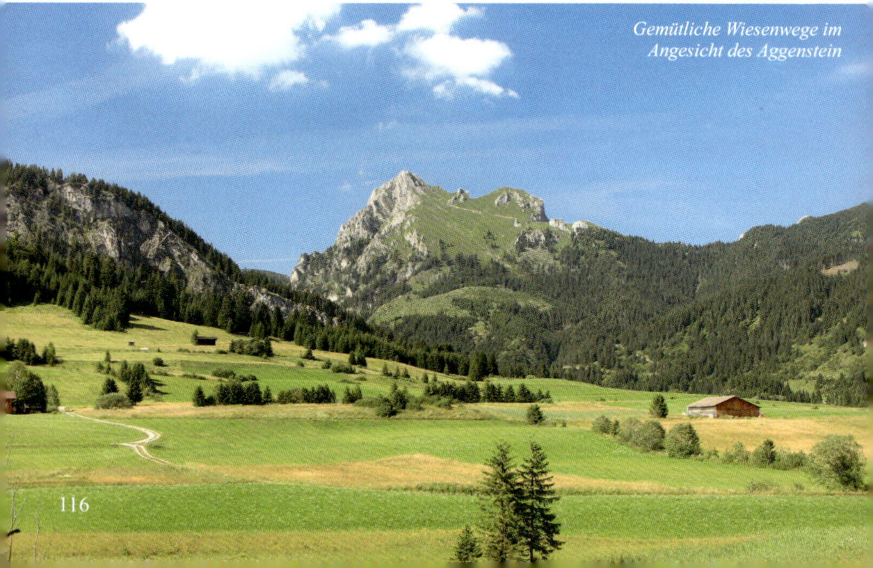

Gemütliche Wiesenwege im Angesicht des Aggenstein

Talbodens durch weite, sonnige Wiesen verläuft. Allmählich weitet sich das Tal, bunte Blumenwiesen breiten sich beidseitig aus, vor uns recken sich die Felsgipfel der Tannheimer Berge in den Himmel und links rückt der Aggenstein ins Bild. Viele Wege verlaufen kreuz und quer durch diese hübsche Ebene, man kann sich durchaus etwas verlaufen…Wir halten uns immer an die Wegweiser nach **Grän**, queren den Lobbach und erreichen schließlich den zentralen Dorfplatz mit seiner hübschen **Kirche** ③, 1135 m. Wir gehen rechts an der Kirche vorbei und biegen nach ca. 200 Meter links in den »Wiesenweg Haldensee« ein. Wir lassen den Ort hinter uns, unterqueren die Umgehungsstraße und folgen einem Teerweg durch Wiesen bis zu einer Wegkreuzung im Wald. Dort halten wir uns schräg links/geradeaus, laufen etwa 200 Meter weiter durch den Wald und biegen dann am nächsten Abzweig rechts ab. Es geht eine kleine, bewaldete Kuppe hinauf, auf der anderen Seite wieder hinab und schon haben wir den **Haldensee** ④, 1128 m, erreicht. Links führt der kürzere Weg am Ufer entlang nach Haller, aber da es direkt an der vielbefahrenen Straße entlang geht, ist das gegenüberliegende Ufer die deutlich schönere Variante. Dazu bleiben wir auf der westlichen Seeseite, passieren Parkplatz, Campingplatz und Freibad, überqueren den kleinen Strindenbach und biegen dahinter links auf einen breiten geschotterten Weg ein. Mit prächtiger Aussicht auf die hoch aufragenden hellen Gipfel der Tannheimer Berge gegenüber wandern wir gemütlich direkt am Ufer des Haldensees entlang, immer wieder vorbei an kleinen Kiesbuchten, in denen man seine Füße ins glasklare Wasser tauchen kann. Am östlichen Ende des Sees halten wir uns links und gelangen über einen Wiesenweg zum kleinen Ort **Haller** ⑤, 1134 m, mit Restaurant, Liegewiese, Bootsverleih usw. Die Bushaltestelle befindet sich am westlichen Ortsende beim »Hotel Via Salina«.

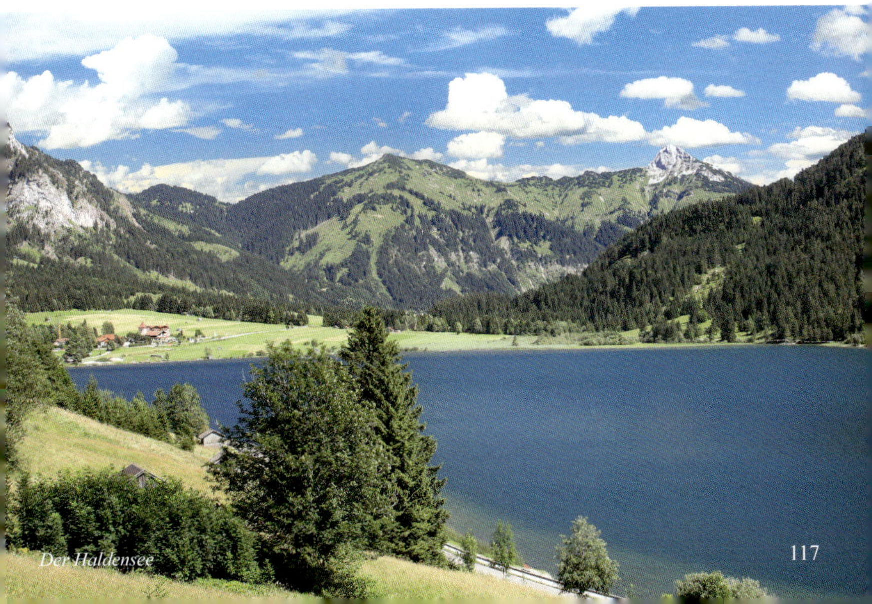

Der Haldensee

39 Höhenwege am Hahnenkamm

1.45 Std. | 250 Hm | 4,7 km

Reutte-Höfen, Hahnenkammbahn, 920 m; Die A7 geht hinter dem Grenztunnel bei Füssen in eine (vignettenfreie) Schnellstraße über; bis zur Ausfahrt »Reutte Süd«, dann ca. drei Kilometer zur Seilbahnstation oberhalb des Ortes Höfen *(**Navi**: A-6604 Höfen bei Reutte, Bergbahnstraße 18);* Bus vom Bahnhof Reutte etwa alle 90 Minuten.

Hahnenkammbahn: Kleinkabinenbahn, Betriebszeiten ca. Mitte Mai–Ende Oktober, 9–16:30 h, Tel. +43 5672 62420, www.reuttener-seilbahnen.at, Talstation 920 m, Bergstation 1730 m.

Der Gratweg über den Hahnenkamm-Gipfel ist teilweise etwas schmal, aber gut zu gehen. Ansonsten breite und leichte Wanderwege.

Panoramarestaurant Hahnenkamm ②; Höfener Alm ②; Lechaschauer Alm ④

Unterwegs zwischen Gaicht- und Schneidspitze

Als östliche Begrenzung des Tannheimer (Hoch)Tals erhebt sich ein querverlaufender Bergrücken mit Kammhöhen von rund 2000 m. Aus dem Lechtal bringt uns die Hahnenkammbahn weit hinauf, so dass uns eine vergleichsweise gemütliche Tour in alpinen Gefilden erwartet. Wir steigen hinauf zum Hahnenkamm-Gipfel mit seinem unvergleichlichen Panorama übers Tannheimer Tal und wandern auf schönen Höhenwegen über offene Wiesen.

Es geht zügig hinauf mit der Seilbahn von **Höfen** ①, 920 m. In der direkten Umgebung der **Bergstation** ②, 1730 m, leidet der alpine Charme etwas unter den zahlreichen Gebäuden, Liftanlagen, Sendemasten und Schotterstraßen, aber bereits wenige Minuten entfernt umgibt uns eine schöne Berglandschaft. Wir folgen einer Schotterstraße kurz abwärts Richtung Höfener Alm, verlassen die Straße nach einer Kehre und wandern auf einen kleinen, sich vor uns erhebenden Sattel hinauf, rechts des bewaldeten Hornbergl. Dort wenden wir uns nach rechts und steigen über eine Wiese steil hinauf bis zu einem Weg knapp unterhalb des Grates.

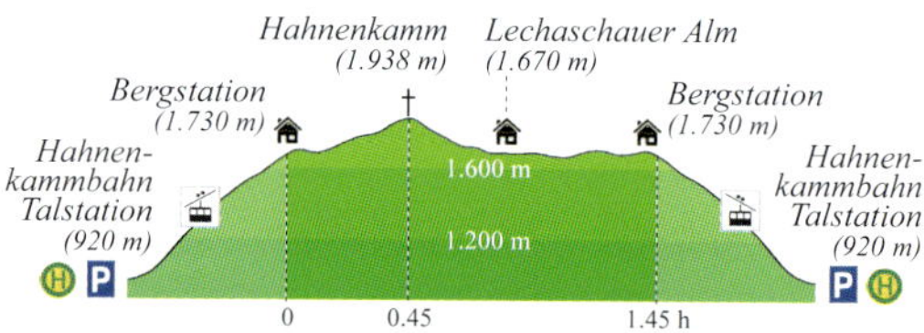

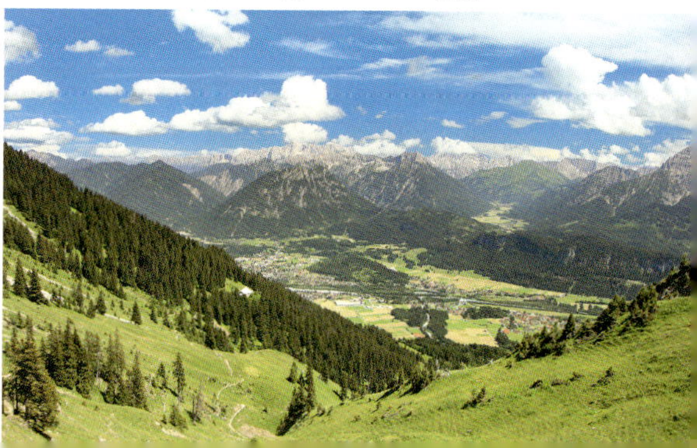

Blick hinab nach Reutte im Lechtal

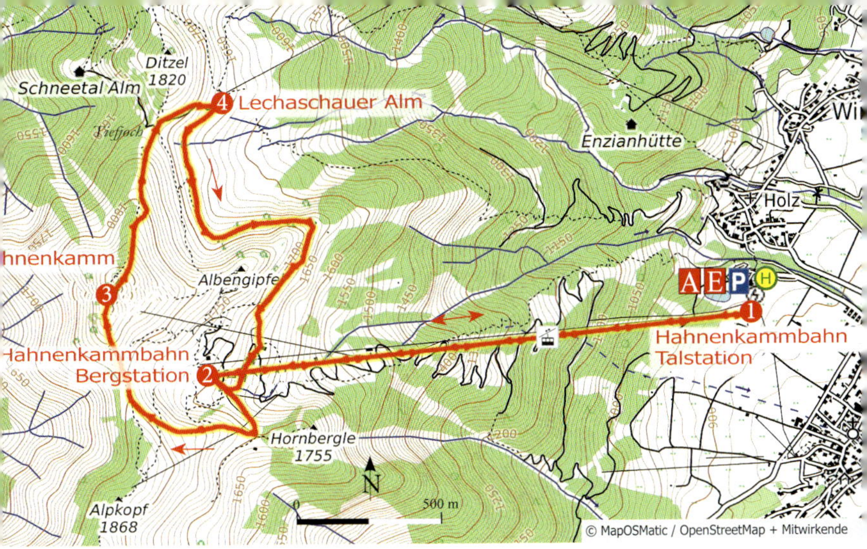

Dort halten wir uns erneut rechts, erreichen den Grat und stehen wenige Minuten später auf dem Gipfel des **Hahnenkamm** ③, 1938 m. Die Fernmeldetechnik direkt auf und rund um den Gipfel ist sicherlich etwas störend, aber die Aussicht ist sensationell: Im Westen breitet sich das Tannheimer Tal in seiner ganzen Länge vor uns aus, überragt von den hellen Kalkfelsen von Gimpel, Köllenspitze und Co. Der weitere Weg verläuft – mit den eindrucksvollen Tannheimer Bergen direkt vor uns – auf einem aussichtsreichen, schmalen Wiesenkamm nordwärts und verliert dabei allmählich an Höhe bis zu einem kleinen Sattel, dem Tiefjoch (1717 m). Rechts öffnet sich das Gelände zu den offenen Almflächen der **Lechaschauer Alm** ④, 1670 m, zu deren Hütte wir in wenigen Minuten absteigen. Der Rückweg ist nun eher ein gemütlicher Spaziergang, bei dem wir uns ganz auf die schöne Szenerie einlassen können. Gänzlich ohne Steigung führt ein breiter Weg im Bogen um einen hohen Felssporn herum und bietet noch einmal hübsche Ausblicke auf die Tannheimer Berge sowie Reutte unten im Lechtal. Schließlich gelangen wir zur Höfener Alm und von dort nach kurzem Anstieg auf einer Schotterstraße zur Bergstation mit Panoramarestaurant.

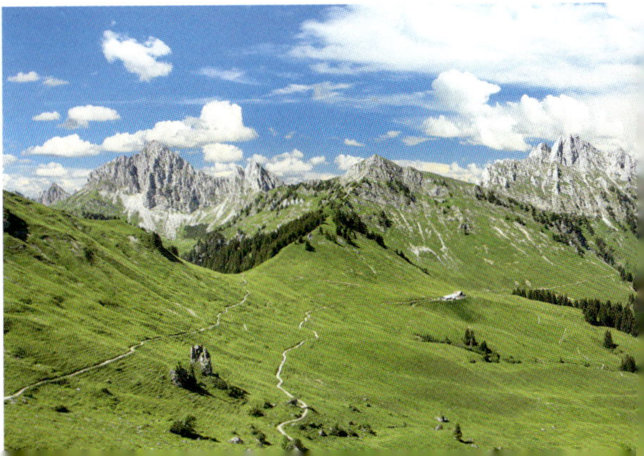

Lechaschauer Alm und Tannheimer Berge

40 Zur Musauer Alm im Raintal

4 Std. | 475 Hm | 10,5 km

Wanderparkplatz am Ausgang des Raintals südlich von Musau, 842 m. Die A7 südwärts durch den Grenztunnel, weiter auf der (vignettenfreien) Fernpassstraße bis Ausfahrt »Reutte Nord«, dann 1 km bis zum ersten Kreisel, von dort 800 m Richtung Musau. Parkplatz westlich der Straße kurz vor dem Dorf Roßschläg *(**Navi**: A-6600 Musau Roßschläg).*

Ausschließlich Wirtschaftswege. Im unteren Wegabschnitt längerer Anstieg/Abstieg, mäßige Steigungen; aufgrund der Länge für einige Wanderer eher eine schwarze Tour.

Musauer Alm ②

Malerisches Tal unter hohen Felsgipfeln

Das Raintal ist ein tiefer Einschnitt inmitten der Tannheimer Berge, eingerahmt von den steilen Flanken der Großen Schlicke sowie den mächtigen Nordwänden der felsigen Kletterberge Köllenspitze, Gimpel und Co. Diese gemütliche Talwanderung führt entlang des rauschenden Sababaches zur hübsch gelegenen Musauer Alm im höheren Tal.

Vom **Parkplatz** ①, 842 m, folgen wir der breiten Schotterstraße, die sich mit stetiger und teilweise etwas größerer Steigung in weiten Kehren den dicht bewaldeten Hang hinaufzieht. Nach gut zwei Kilometern haben wir den Anstieg hinter uns und den Einschnitt des Raintals erreicht. Die Schotterstraße biegt westwärts ein und führt – nun anfangs weitgehend eben – weiter ins Tal hinein. Rechts unter uns strömt der tief eingeschnittene Sababach Richtung Lechtal. Je tiefer wir ins Tal eindringen, desto mehr nähern sich Weg und Bach an, bis wir schließlich nach ca. 750 m auf einer Brücke aufs gegenüberliegende Ufer wechseln können. Ab dort wandern wir auf einem hübschen Wanderweg entlang

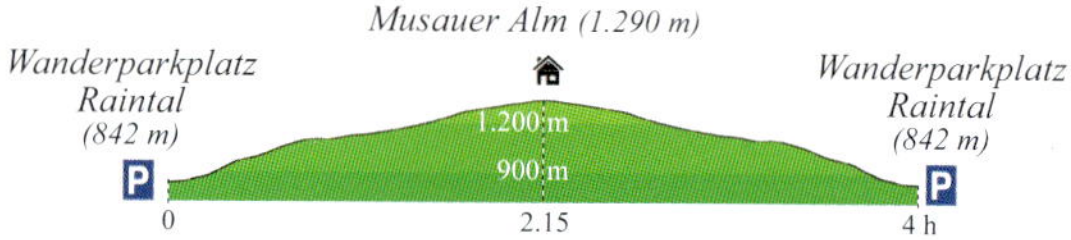

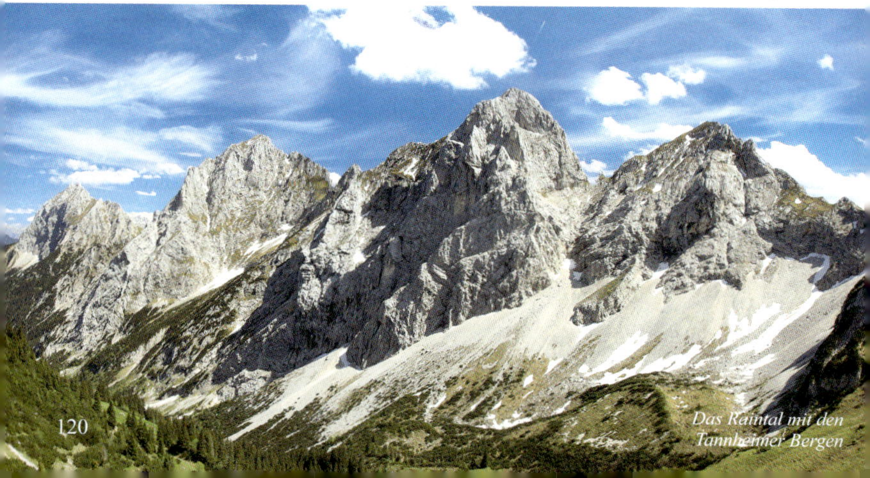

Das Raintal mit den Tannheimer Bergen

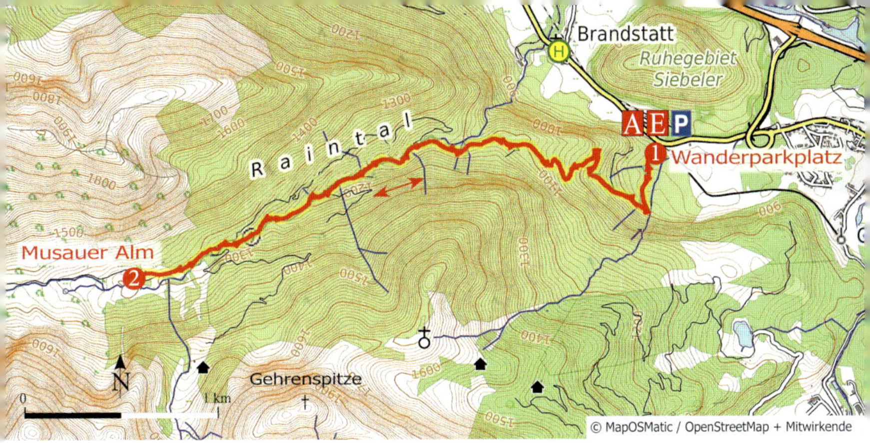

des wild rauschenden Baches mit gemächlicher Steigung weiter taleinwärts. Schließlich öffnet sich das bis hierhin recht enge, dicht bewaldete Tal zu einigen Wiesen-Lichtungen und gewährt wunderschöne Ausblicke auf die hoch aufragenden, felsigen Nordwände von Köllenspitze und Gimpel, die das Raintal auf seiner Südseite begrenzen. Wenige Minuten später haben wir die **Musauer Almhütte** ②, 1290 m, erreicht, inmitten einer hübschen alpinen Wiesenlandschaft gelegen. Links ragen die spektakulären Felswände hoch empor, und vor uns zieht sich das Raintal weiter bergwärts. Der Rückweg erfolgt auf dem Hinweg.

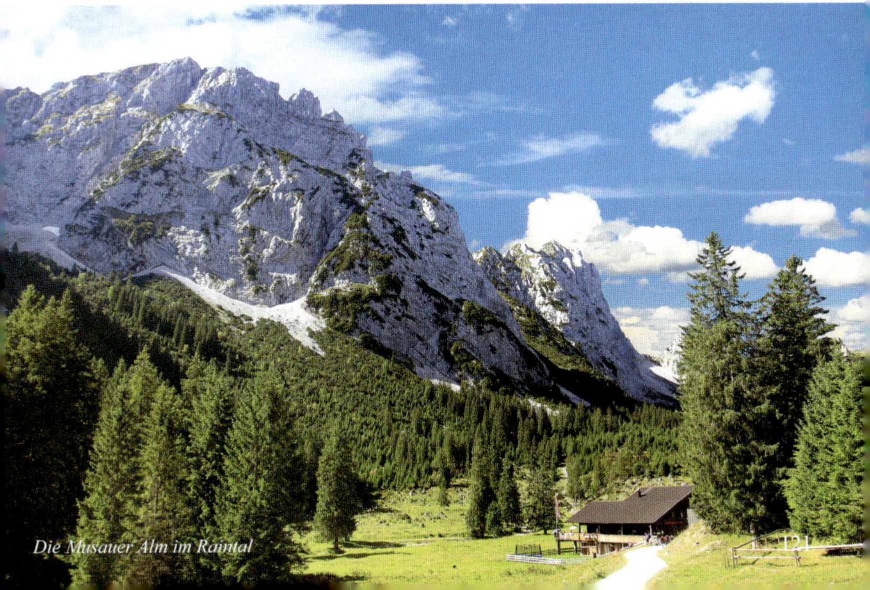

Die Musauer Alm im Raintal

41 Heiterwanger See (und Plansee)

1.45 Std. | 20 Hm | 6 km

Heiterwanger See bei Heiterwang;
Die A7 südwärts durch den Grenztunnel, weiter auf der (vignettenfreien) Fernpassstraße 17 km bis Ausfahrt Heiterwang. Im Dorf links und zum Westufer des Heiterwanger Sees; Parkplatz 200 m vor dem See, 979 m *(**Navi**: A-6611 Heiterwang, Fischer am See 1).*

Teils schmale Uferpfade, teils Wirtschaftsweg.

Hotel Fischer am See ①

Varianten: Zwei Alternativ-Touren inkl. Rückfahrt mit dem (Linien-) Schiff: Im Sommerhalbjahr verkehrt ein Ausflugsschiff zwischen dem Westufer des Heiterwanger Sees beim Hotel Fischer am See sowie dem Ostufer des Plansees beim Hotel Forelle mit Zwischenhalt beim Hotel Seespitz am Westufer des Plansees. Das ermöglicht zwei schöne Streckenwanderungen am Ufer entlang inkl. Rück- oder Hinfahrt per Schiff (ca. 5 bis 6 x täglich, etwa im Stundentakt; Info: www.fischeramsee.at).

Eindrucksvolle Fjordlandschaft in Tirol

Beim ersten Blick auf den Heiterwanger See denken manche sicher unweigerlich an einen norwegischen Fjord. Steile Berghänge rechts und links, mittendrin das tiefblaue Wasser des Sees, der den gut einen Kilometer breiten Talgrund komplett ausfüllt. Auf wunderschönen Uferwegen umrunden wir den gesamten See, und in den Sommermonaten bietet sich wegen der Linienschifffahrt sogar eine Streckenwanderung bis zum Ende des sich anschließenden Plansees an.

Vom **Parkplatz** ①, 979 m, sind es nur wenige Schritte – vorbei am Hotel Fischer am See – zum Ufer des herrlichen Heiterwanger Sees. Wir queren das Gelände eines kleinen Campingplatzes sowie den – kanalartigen – See-Abfluss und beginnen unsere See-Umrundung. Uns erwartet ein wunderschöner Uferweg, der fast die gesamte Strecke direkt am glasklaren Wasser verläuft. Der anfänglich noch recht breite Weg wird bald schmaler, streckenweise etwas holprig durch Wurzelwerk, und führt mit ganz sanftem Auf und Ab am nördlichen Ufer des Sees entlang. Zur Linken ziehen sich steile, bewaldeten Hänge bergwärts, während sich zur Rechten die weite Wasserfläche erstreckt. Nach gut zwei Kilometern haben wir den Nordost-Zipfel des Sees erreicht. Dass der See hier endet, verdanken wir dem

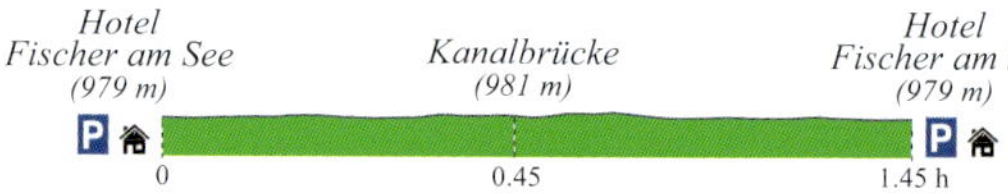

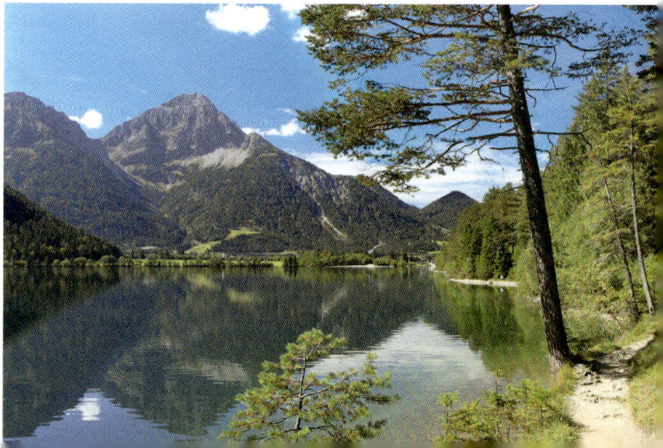

Uferweg am Heiterwanger See

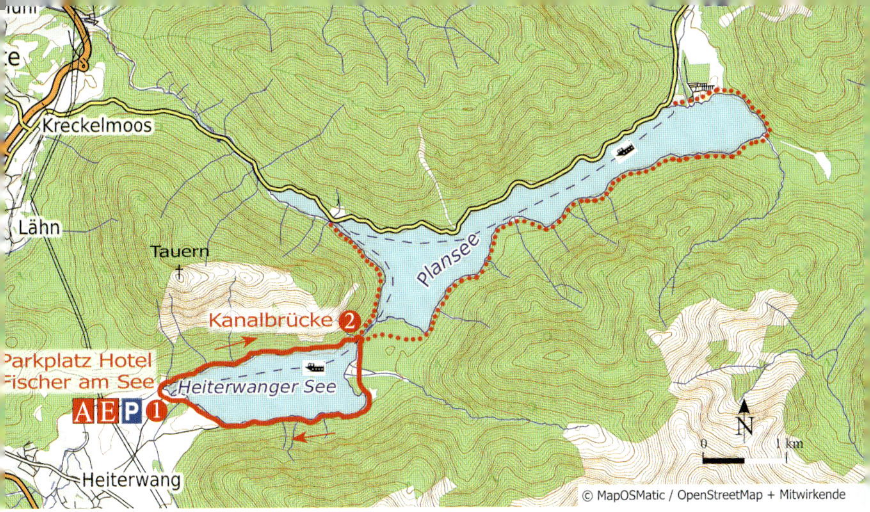

Bach, der aus dem auf der gegenüberliegenden Südseite des Sees gelegenen Pitzental herabströmt. Dieser hat im Laufe der Jahrtausende einen gewaltigen Schwemm- und Schuttfächer erschaffen, der irgendwann die gesamte Seebreite ausgefüllt hat und aus EINEM ursprünglichen See ZWEI gemacht hat: den Heiterwanger See im Westen sowie den Plansee im Nordosten. Heute verbindet ein schmaler, künstlicher Kanal von gut 400 m Länge beide Gewässer miteinander. Auf einer **Holzbrücke** ②, 981 m, queren wir diesen Kanal, halten uns rechts und erreichen eine hübsche Wiese mit seichtem Seezugang. Dahinter passieren wir die ausgedehnten Kiesflächen des Pitzentalbaches und gelangen zur Ostecke des Sees. Der Rückweg erfolgt – auf einer Schotterstraße – weiter direkt am Wasser, bis nach gut 25 Minuten der Hang zur Linken zurückweicht und sich vor uns eine weite Wiese öffnet. Dort biegen wir rechts ab und spazieren – nun am Westufer des Sees – auf einem schmalen Wanderweg zurück zum Ausgangspunkt.

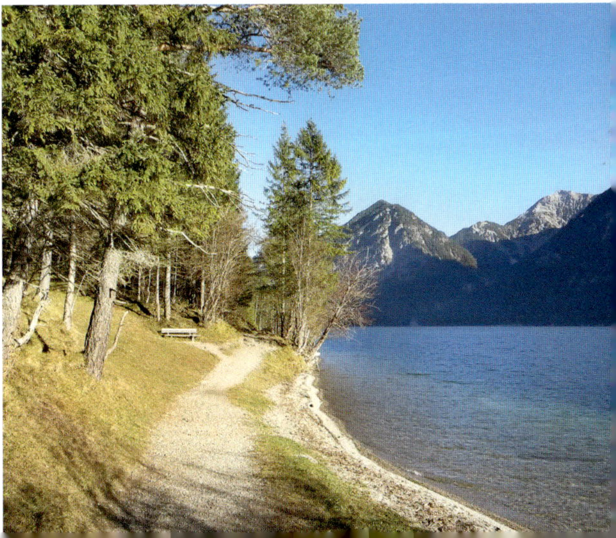

Heiterwanger See

Varianten: Streckenwanderungen mit Schiff-Rückfahrt:

► Lange Tour vom Heiterwanger See bis zum nordöstlichen Ende des Plansees und per Schiff zurück

Gehzeit: 3.15 Std. / Distanz:10 km / Höhenunterschied: 40 Hm
Einkehr: Hotel Forelle; Strandbüffet

Vom Westufer des Heiterwanger Sees auf dem Uferweg – wie oben beschrieben – bis zu seinem Nordostende. Auf der Holzbrücke über den See-Verbindungskanal, drüben links und für knapp 10 Minuten durch Wald über den Schwemmfächer hinüber zum Plansee. Dann an dessen Südostufer auf anfangs breiter Schotterstraße, später auf schmalerem Weg gut 6 Kilometer bis zum östlichen See-Ende. Dort erwartet uns wieder eine offene Wiesen-Ebene mit Campingplatz, Restaurant und schöner Stimmung am Seeufer. Sowie der Bootsanleger zwecks Rückfahrt zum Heiterwanger See.

► Kürzere Tour vom Heiterwanger See bis zum Westzipfel des Plansees und per Schiff zurück

Gehzeit: 1.20 Std. / Distanz: 4,3 km / Höhenunterschied: 20 Hm
Einkehr: Hotel Seespitze

Vom Hotel Fischer am See am Nordufer des Heiterwanger Sees bis zu seinem Nordostende, dann am linken Ufer bleibend am Kanal entlang zum 400 m entfernten Plansee. Von dort sind es – am linken Ufer des Sees entlang – ca. 30 min. bis zum Westzipfel des Plansees mit dem Hotel Seespitze und dem Bootsanleger.

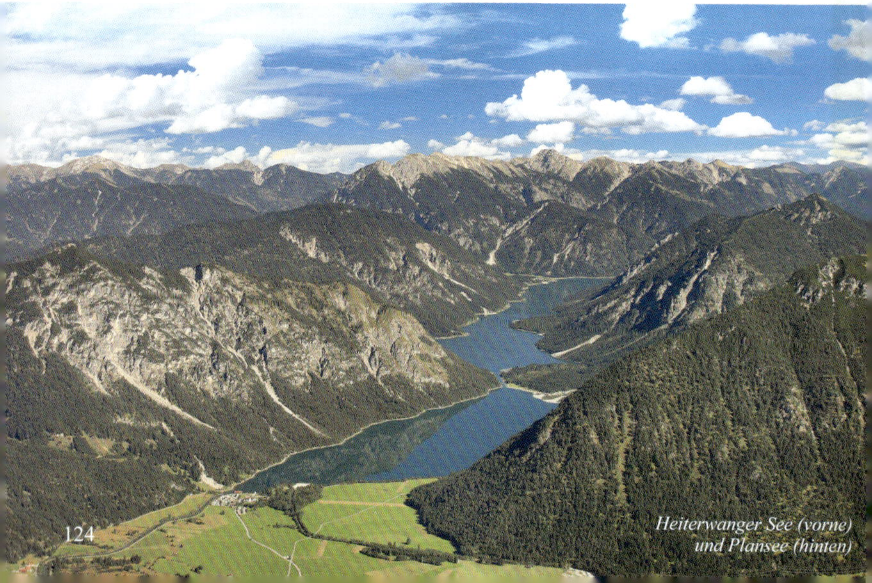

Heiterwanger See (vorne) und Plansee (hinten)